ルカーチと革命の時代

『歴史と階級意識』への道

安岡　直著

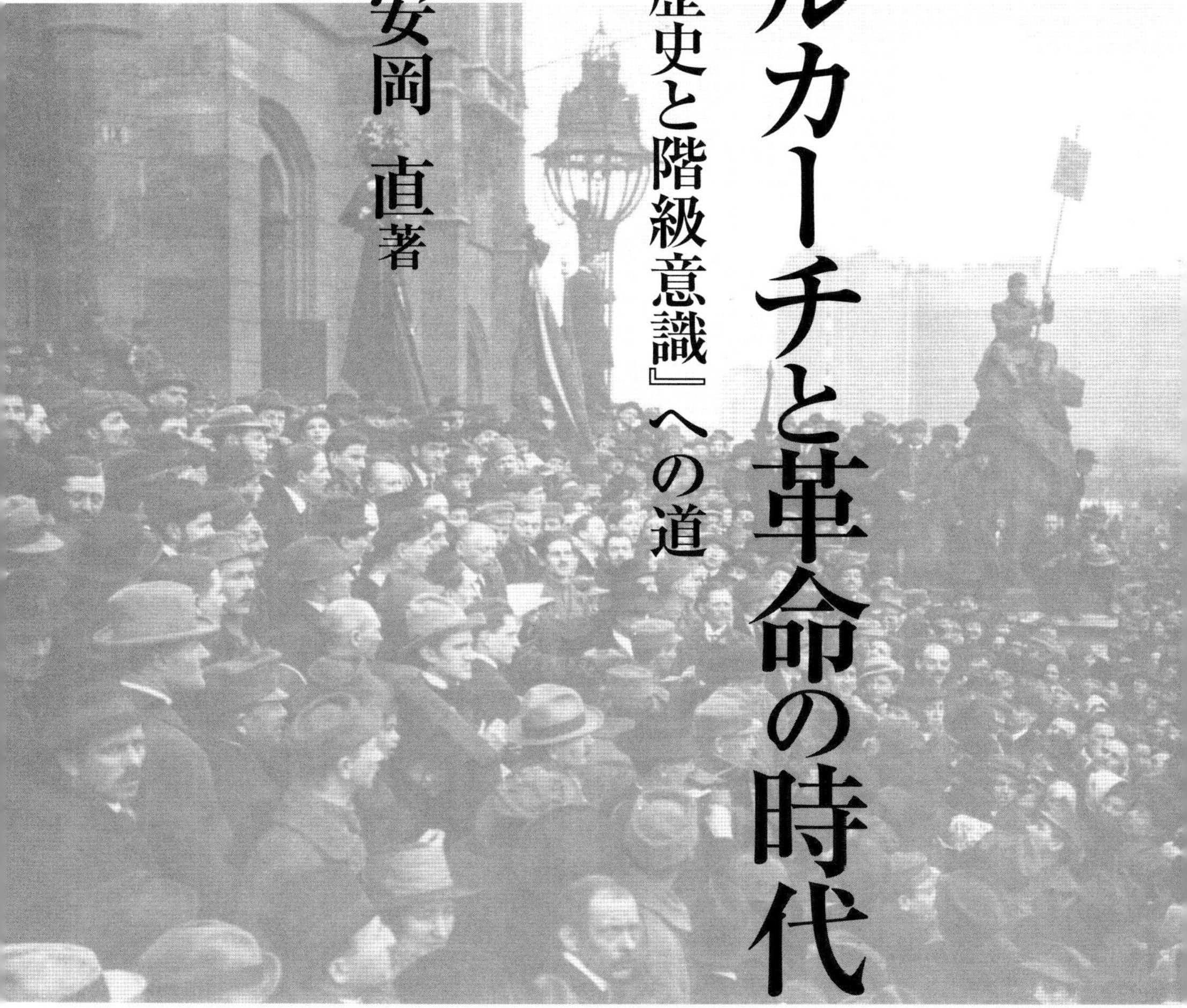

御茶の水書房

ルカーチと革命の時代——『歴史と階級意識』への道——目　次

目次

第四章　ルカーチの党理論
――「組織問題の方法的考察」と反セクト主義の限界――

第五章　階級意識の理論
――「物化とプロレタリアートの意識」における社会的意識論――

ルカーチと革命の時代

――『歴史と階級意識』への道――

序論

一　はじめに

本書の主題は、第一次世界大戦末期からハンガリー革命を経て、初期思想の到達点としての『歴史と階級意識』に至るまでのルカーチの思想的発展過程を辿り、その意味と限界を明らかにすることにある。

その際、大戦末期から『歴史と階級意識』までの思想的変遷を各々の時代状況との連関のなかで再構成することを目指す。およそ思想・哲学が時代状況との緊張関係の中で生まれてくるものである以上、こうした手続きはあらためて強調すべきものではないかもしれない。しかし、とりわけ初期ルカーチの思想を捉える場合、このような時代状況を踏まえた思想史的アプローチは不可欠だと言ってよい。

たとえば『魂と形式』や『小説の理論』に代表されるマルクス主義者となる以前のルカーチの思想は、きわめて抽象的な、そして終末論的な理想論であった。これは、ルカーチが生まれた当時のハンガリーが持つ独特の後進性に由来するものである。彼は後進性に囚われたハンガリーを思想上でのみ超越する典型的なブルジョワ知識人として、その歩みを始めたのだった。彼の思想が現実に基盤を持たない抽象的で幾分破壊的な思想であったのは、その社会環境に負うところが少なくない。そして彼はこの観念的な理念を抱えたまま時代の激動に巻き込まれ、マルクス主義者となってハンガリー革命に身を投じていくのである。

したがってルカーチの思想家としての成熟が始まるのは、革命の挫折とその後のウィーンでの亡命生活においてであった。この時期、ルカーチはハンガリー革命の只中で形成された観念的革命論をより現実的なものへ近づけていこうと苦闘していくのである。彼が「大戦末期以降の私の発展期の総括的決算」[1]として位置づける『歴史と階級意識』はその成果だったと言ってよい。

この思想的格闘はモノローグ的に机上でなされたのでも、あるいはアカデミックな学問的論争を通じてなされたのでもなかった。マルクス主義哲学の画期をなしたといわれる『歴史と階級意識』は、ルカーチが党の指導者のひとりとして成長していくとともに、自らの置かれた状況に適切に応答するべく、現実と思想とをおそらく彼の人生において初めて真剣に対置させる中で生み出されていったものなのである。

実際、マルクス主義者として最初に発表した『戦術と倫理』から『歴史と階級意識』にかけての思想的道程をルカーチはこう述懐している。「もちろん、すでにレーテ共和国［革命時のハンガリーの呼称］において」も、理論的態度を客観的な状況と傾向にあわせる必要性は存在していた。「メシア的展望にのみ思考を合わせるわけにはいかないという必要性が、当時でもやはり教育人民委員部あるいは政治的指導が私の義務であった師団において、いくつかの現実的な決断を強いたのである。しかしながら今［ウィーン亡命期］や事実との対決が、あるいはレーニンが『すぐ次の鎖の輪』と呼んだものを探求しなければならないという圧迫が、私の今までの生活のどの時点よりも比較にならぬほど直接的で強烈なものになったのである。まさにこの様な決断の内容の一見純粋に経験的な性格が、私の理論的態度に広範な結果をもたらしたのだった[2]」。

したがってルカーチの理論は、彼の置かれた歴史的コンテクストを無視しては正確に捉えることが不可能なのである。従来の研究の多くは、とりわけ『歴史と階級意識』執筆時にルカーチがどのような課題を抱え、どのような緊張に晒されていたのかを理解しないままテキストを中心に読解を行ってきたために、単純な誤解さえ生み出すことが少なくなかった。同著を有名にした「物化」論を含む「物化とプロレタリアートの意識」に偏重し、いまひとつの重要論文である「組織問題の方法的考察」を看過ないし軽視するような解釈はその典型的な例である。[3]

このように『戦術と倫理』から『歴史と階級意識』にかけての思想史研究が比較的手薄であったのは、あるいはウィーン亡命以降のルカーチの足跡をたどる資料が少ないということにその原因の一端があるのかもしれない。だが、これまでの研究がウィーン亡命期におけるルカーチの状況と彼の思想との連関に着目してこなかったのは、こうした資料上の問題よりもむしろ一九一九年の『戦術と倫理』から一九二三年の『歴史と階級意識』にかけてのルカーチの思想を、初期革命思想として一括りにして解釈する枠組みに主たる要因があったように思われる。なるほど『歴史と階級意識』には、『戦術と倫理』に収録されている「正統的マルクス主義とはなにか」が再録されているため、ともすればルカーチのいう『歴史と階級意識』における「総括的決算」がハンガリー革命以降の思想を理論的に整理し纏めたものとして表層的に捉えられがちであった。[4]しかしルカーチによれば、この「総括的決算」はハンガリー革命のなかで生まれた観念的革命論を、ウィーン亡命期に芽生えてきた現実志向によって払拭しようとする「内的な危機的過渡期」[5]のなかで行われたものなのである。『歴史と階級意識』の邦訳者城塚登は、「本書に収められた諸論文は、一九一九年三月以降、革命政権下の激しい論争の只中で書かれたものであるが、そのうち『物象化とプロレタリアートの意識』と『組織問題の方法的考察』は、このシュタインホーフ精神病棟でルカーチが『心ならずもできた余暇を利用して』書いたものであり、まさにハンガリー革命の思想的総括というべきものである」[6]と述べている。だが、そもそも『物化とプロレタリアートの意識』ならびに『組織問題の方法的考察』が書かれたのは、ルカーチがシュタインホーフ精神病棟に拘留されていた一九一九年ではない。したがって彼のいう『心ならずもできた余暇』とは、まったく別のことを指している。実際この二つの論文が書かれたのは一九二二年である。『歴史と階級意識』は「ハンガリー革命の思想的総括」ではなく、上記の二つの論文を中心に、ウィーン亡命以降、彼の中に生まれてきたあらたな志向とハンガリー革命期の古い志向との相克を揚棄しようとする彼の思想的総括を表現している。それゆえ革命期の思想としての『戦術と倫理』と亡命期の思想を表す『歴史と階級意識』とは、けっして一括りにすることなど出来ないのである。ルカーチの初期思想を捉えるとは、むしろこの変遷過程を捉えることだと言ってよい。

二　本書の構成

以上のような観点から、本書は以下のような構成を採る。

第一章では、ルカーチが世紀末ハンガリーの息の詰まりそうな後進性に反発し、そこから脱出するために思想的超出という道を選び、そのため抽象的でロマン主義的で現実破壊的な志向を持つ思想を形成していった経緯を明らかにする。

第二章では、この抽象的な理想論がハンガリー革命のなかでどのように革命論へと転換していったのかを辿っていく。革命期の思想は、彼の思想的前史を革命へと投影したものであったがゆえに、いきおい観念的なものに留まらざるをえなかった。この点については従来の多くのルカーチ研究が指摘している通りである。しかし第二章ではルカーチの革命論の観念性がかならずしも彼の抽象的な理想主義にのみ由来するものではなかったことを明らかにする。ルカーチの革命論は確かに観念的なものであったが、彼が理論化しようとしたハンガリー革命自体も、極端に抽象的な理念によって導かれた現実性を持たないものだったのである。革命期の思想に関する思想史的研究を通じて浮き彫りにされるのは、ルカーチの革命論の「観念性」であると同時に、ハンガリー革命の、そしてハンガリー革命がロシアの十月クーデタ(「十月革命」)の再現を目指したことを考えれば、およそ革命的社会主義そのものの「観念性」に他ならない。革命政権瓦解後、ウィーンでの亡命生活のなかでルカーチが向き合わねばならなかったのは、革命主義のこの観念性だったのである。

第三章では、ハンガリー革命挫折後ウィーンに亡命したルカーチが、党の指導者として徐々に成長し、ハンガリーでの闘争を現実に準拠して指導することの重要性を認識する中で、抽象的な理想主義と具体的な現実主義との相克に直面し、観念的革命論から脱却していく過程を描く。ルカーチの内に現実主義というあらたな志向が芽生えていったのは、ハンガリー革命の中心的指導者であったがゆえに一層観念的な革命論から脱却できなかったベーラ・クンとの対立を契機としている。彼はクンを自己の鏡としながら観念的革命論の問題性を自覚し、現実に準拠した革命論の構築を目指していくのである。

理想主義と現実主義との相克から、理想と現実の統合を試みていくこの「危機的な内的過渡期」[7]の思想こそ、『歴史と階級意識』の前史に他ならない。したがって、この過程を明らかにすることは同著理解のためには必須の手続きである。だが、すでに言及したように、これまでの研究では『歴史と階級意識』の成立史に対する配慮が十分になされてきたとは言い難い。第三章ではこうした従来の研究の不備を補い、同著をその歴史的コンテクストの中に置くことで『歴史と階級意識』をより客観的に読解するための土台を提供することを目指している。

第四章では、上記の成果に基づき、これまでもっとも誤読されることの多かった「組織問題の方法的考察」の解読を試みる。後にルカーチが述べているように、『歴史と階級意識』は「ブルム・テーゼ」において明確化される民主主義への志向と、それまでの独裁的な党運営を是とするセクト主義の志向とが混ざり合ったものであった。「組織問題の方法的考察」においてルカーチはこのふたつの志向を結び付け両者を和解させようとしているが、それによって整合性のある理論が提示されたとは言い難い。そのため、同論は民主的志向とセクト主義的志向との間に発生する緊張関係によって特徴づけられる。だが、この「内的な危機的過渡期」において、ルカーチの中に反セクト主義的、民主主義的志向が生じてきた経緯を摑むことなく同論を論ずる多くの研究は、そこに孕まれている緊張関係を見落とし、同論のセクト主義的志向にのみに着目してそこにスターリニズムの萌芽さえ見出している。彼自身、『歴史と階級意識』においてセクト主義が払拭されていなかったことを認めてはいるが、そのセクト主義とは、彼によれば、スターリンの保守的セクト主義とはもっともかけ離れたものであった[8]。

第五章は、『歴史と階級意識』中でも最大の論文である「物化とプロレタリアートの意識」の理論分析を目的としている[9]。これまで、「物化とプロレタリアートの意識」は「組織問題の方法的考察」と切り離されて論じられることが多かったが、本章では「物化とプロレタリアートの意識」が「組織問題の方法的考察」において不明瞭であった理論的問題を明確にし、同論を補完するために書かれたという観点から解釈を行う。ルカーチは「組織問題の方法的考察」を基礎づけるために、「物化とプロレタリアートの意識」で論究される「正しい階級意識」の理論を必要としていたのだった。

この「正しい階級意識」の理論は、ルカーチが革命を現実のうちに定位させようとする理論的努力の頂点をなすものであり、『戦術と倫理』にはじまる彼の発展過程の「総括的決算」の名にふさわしいものである。しかしながら「正しい階級意識」の理論を導出するという「物化とプロレタリアートの意識」の試みは、結果的に「組織問題の方法的考察」との齟齬を生み出すことになる。「組織問題の方法的考察」と「物化とプロレタリアートの意識」は、『歴史と階級意識』のための二つの書き下ろし論文であり、ルカーチが同著における「決定的に重要な研究」[10]と呼んだものである。しかしセクト主義的立場を持つ前者と、潜在的には民主主義的改革の可能性を孕んだ後者との間には、両立し難い対立が存在していた。

結論では、『歴史と階級意識』以降のルカーチの歩みを概観する。ルカーチは『歴史と階級意識』出版後も上記の二つの志向を曖昧に併存させていた。同著出版後に発表した「レーニン論」は「組織問題の方法的考察」の継続であり、「モーゼス・ヘスと観念的弁証法の諸問題」は「物化とプロレタリアートの意識」を発展させたものである。

この二つの志向の対立に決着がつけられたのは、一九二九年に発表される「ブルム・テーゼ」においてであった。しかし、ルカーチは「組織問題の方法的考察」に対する理論的な総括を表立ってはおこなっておらず、また「ブルム・テーゼ」が「物化とプロレタリアートの意識」あるいは同論を発展させた「モーゼス・ヘスと観念的弁証法」と繋がりを持つものであるのかどうかについても触れていない。『歴史と階級意識』から「ブルム・テーゼ」へと移行していく過程については、ルカーチ自身の言及や両者を媒介する理論的著作が存在せず、そのためこれまでの研究でも十分に明らかにされているとは言い難い。だが本書では、テーマの関係上この過程には言及しない。これに関する研究は今後の課題としたい。

註

（1）Georg Lukács, Geschichte und Klassenbewußtsein, in: ders., *Werke*, Bd. 2. Neuwied, Berlin 1968, S. 18.

（2）*Ebenda*, S. 16. 括弧内著者。

（3）ハンガリー革命期以降のルカーチ研究が不十分なのに対して、ハンガリー革命以前のルカーチに関する思想史研究は、きわめて充実し多彩である。代表的な研究としては、『魂と形式』、『小説の理論』の理論分析を、若きルカーチの交友関係や社会状況と結びつけながら行ったF. Fehér, A. Heller, G. Márkus, S. Radnóti, *Die Seele und das Leben*, Baden-Baden 1977. ルカーチを当時のハンガリーの社会状況において捉えたMary Gluck, *Georg Lukacs and His Generation 1900–1918*, Cambridge 1985. ルカーチとトーマス・マンの関係を扱ったJudith Marcus-Tar, *Thomas Mann und Georg Lukács. Beziehung, Einfluß und "repräsentative Gegensätzlichkeit"*, Köln 1982. ルカーチとウェーバーの関係を論じたKurt Beiersdörfer, *Max Weber und Georg Lukács. Über die Beziehung von verstehender Soziologie und westlichem Marxismus*, Frankfurt a. M. 1986. ルカーチとジンメルの関係を扱ったUte Luckhardt, *"Aus dem Tempel der Sehnsucht". Georg Simmel und Georg Lukcás. Wege in und aus der Moderne*, Blutzbach 1994、ルカーチとラスクの関連を論じたHartmut Rosshoff, *Emil Lask als Lehrer von Georg Lukács. Zur Form ihres Gegenstandsbegriffs*, Bonn 1975 などがある。包括的な伝記的研究としては、Lee Congdon, *The Young Lukács*, London 1983 およびArpad Kadarkay, *Georg Lukács: Life, Thought and Politics*, Cambridge 1991がある。ルカーチの思想と社会状況とを結びつけた代表的思想史研究としては、Jörg Kammler, *Politische Theorie von Georg Lukács. Struktur und historischer Praxisbezug bis 1929*, Darmstadt 1974; Antonia Grunenberg, *Bürger und Revolutionär, Georg Lukács 1918–1928*, Köln 1976; Michael Löwy, *Georg Lukács: From Romanticism to Bolshevism*, London 1979. などが挙げられる。

（4）城塚登、古田光訳『歴史と階級意識』、白水社、一九九一年、五六三ページ。なお、我が国のルカーチ研究者のほとんどがこの見解を踏襲している。

（5）Lukács, Geschichte und Klassenbewußtsein, *a. a. O.*, S. 18.

（6）この時期、ルカーチは革命政権の要人であったという政治的な理由から、常に官憲の監視のもとにあり、表立って政治活動を行えない状況にあった。公式にはウィーンにハンガリー共産党は存在していなかったのである。なお、筆者が二〇一三年夏に行った、ブダペストにあるLukács Archívumでの調査研究でも、こうした事情のためかウィーン亡命期における日記の存在は確認出来ず、書簡についても政治的問題に触れないものが例外的にいくつか存在するだけであった。同アーカイブ研究員Dr. Mesterháziも、ルカーチは警察の監視を警戒し、あえて日記や書簡を残さなかったのであろうとの見解である。またウィーンにおけるハンガリー共産党員たちの集会の記録も発見出来なかった。

（7）*Ebenda*, S. 18.

（8）Vgl. *ebenda*, S. 15.

（9）ルカーチのVerdinglichungという用語に対する「物象化」という訳語は、第五章で論ずるように「物件化［Versachlichung］」との区別や、彼の意図からして適切な訳語とは思われない。本書では一貫して「物化」という訳語を用いる。――本書第三章第七節以下も参照。

（10）*Ebenda*, S. 18.

第一章　世紀末ハンガリーとルカーチ
――観念的革命論の起源――

一　ハンガリーのブルジョワ・ユダヤ人

一八八五年、のちに二〇世紀を代表するマルクス主義哲学者となるジェルジ・ルカーチは、オーストリア・ハンガリー二重帝国下の裕福なユダヤ人家庭に生まれた。世紀末のハンガリーは目覚ましい経済発展を遂げ、彼が育った首都ブダペストはすでに辺境の地ではなく、ヨーロッパで八番目の人口を誇る大都市へと変貌を遂げていた。ブダペストは東欧の金融の中心地となり、改宗によって市民権を獲得した彼の父ヨージェフ・ルカーチは、この発展の波に乗りハンガリーを代表する大銀行の頭取にまで登り詰め、貴族の称号を手に入れるほどの社会的成功をおさめている。ルカーチは共産党に入党するまでドイツで書かれた著作・論文では、その署名をGeorg von Lukácsと記していた。

しかしながら、ルカーチの述懐によると、彼は自らの家庭環境を肯定的には受け入れることが出来なかったという。彼は、青年時代にその出自を嫌悪するかのように「ユダヤ人はブルジョワのカリカチュアだ」[1]と書き残している。もっとも彼は自分が「ユダヤ人」であることに「肯定的な意味でも否定的な意味でも」影響されることはなかったと述懐している[2]。若干誇張が混ざっている可能性もあるが、二重帝国下のハンガリーにおいてユダヤ人であることは、たしかに必ずしも大きな社会的障害ではなかったといえる。ハンガリーでは、一八七〇年代に宗教・国籍に関わりなく法の前での平等が保障され、一八九〇年代には政府と教会との明確な分離が実現し、ユダヤ教に対する宗教的平等も確保されていた。(3) ハンガリーにおけるユダヤ人の公民化は、中欧・東欧諸国の中では突出して進んでおり、それはハンガリーの経済発展を支える原動力のひとつにもなっていた。

だがそれにもかかわらず、ルカーチのいうように、当時のハンガリーにおいてユダヤ人に代表される新興ブルジョワジーは、たしかに「ブルジョワのカリカチュア」のような存在であった。すなわち、経済的近代化が進む一方、巨大な政治的後進性が温存されていた二重帝国下ハンガリーのなかで、新興ブルジョワ・ユダヤ人たちは西欧諸国のブルジョワジーが果たしたような進歩的な政治的役割を担うことが出来なかったのだった。

もちろん「経済的近代化に後れをとる政治的近代化」という現象は、後発資本主義国家においてはある程度普遍的に見られることであり、なにもハンガリーに限ったことではない。しかしながら、ハンガリーにおいては経済的近代化と政治的近代化の非対称性に加えて、政治的・社会的後進性を温存し強化する独自の要素が働いていたのである。

ハンガリー独特の政治的・社会的後進性は、オーストリアとの間に結ばれた「アウスグライヒ」によってもたらされたものである。オーストリア・ハンガリー二重帝国は、この「アウスグライヒ」から始まる。「アウスグライヒ」とは、文字通りオーストリアとハンガリーとの間の「協定」であると同時に、ハンガリーにとっては独立国家であることを断念する一種の「妥協」に他ならない。しかしながらこの妥協は、見方を変えれば、常にオスマン帝国やハプスブルク帝国という強大な勢力の支配下にあったハンガリーにとって、これまでにないほどの自立性が保障されることを意味していた。ところがハンガリーに付与された「拡大された自治権」は、帝国からの独立戦争(一八四八年)に始まる自由主義的改革運動を推進するよりも、むしろハンガリー支配者層の強大な統治の自由に結びついていく。この時期、大土地所有貴族・大聖職者たちは、時代に逆行するかのように封建的支配体制を強めていったのである。

こうした封建貴族たちの支配権強化は、同時に人口比にして半分にも満たないマジャール人による少数民族支配の始まりを告げていた。「アウスグライヒ」によって成立した多民族国家ハンガリーにおいて、マジャール人は明確に支配民族となり、当然のことながらマジャール人支配体制の確立は少数民族の反発を引き起こす結果となった。このことは、のちに第一次世界大戦後のハンガリー王国解体の要因ともなっていく。

マジャール人と被支配民族の対立が鮮明となるにつれ、少数民族の中でも支配体制に従順なユダヤ人たちは政府にとって貴重な存在であった。政府は積極的にユダヤ人の同化政策を行い、ユダヤ人もそこに社会進出の大きなチャンスを見出していった。ルカーチ家はキリスト教に改宗し、家名をマジャール風に改めることでマジャール化を果たした典型的な同化ユダヤ人の一族だったのである。

だが、支配者階級である封建的大土地所有貴族たちと密接な関係を築くことでハンガリーにおける経済的近代化の原動力となったがゆえに、同化ユダヤ人たちは西欧におけるブルジョワジーのような政治的近代化の原動力にはなれなかった。ペーター・ハナークによれば「この異分子からなる中間階級は放恣やラディカルな冒険から身を慎み、二重帝国の支配的秩序に合わせて成長していった。彼らは経済的には重要なファクターではあったが、一九世紀末まで社会的には無意味であった[4]」。ハンガリーにおけるユダヤ人は、資本主義経済を興隆させたという点で確かにブルジョワと呼びうる存在であった。しかし政治的な自由化、民主化への志向を持たなかったという点では、必ずしもその名に値する存在ではなかったのである。

こうした近代ハンガリーの矛盾の象徴とも言うべきブルジョワ同化ユダヤ人の家庭に育ったルカーチは、富裕層ユダヤ人第二世代の多くに見られる「ハンガリーの公的生活全般への反感[5]」を抱くようになる。しかしながら、政治的なものであれ文化的なものであれ、彼がハンガリーの政治的・社会的後進性を打破するべく、能動的な社会的活動を開始することはなかった。[6]ルカーチによれば、彼が社会に対する「積極的役割」と呼べるようなものを担ったのは共産党入党後であり、[7]それ以前は基本的に非政治的・非社会的姿勢を貫いていたのである。[8]のちのインタヴューの中で、青年時代に政治的野心を持っていなかったのかという問に対しルカーチはこう答えている。「野心がなかったわけではありません。しかし、それはあくまで古いハンガリーの封建制度を変えたいというものでした。しかし当然のことながら、こうした意味での野心は現実の政治目的にはなりえなかったのです。なにせ当時のブダペストにはそういったタイプの運動がまったくなかったのですから[9]」。

しかしながら、ルカーチのこの述懐は必ずしも正確ではない。新興ブルジョワジーによる自由主義的改革運動は当時のハンガリーにも存在する。オスカー・ヤーシを中心とする雑誌『二〇世紀』やエンドレ・アディを中心とする雑誌『西方』、あるいはカール・ポラニーを中心とする「ガリレオ・サークル」など、西欧文化をハンガリーに導入し、ハンガリーの文化的近代化を通じて社会的近代化を実現しようとする知識人の啓蒙活動はすでに開始されていた。エルヴィン・サボーによってマルクスの著作も翻訳されており、一八九〇年にはハンガリーにも社会民主党が設立され、労働組合を中心に実践的な政治闘争が展開されている。多くの場合、その中軸を担っていたのはブルジョワ・ユダヤ人の第二世代であり、ルカーチも『西方』に定期的に寄稿していた。ハンガリーを代表する詩人アディは青年ルカーチにとっての偶像であり、ヤーシに対しては冷淡であったが、ポラニー、サボーとの親交も持っていた。

とはいえ、こうした運動が大きな社会的勢力になっていたわけではない。カーロイ革命によってハンガリー王国が崩壊するまで、社会民主党は結局議会に一議席すら確保するには至っていない。[10]ハンガリーの近代化＝西欧化という目標を学問的啓蒙によって実現しようとした改革派知識人たちの運動も、その社会的影響力は極めて限定的であり、[11]

二〇世紀初頭には保守的な反ユダヤ主義の潮流も台頭している。ダヴィッド・ケトラーによれば、彼らの改革運動はハンガリーの後進性を見据え、そこに根を張るような運動にはなれなかったのである。⑫

実際、ハンガリーの政治的・社会的後進性はほとんど動かしがたいと思われるほど強固なものであった。他のヨーロッパ諸国であれば市民階級の担い手となる「ジェントリ［郷紳］⑬」と呼ばれる中小貴族も、ハンガリーの場合は徹底して大貴族の足下に置かれ、そのアイデンティティの拠り所をマジャール愛国主義に求めるもっとも保守的な層を形成していく。ユダヤ人やドイツ人を中心とする少数民族の新興ブルジョワジーは、この保守的なジェントリ層の下位に自らを意識的に位置づけることでその社会的安定を保っていたのである。⑭ブルジョワ・ユダヤ人たちは、封建貴族たちから反感を買わないよう、軍事的な民族主義にさえ賛成するほどであった。⑮

二〇世紀に入り、ハンガリーの経済的発展には目を見張るものがあったが、第一次世界大戦以前のヨーロッパではハンガリーの大土地貴族・大聖職者の農地占有率は他に類例がないほど高く、識字率の低さ、医療の遅れ、公衆衛生の不備も際立っていた。⑯封建的価値観の強さを反映し、商売に携わる人間を「紳士」とは見なさないハンガリーにあって、⑰市民階級はあまりに弱々しく、議会、官僚機構、地方行政に至るまで、大土地所有貴族と大聖職者、そしてジェントリによって独占されていたハンガリーの政治はあまりに閉鎖的であった。⑱社会的責任を担おうとする市民層を生み出す土壌がハンガリーには決定的に欠如していたのである。

ルカーチは自らの出自を侮蔑し、自らを取り巻く「リポート街（上流階級の居住区）」のユダヤ的・ジェントリ的世界から解放されたいと、幼い頃から熱望していたと言う。しかし、こうした巨大な後進性を前にルカーチは、結局、現実の変革には背を向けたと言ってよいだろう。彼は日記にこう記している。「ルカーチ一族は、みな夢のない夢想家だ。べったりと世俗に執着している絶対的に非現実的な人間たちだ。現実性に対する意識のない現実主義者だ。［…］

彼らの中で私だけがただひとり目覚めている。私は自らを明晰な人間へと教化しようとした。しかし、欠落している現実性へ到達することは出来なかった(19)」。

こうした自己の環境から逃れるために、ルカーチが選んだ道はややアイロニカルなものだったといえる。法学博士を取得後、商務省に勤めたものの早々に職を辞した彼は、芸術愛好家でもあった父親によって現実生活から離れて学問や芸術の世界に没頭できる環境を用意してもらったのである。彼が手にした自由は、ハンガリーの後進性の温存に一役買っていたブルジョワ・ユダヤ人の父親の庇護によって可能となった自由であった。こうした形でルカーチは眼前の現実から思想的に超出し、自らをハンガリーから解放しようとしたのであった。

ルカーチは遅れたハンガリーから目を背け、やがてドイツにその精神的な亡命地を見出していく。実際、彼が一九一〇年にハンガリー語で発表した『魂と形式』は、ある批評家に「ルカーチの散文体とアイディアは、モダンなドイツかぶれの専門用語を使った、まったくのドイツ的作品」と評されている(20)。ジョン・ルカーチによれば、「ルカーチのスタイル、レトリック、思考の構造は、ワイマール期のドイツのものだった(21)」。しかし母国で受け入れられなかった『魂と形式』は、その後ドイツ語で出版され、ハンガリー人の作品としては異例の好評を博する。著者名として記した Georg von Lukács は、彼のドイツ志向と精神的貴族としてのハンガリーに対する侮蔑を表現するものだったと言えるだろう。文芸批評家としてのルカーチはアディを除けばハンガリー人の作家を論じることはほとんどなかった。ルカーチによれば、当時の彼には「ハンガリーの古典文学に接近していく内的な道はなかった(22)」という。

ルカーチはやがてハンガリーでの活動に見切りをつけ、精神的のみならず実際的にもドイツに活動拠点を移し、そこで教授職を得ることを期待するようになる。彼がハイデルベルク大学に提出した履歴書には「ブダペスト大学時代、同大学教授で私の発展に本質的影響を及ぼしたものは誰も」なく、影響を受けたのはドイツの大学教授であるディルタイ、ジンメル、ウェーバーであったと記載されている。[23] ルカーチは遅れたハンガリーを飛び越え、ヨーロッパ近代の先端に文化的レベルで追い付き、そこへと同化しようとしたのだった。[24] トーマス・マンを感嘆させた『魂と形式』の「市民性と芸術のための芸術――テオドール・シュトルム――」において、彼はシュトルムの作品に「生き方に対する確証を失い始めた市民層の生の気分」に、あるいは「かつての偉大な市民層」が消え去り歴史となりゆくこの瞬間に哀切を見出している。[25] ルカーチは、ハンガリーにはまだ誕生もしていない市民階級の没落を、その考察の対象としていたのであった。

だが、ユダヤ系ハンガリー人であるルカーチには、ドイツで社会的基盤を持つことは困難であった。第一次世界大戦の勃発とともに、彼は自らが根無し草的存在であることを痛感することになる。彼はドイツで沸き起こった愛国的熱狂に辟易し、戦争を賛美するかつての師であったジンメルや尊敬するトーマス・マンとの間に距離を感じていく。[26] また戦争における祖国ハンガリーの行く末にもさしたる関心を抱くことはなかった。彼は父親の縁故を使ってハンガリーでの軍役を免れている。[27] もちろん革命期に見せた彼の剛毅さを考えれば、[28] このことは彼が怯懦な人間であったことを意味しないだろう。要するに、ルカーチには現実世界のどこにも積極的にコミット出来る場を見出すことが出来なかったのである。

したがって、この時期のルカーチに可能であったのは、思想的にのみ「近代の問題性」と向き合うことであった。その成果が『小説の理論』である。この著作の再版に際して付したあらたな序文において、彼は同書が「世界情勢に対する不断の絶望」[29] の中で成立したものだと述べている。戦争と、戦争を生み出した当時の市民社会を拒絶しながらも、彼には漠然とユートピア的世界を思念すること以外にはなにも出来なかったのである。ルカーチは「主観的態度を客観的な現実に媒介」するものを、具体的にはもちろん「もっとも抽象的な思想のレベル」においてさえ見いだせなかったという。[30] 彼は当時の気分を以下のように述べている。「中欧勢力は、おそらくロシアを打ち倒すであろう。それは帝政を瓦解させることになるかもしれないが、私は一向に構わない。ドイツに対して西欧列強が勝利を収め、その結果ホーエンツォレルン家とハプスブルク家が没落するかもしれないが、だからどうしたと言うのだ。しかし、勝者が結局のところ西欧であるならひとつの問題が生じる。すなわち、西欧文明から我々を救ってくれるのはいったい誰なのか[31]」。

二　悲劇的世界観

ハイデルベルクのウェーバーのもとで学んでいたルカーチにとって、その思想的出発点は資本主義的近代が作り出した「鋼鉄の檻」であった。ウェーバーは述べている。非有機的・機械的生産の技術的・経済的条件に結び付けられた近代的経済秩序の「コスモスは、圧倒的な力をもってその機構の中に入り込んでくる一切の諸個人――直接経済的営利に携わる人々だけでなく――の生活スタイルを決定しているし、おそらく将来も化石化燃料の最後の一片が燃えつきるまで決定し続けるだろう。［…］こうした文化的発展の最後に現れる『末人たち』にとっては、次の言葉が真理となるのではないだろうか。『精神のない専門人、心情のない享楽人』、この空虚な存在は、人間性のかつて達したことのない段階にまで登りつめたと自惚れるだろう[32]」。

愛国主義的高揚感とは無縁であったルカーチは、むろん戦争における英雄的行為や国家的団結が、近代合理主義という「鋼鉄の檻」からドイツを解き放つかのように考える戦争賛美論に懐疑的であった。[33] ルカーチは第三者的な冷めた目で戦争を見ており、ハンガリーの敗北すら彼にとってはさして重大事には思えなかったのである。むしろ敗戦の結果、オーストリア・ハンガリーの封建制が崩れるなら結構なことだとさえ考えていた。しかし、ヨーロッパの古い封建体制が瓦解した結果、その向かう先が西欧近代の完成であるなら「鋼鉄の檻」がますます堅固なものになるだけではないか、ルカーチが恐れたのはこのことである。事態はまさに絶望的であるように思われた。『小説の理論』は、この絶望の只中で、微かな希望の予兆を見出そうとする試みであった。

したがって、『小説の理論』の理論的背景をなすのは、われわれが「鋼鉄の檻」に閉じ込められているという近代の宿命に他ならない。ウェーバーの周りに集っていたのは「鋼鉄の檻」から離脱を目指す若者たちであり、その中にはロマン主義、神秘主義に傾く人々が少なくなかったという。ルカーチやブロッホはその代表的人物だった。ウェーバー・サークルのメンバーのひとりであったパウル・ホーニクスハイムは、彼らを「ネオ・ロマン主義者」と呼んでいる。「彼らネオ・ロマン主義者たちは、彼らがだれのドアを叩くべきなのかを知っていた。それはマックス・ウェーバーのドアであると[34]」。

『小説の理論』はまさに近代の合理化の帰結に対するウェーバーの了解を基礎として書かれている。ウェーバーによれば「われわれの時代に特有の合理化と主知化、とりわけ世界の脱魔術化によって、まさに究極的かつ至高の諸価値は、公衆の面前から撤退し、神秘的な生活のひっそりした世界あるいは個々人の直接的交わりの親密さのなかに隠れ去っている。これがわれわれの時代の宿命なのだ[35]」。ルカーチにとって、「小説」とはこうした無意味化した世界を思想的に表現する形式であった。ルカーチはいう。「小説は、神の去った世界の叙事詩なのだ[36]」と。

ウェーバーは、「このような時代の宿命」に「男らしく堪えよ」と主張する[37]。合理的・実証的な近代的知性を犠牲にすることなくしては、超越的価値に基づく統合力をもったかつての共同体を復活させることは出来ない。「世界はなんらかの意味をもっているにちがいない[38]」という超越的価値に基づく前提自体が「合理化と主知化」の前にすでに崩壊しているのである。ウェーバーにとって、ゲゼルシャフトからゲマインシャフトへと回帰する道はすでに存在しなかった。

ルカーチもまた近代世界において「現実が意味によって満たされることは決してない」[39]ことを認める。しかし、同時に彼は「意味を持たない現実は本質なき虚無へと解体する」[40]という。ルカーチによれば、「小説」が客観的に表現するのは、この二律背反に対する「男らしい成熟した洞察」であった。[41]すなわち「理想に無縁な世界に進んで適応」することも、「リアリティを獲得するために魂の非現実的な理想を放棄する」ことも、「ともにみじめな失敗に終わる」という認識こそが、近代の自己認識たる「小説」を支えているのである。[42]「小説」の精神は、意味を失った現実が勝者であることを留保なしに認める。だが「小説」は、勝者である現実が実は徹底的に無価値であり、存在と意味とは完全に分裂していることを容赦なく暴露し、主体と客体との偽りの和解を断固として拒否する。ルカーチによれば「小説」がその真価を発揮するのはまさにこの時であった。

そのため、「小説」という表現形式は、「繰り返し解体を予告する有機体の構成」[43]というアイロニカルなものとならざるをえないのだという。アイロニーの精神は、理想にしたがって現実が変革可能だと信じる「抽象的理想主義」の楽天性も、理想を守るために無意味化した現実から自己の内へ逃避しようとする「幻滅したロマン主義」のデカダンスも、ともに退ける。それは現実の過酷さに耐えながら、偽りの希望にすがらない「男らしい成熟」した精神であった。ルカーチによれば、「馬鹿馬鹿しいほど強大だが無意味である存在に弱々しく反抗する者たちすべての挫折を眺めて喜ぶ創造者としての神の悪意と、この世界に自分はまだやって来られないのだということを嘆く神の筆舌に尽くし難い苦悩」[44]を同時に表現するからこそ、アイロニーを原理とする「小説」は「時代を代表する形式」[45]となりえたのだという。

ルカーチは近代が個人の理想とは無関係に運動する偶然的な外的世界と、外界において自らの理念を実現することが不可能だと考える「問題的個人」とによって構成されていると見る。[46] しかしながらルカーチは、ウェーバーのように、この主体と客体の対立構造を宿命的で絶対的なものとは考えなかった。ルカーチは述べている。「世界は自らの力によってその優位性を保っているというよりは［…］、理想を背負わされた魂の必然的ではあるが内面的な問題性によって逆に優位を保っている」[47] と。つまりルカーチによれば、人間にとって疎遠となり無意味となった世界が存在し続けているのは、そこにおいて生じてくる客体世界との不和を人々が自分の内的問題として自らの内へと回収しているがゆえなのである。

だが、なぜ「慣習化した世界に対するユートピア的拒否」は内的な問題に留まり「実在的な現実のうちに自らを客観化」する方向へ進むことが出来ないのか。[48] ルカーチの見るところ、それは「問題的個人」のユートピア的要求そのものに原因があった。ルカーチによれば「西欧の文化的世界は、その世界を構成している形成物にあまりにも深く根ざしているため、そこから身を引き離すことができなくなって」[49] おり、それに応じて「魂のユートピア的要求」も、西欧近代において培われた「極端に分化し洗練され内面化された魂」にふさわしいものとなっているのだという。[50] つまり「問題的個人」が要求する世界は、自らが拒否しようとする「西欧の文化的世界」に出自を持つものであるがゆえに、本質的に「慣習化した世界」の「超越」を志向するものではなく、一種の不満を背景とした「修辞的、叙情的、反省的」な「純粋な論争」という形以上のものにはなりえていない、ルカーチはそう主張するのである。[51]

『小説の理論』のルカーチは、「罪業の完成された時代」としての近代からの脱却を、西欧近代の内在的乗り越えとしてではなく、あくまで「超越」として志向していた。だが、ルカーチによると「西欧の発展には、こうした可能性が与えられなかった」[52] という。そのため彼は西欧近代に差し向ける対抗原理を西欧世界以外に、すなわちロシアに見出していく。ルカーチによれば、「一九世紀ロシア文学にあたえられた有機的自然的な始原の状態」においてはじめて「心情の基盤、形象化の基盤」が獲得され、「創造的な論争が可能」となるのであった。[53]

リー・コングドンによれば、ルカーチとウェーバーを結びつけていたのは、実はこうしたロシア的なものへの関心であり、そこには明らかに神秘主義的要素が含まれていたという。[54] ホーニクスハイムもこの時期ウェーバーはたしかに神秘主義に興味を抱いていたと証言している。[55] ルカーチは、トルストイ、ドストエフスキーが代表するロシア的原理を熱烈に崇拝し、まるでそのことを象徴するかのように、この頃ロシア人の革命家の女性と最初の結婚をしている。ブロッホはインタヴューの中でこう語っている。「ルカーチはいわば彼女を通してドストエフスキーと結婚したのだ。彼は彼のロシアと、つまり実際にはどこにも存在しない彼のドストエフスキー的ロシアと結婚したわけだ[56]」。

当時のルカーチにとってロシア的原理は西欧近代を超越する見込みのあるただひとつの選択肢だった。ルカーチはいう。トルストイにおいて形象化される世界は西欧文明の世界とは根本的に異なっている。そこで描かれる生き方あるいは人生は、「同じ感じ方をする単純で自然と内的に結びついた人間たちの共同体に根拠づけられた」生であり、「自然の大きなリズムと一体になって、誕生と死という自然のサイクルのうちを動き、自然的でない諸形式の些末さ、分離、解体、硬直化、そのすべてを自分の内から排除する[57]」、そうした生であると。それは西欧世界に対する西欧的な不満とは一線を画す明らかな超越であった。

だが、トルストイがこの「超越」を「具体的に、明瞭に、ありありと認め、形象化」しているにしても、そこにこの世界を現実化するリアルな契機が見出されているわけではない。[58]「社会的存在」と「抽象的な内面性」が織りなすこの二元性を現実的に克服することが不可能であるかぎり、トルストイの場合も「超越」は「憧憬的で抽象的なもの」にとどまらざるをえないのである。[59] ルカーチは主張する。「小説とは、フィヒテの言葉にしたがえば、罪業の完成された時代の形式であり、世界がこの宿命のもとにあるかぎり支配形式であり続けるに違いない[60]」と。

ルカーチによれば、ドストエフスキーの諸作品はこの意味できわめて特殊な位置を占めているという。すなわち、トルストイにおいてはたんに憧憬的であった「新しい世界」が、ドストエフスキーの場合「存在するものに対するあらゆる闘争から離れて、ただ端的に眺められた現実として描かれている」[61]のである。したがって、ルカーチはドストエフスキーの作品をすでに「小説」ではないという。ドストエフスキーは「罪業の完成された時代」の先を、たんに憧憬としてではなく現実として見ているのである。ルカーチによれば、それが「ひとつの始まりにすぎないのか」それとも「すでにひとつの実現であるのか」、つまり「完成された罪業の場」からの脱却がたんに予感されているだけなのか、それとも本当にそこから脱却しつつあるのかまでは分からないという。[62]だが、西欧世界を「超越」する前兆はすでに示されている、ルカーチはそう考えていたのであった。

ルカーチはこうした神秘主義的な終末論のもとに「あらたな世界」の到来を夢想していた。もちろんそこにはいかなる現実的根拠も存在してはいない。だが、のちに彼はこの「新しい世界」の到来をロシア革命と重ね合わせてゆくことになる。

三　マルクス主義への転向

『小説の理論』には、西欧近代を超克するための具体的な方途はなにも示されてはいない。第一次世界大戦という破壊的現実のなかで、終末論的に奇跡を待望するメシアニズム以上のものをルカーチは持っていなかった。同書の再版に際して付された序文の中で彼は次のように述べている。『小説の理論』は基本的に「破壊的性格のもの」[63]であった。旧社会の秩序やそれまで信じられてきた価値観が溶解するなかで、「資本主義の崩壊から、そしてそれと同じことだが、生命を欠き生に敵対的な経済的・社会的カテゴリーの崩壊から、自然に根差した人間にふさわしい生が生まれるであろう」という「きわめて素朴でまったく根拠を欠くユートピア」が『小説の理論』の基盤だったと。[64] そしてルカーチは「一九一七年という年が、そのときまで私にとって解決不可能であるかにみえた問題にはじめてひとつの答えを与えてくれた[65]」のだと述懐している。ミシェル・レーヴィによれば、ルカーチが『小説の理論』の悲劇的世界観に閉じこもっていたのは、彼が資本主義的近代を打ち倒す現実的力が存在しないと考えていたからに他ならない。「ロシア革命」は「そうした力が実際に存在する」ことを示したという意味で「ルカーチに巨大なインパクトを与えた[66]」のだという。したがってロシアにおいてレーニンが打ち立てたものがルカーチの待望する「新しい世界」であったとすれば、ルカーチがボルシェヴィズムに転向していったことは少しも不思議ではない。

もっとも、一九一七年の段階でルカーチがロシア革命勃発の報に接して社会主義に関心を抱いた形跡は見られない。彼は「ロシア革命とともに、はじめて私にとってもまた、未来への展望が現実そのもののなかに開かれた」のだと述べ、「戦争と資本主義から人類を救う道」が示されたことに感激したと語っているが[67]、これは多分に後付け的な説明である。

実際、ハンガリーに帰還した当時のルカーチはまったくの非政治的人間であった。大戦末期、カーロイによる民主革命が起こった時も、彼はこの革命に対して積極的にコミットしようとする姿勢を示していない。ルカーチによれば、彼を中心とする非政治的な「サンデー・サークル」以外にはどんな社会的関係も持っていなかったという。[68] 彼は相変わらず『小説の理論』の地平にとどまり、「サンデー・サークル」で話題とされたのはドストエフスキーや新たな倫理的共同体の問題であった。メンバーの一人アーノルド・ハウザーは、サークルで政治のことが話題になることはまったくなかったと述懐している。[69] 彼によれば、グループの非政治性はルカーチに負うところが大きく、ルカーチはハイデルベルクから一種の神秘主義者として帰還したのだという。[70]

しかし、カーロイ革命、あるいは当時のハンガリーの知識人を駆り立てた西欧志向の自由主義的改革に対する冷淡さは、思想の上でのみすでに西欧近代を追い越していた、いや少なくともそう思い込んでいたルカーチからすれば、当然だったのかもしれない。彼には「カーロイ流西欧民主主義」が「罪業の完成された時代」からの脱出のための根本的な解決策になるとは思えなかったのである。彼はのちのインタヴューの中でその時の気持ちを、『小説の理論』の再版序文を模してこう語っている。もしハンガリーの封建体制が崩れ、カーロイの改革が成功したと仮定するなら、「そのときいったい誰が西欧民主主義からわれわれを守ってくれるのか」[71]と。

とはいえ、ルカーチたちも「サンデー・サークル」に閉じこもってばかりいたわけではなく、「サンデー・サークル」を基盤とした「精神科学自由学院」を立ち上げ、市民に向けての公開講座を行っている。しかし、ヤーシ主導の「社会科学協会」とは対照的に、そこに大衆的支持を獲得してそれを社会運動へと高めようとする姿勢は存在しなかった。彼らはその全面的な反資本主義、反近代の姿勢のゆえに多分にロマン主義的であり、現実的な実践志向を欠いていたのである。[72]また、資本主義的近代の産物である大衆化を嫌悪する彼らの文化的エリート主義は大衆への接近をよしとしなかった。

しかしながら、ベーラ・クンを筆頭とするロシアから帰還したレーニン主義者の登場が、それまでかたくなに守ってきたルカーチの「内的亡命」姿勢を揺るがすことになる。彼はクンらレーニン主義者との出会いを通じてロシア革命を『小説の理論』の観点から捉え始めたのであった。

この時のルカーチの様子を、「サンデー・サークル」のメンバーであったアンナ・レスナイは以下のように記憶している。カーロイ政権樹立後間もない一九一八年一一月の日曜日、いつも通りに開かれた日曜の集会に、ルカーチはいつもとは違った様子で現れた。見た目にもはっきりと分かるほど動揺し、ナーヴァスに見えた彼はこう語ったという。「私は正しい人間に会った。彼のリアリティはわれわれのそれとは異なる生きたリアリティだ。ヘーゲル的精神を具現化している人間に私は初めて出会った。彼はわれわれが話していることを、実際に生きているのだ。彼は、私が自分の理念を突き詰めていけば、どういう答に行き着くのか考えようともしていないことを示してくれた。[…]何かをしなければならない。[…]もし、われわれが人類の自由を信じるのなら、階級的に守られた城壁の中でぬくぬくと生きていくわけにはいかない(73)」。

ルカーチが「正しい人間」と呼んだのは、おそらく彼と浅からぬ因縁を持っていた青年時代からの友人、エルネー・ザイドラーであろう(74)。彼はクンとともにロシアで革命の洗礼を受け、レーニン崇拝者として祖国にもどった人々の一人である。クン率いるハンガリー共産党は、戦争捕虜たちによって一九一八年一一月にモスクワで結成され(75)、同月中旬、彼らは革命の興奮を携えてハンガリーに帰還した。ザイドラーはその中の一人であった。

ルカーチは彼らロシアからの帰還者に「新たな世界」の到来を告げる使者を見出そうとしていた。実際、彼のこの時の革命観は地に足のついた社会改革の運動としてではなく、『小説の理論』と同様にロマン主義的な破壊と再生のイメージに貫かれている。彼は述べている。「もしもかりにボルシェヴィズムの権力掌握が文化的および文明的な諸価値の破壊をともなうことになったとしても、この可能性はひとたび倫理的あるいは歴史哲学的な根拠に基づいて決断をおこなった人々の目には決定的な反論にはならないだろう。[…]彼らはこの種の重大な世界史的な価値の変革が価値の殲滅なしに遂行出来ないことを知っている。そして彼らは自分たちには来るべき新しい世代のために新しい価値を創造するだけの強さがあると十分に自覚している(76)」。

ルカーチは、ボルシェヴィズムの掲げる「階級抑圧なき社会秩序」に、『小説の理論』の「新たな世界」を重ね合わせ、「かつては思想でしかなかったものがここでは行為となった(77)」のだと主張する。しかし、ルカーチはボルシェヴィズムの「破壊」がたんに思想上のものではなく現実であるという事実の前に、共産主義者となることにためらいを覚えていた。革命において不可避となる暴力を前にして、「善きものを悪しき手段によって、自由を抑圧によって戦い取ることは許されるのか」[78]という問に直面したのである。

だが、最終的にルカーチは悪しき手段によって「自己の純粋性、自己の道徳、自己の魂」を犠牲にする覚悟こそが、自己の身を清く保とうとする道徳性よりも一層高い道徳的行為であるとの結論に達し[79]、共産主義者となることを決意したのであった。

四　観念的革命論者

それまで政治的活動経験はおろか、ほとんど社会経験も持つこともなく、もっぱら哲学、美学、文学の世界に耽溺してきたルカーチはこうして突如として共産党に入党し、マルクス主義革命家となる。だが、ルカーチを政治的実践へと導いていったものが社会的リアリティではなく抽象的な理念であったことは、彼の政治思想に決定的な歪みをもたらさずにはおかなかった。すなわち、革命という現実的な活動のただ中にあって、ルカーチはなお「一九一九年のハンガリー」という現実をほとんど気にもとめていないかのような議論を展開していくことになる。実際、革命期のルカーチの著作でハンガリーの具体的なコンテクストに即して書かれたものはほとんどない。

あるいはルカーチにとって祖国ハンガリーはそもそも特別な重要性を持っていなかったのかもしれない。当時の若きユダヤ知識人たちの多くがそうであったように、彼もまたナショナリストよりもコスモポリタニストである傾向が強かった。少なくともルカーチの言説に愛国者的なところはまったくない。ハンガリーへの帰国も彼にとっては一時的なもので、早々にハイデルベルクへ戻るつもりが[80]、本人にとっても思いがけないことに当地で革命に関わることになったのだった。

したがってルカーチにとって本当に重要だったのはハンガリーの革命ではなく、世界革命の一端をハンガリーで担うことだったと言ってよい。ルカーチの思考は社会主義革命という抽象的理念を媒介として、一足飛びに歴史哲学的に構成された世界史の先端へと接続されていったのである。当時のハンガリーがいまだ克服し難い後進性を引きずっており、カーロイ政権の西欧的な民主国家の建設という目標さえ実現が困難であったにもかかわらず、ルカーチは民主的改革を軽蔑し、その先へと進もうとしていたのであった。

マルクス主義者ルカーチとしての思想的歩みはこうして始まる。自らの出自に嫌悪感を抱きつつも精神的に貴族であろうとしたルカーチには、労働者としての経験はもちろん、労働者階級との接点もなかった。労働組合において、あるいは社会民主党において、政治家として活動したこともなかった。市民的な自由主義的社会改革運動にさえ背を向けてきたのである。ルカーチの革命思想が抽象的なものであったのはむしろ当然であろう。

それゆえルカーチはいわば即席の革命家であった。にもかかわらず、彼が入党を果したわずか数か月後、ハンガリーの状況は一挙に流動化し、カーロイ政権が瓦解して、ロシアに続いて世界で二番目の社会主義政権の樹立を見ることになる。彼には革命家あるいはマルクス主義者として成熟していく余裕などなかった。ルカーチ自身、当時自分には「精神的に大きな課題を成し遂げる準備がほとんど僅かしか出来ていなかった」と述懐している[81]。彼はレーニンの革命理論のことさえ知らなかった[82]。ルカーチはそれまでの知識を頼りに、『小説の理論』の構想を基盤として極端に観念的な革命論を形成していくより他なかったのである。

註

（1）Arpad Kadarkay, *Georg Lukács: Life, Thought and Politics*, p. 11.
（2）Georg Lukács, *Gelebtes Denken. Eine Autobiographie im Dialog*, red. von I. Eörsi, Frankfurt a. M. 1981, S. 45.
（3）Cf. Mary Gluck, *Georg Lukács and His Generation 1900–1918*, p. 49.
（4）Péter Hanák, Skizzen über die ungarische Gesellschaft am Anfang des 20. Jahrhunderts, in: *Acta Historica*, Nr. 1–2, 1963, Budapest, S. 21.
（5）Lukács, *Magyar irodalom, magyar kultura*, Budapest 1970, p. 5.
（6）Vgl. Grunenberg, *Bürger und Revolutionär*, S. 21.
（7）Lukács, *Gelebtes Denken*, S. 86.
（8）Cf. Gluck, *Georg Lukács and his Generation*, p. 95.
（9）Lukács, *Gelebtes Denken*, S. 55.
（10）Vgl. Wilhelm Böhm, *Im Kreuzfeuer zweier Revolutionen*, München 1924, S. 21.
（11）Vgl. Janos Hauszmann, *Bürgerlicher Radikalismus und demokratisches Denken im Ungarn des 20. Jahrhunderts. Der Jászi-Kreis um "Huszadik Század"（1900–1949）*, Frankfurt a. M. 1988, S. 91.
（12）Vgl. David Kettler, *Marxismus und Kultur. Mannheim und Lukács in den ungarischen Revolutionen 1918/19*, Berlin 1967, S. 8.
（13）ジェントリという言葉は英語（gentry）からの借用語で、二重帝国下で使用されるようになった。ハンガリー語ではdzsentriと記す。
（14）Vgl. Hauszmann, *Bürgerlicher Radikalismus und demokratisches Denken im Ungarn des 20. Jahrhunderts*, S. 28.
（15）Vgl. Kettler, *Marxismus und Kultur*, S. 7.
（16）Vgl. Böhm, *Im Kreuzfeuer zweier Revolutionen*, S. 13–21.
（17）Cf. Ervin Pamlényi（ed.）, *A History of Hungary*, trans. by L. Boros, London 1975, p. 360.

(18) Cf. *ibid.*, p. 87.
(19) Lukács, *Naplo—Tagebuch (1910-1911), Das Gericht (1913)*, Budapest 1981, S. 54
(20) Cf. John Lukacs, *Budapest 1900: A Historical Portrait of a City and its Culture*, New York 1990, p. 158.
(21) *Ibid.*
(22) Vgl. Lukács, *Gelebtes Denken*, S. 60.
(23) Lukács, Curriculum vitae, in: *Text + Kritik. Zeitschrift für Litteratur*, hrsg. von Arnold Heinz Ludwig, Heft 39/40, Oktober 1973, München, S. 5.
(24) Lukács, *Magyar irodalom, magyar kultura*, p. 6f.
(25) Lukács, *Die Seele und die Formen. Essays*, Berlin 1911, S. 154.
(26) Vgl. Lukács, Die deutsche Intelligenz und der Krieg, in: *Text und Kritik*, a. a. O., S. 65.
(27) Vgl. Lukács, *Gelebtes Denken*, S. 71f.
(28) Cf. Kadarkay, *Georg Lukács*, p. 222.
(29) Lukács, *Die Theorie des Romans*, Berlin 1920, S. 5.
(30) *Ebenda*, S. 6.
(31) *Ebenda*, S. 5.
(32) Max Weber, Die protestantische Ethik und der Geist des Kapitalismus, in: *Gesammelte Aufsätze zur Religionssoziologie*, Bd.1, Tübingen 1988, S. 203f.
(33) Vgl. Lukács, Die deutsche Intelligenz und der Krieg, in: *Text + Kritik*, S. 65–69.
(34) Paul Honigsheim, *On Max Weber*, New York 1968, p. 79.
(35) Weber, *Wissenschaft als Beruf*, Berlin 1984, S. 36.
(36) Lukács, *Die Theorie des Romans*, S. 87.
(37) Vgl. Weber, *Wissenschaft als Beruf*, S. 36.

(38) *Ebenda*, S.34.
(39) Lukács, *Die Theorie des Romans*, S. 87.
(40) *Ebenda*.
(41) *Ebenda*.
(42) *Ebenda*, S. 85.
(43) *Ebenda*, S. 83.
(44) *Ebenda*, S. 92f.
(45) *Ebenda*, S. 93.
(46) Vgl. *ebenda*, S. 76
(47) *Ebenda*, S. 85.
(48) *Ebenda*, S. 148.
(49) *Ebenda*, S. 149.
(50) *Ebenda*, S. 148f.
(51) *Ebenda*, S. 149.
(52) *Ebenda*, S. 148.
(53) *Ebenda*, S. 149.
(54) Cf. Congdon, *The Young Lukács*, p. 87.
(55) Honigsheim, *On Max Weber*, p. 109. なおブロッホによれば、ルカーチのトルストイ、ドストエフスキーに対する崇拝がウェーバーをルカーチに引き寄せたのだという。Michael Löwy [ed.], Interview with Ernst Bloch, *New German Critique*, No. 9, 1976, New York, p. 45.
(56) Interview with Ernst Bloch, p. 43f.
(57) Lukács, *Die Theorie des Romans*, S. 150.

(58) *Ebenda*, S. 150.
(59) *Ebenda*, S. 157.
(60) *Ebenda*.
(61) *Ebenda*.
(62) *Ebenda*, S. 158.
(63) *Ebenda*, S. 15.
(64) *Ebenda*.
(65) *Ebenda*, S. 6.
(66) Löwy, *Georg Lukács*, p. 129.
(67) Lukács, Geschichte und Klassenbewußtsein, *a. a. O.*, S. 13.
(68) Vgl. Lukács, *Gelebtes Denken*, S. 86.
(69) Cf. Congdon, *The Young Lukács*, p. 119.
(70) Vgl. Grunenberg, *Bürger und Revolutionär*, S. 28.
(71) Lukács, *Gelebtes Denken*, S. 79f.
(72) Cf. Andrew Arato and Paul Breines, *The young Lukács and the Origins of Western Marxism*, New York 1979, p. 76.
(73) Kadarkay, *Georg Lukács*, p. 202.
(74) Vgl. Lukács, *Gelebtes Denken*, S. 88. ザイドラーはルカーチの自殺した恋人の兄であった。
(75) Cf. András Siklós, *Revolution in Hungary and the Dissolution of the Multinational State*, 1918, trans. by Z. Béres, Budapest 1988, p. 128f.
(76) Lukács, Der Bolschewismus als moralisches Problem, in: *Taktik und Ethik, politische Aufsätze I, 1918–1920*, Darmstadt 1975, S. 27f.
(77) *Ebenda*, S. 30.

(78) *Ebenda*, S. 31.
(79) Lukács, Taktik und Ethik, in: *Taktik und Ethik*, S. 52.
(80) Lukács, *Gelebtes Denken*, S. 71.
(81) Lukács, Geschichte und Klassenbewußtsein, *a. a. O.*, S. 14.
(82) *Ebenda*.

第二章　ルカーチとハンガリー革命

——観念的革命論と革命の観念性——

一　観念的革命論の起源

ハプスブルク帝国との間に結ばれたアウスグライヒの下、オーストリア・ハンガリー二重帝国下で封建体制のうちにまどろんでいたハンガリーに、第一次世界大戦末期、政治的な大変動が押し寄せようとしていた。ハンガリーは経済的・文化的意味において必ずしも先進ヨーロッパ諸国に後れをとっていたわけではなかったが、政治的・社会的近代化を果たすことが出来ず、身分制社会構造が温存され、それに対応してその思考様式も旧弊なものに留まっていた。(1)しかし、もはや敗戦が避けられそうにないという情勢の中で早期講和と民主化を掲げたカーロイの改革運動は、カーロイ自身意図せぬまま一九一八年一〇月、瞬く間に市民革命へと発展し、ハンガリーの封建体制はその終焉を迎えることになる。(2)だが、国民からの圧倒的な支持を得てはいたものの、協商国側との講和、少数民族の独立問題、近代化へ向けての改革基盤の不在など、カーロイ政権の展望はけっして明るいものではなく、ハンガリーの行方はまったく不透明なものとなっていた。

ちょうどこの頃、ルカーチは一九一二年から滞在を続けてきたハイデルベルクを後にし「一九一八年八月に、来年の春にはまたハイデルベルクへ来るつもりでペストに戻っていた」[3]。彼にとってハンガリーへの帰国はあくまで一時的なもので、第一次世界大戦後の混乱が収束した後、それまで同様ドイツで研究と著作活動を続けるつもりでいたのである。あるいはそうした気分も働いていたのか、若き知識人世代の多くがハンガリーの改革に駆り立てられるのを尻目に、ルカーチはまるで閉じこもるかのように祖国の変動に背を向けていた。『魂と形式』、『小説の理論』といった作品はドイツでも出版され、すでにハンガリーを代表する知識人の一人になっていたのにもかかわらず、この時ルカーチは政治運動に積極的なコミットをする意志をほとんど持てずにいたのである。

しかし、カーロイ革命の数ヶ月後の一九一八年一二月、非政治的人間ルカーチは産声を上げたばかりのハンガリー共産党に突如として入党し、周囲の人々を驚かせる。それどころか、共産党入党まで政治と無縁に過ごしてきた彼は一九一九年三月、世界で二番目に樹立された社会主義政権において閣僚としてその名を連ねることにさえなったのだった。

本章は一九一八年末から社会主義政権が崩壊する一九一九年八月までの「革命期ハンガリー」におけるルカーチの思想を対象とする。一年にも満たない短期間のことではあるが、ルカーチの政治思想はまさにここから始まる。そして革命期ハンガリーにおける彼の思想を正確に理解することの意義は、けっして小さくはない。なぜならそれ以降のルカーチの思想的歩みは、まさに社会主義政権の樹立と崩壊の中で形成された、自らの革命思想が抱える問題性との格闘だったといっても過言ではないからである。

それまで文学・哲学・美学を活動領域とし、マルクス主義や社会主義に関する知識も乏しく、政治的経歴は皆無であったルカーチは、僅か数ヶ月の間に独自の革命論を纏め上げ、『戦術と倫理』として発表し、まがりなりにもハンガリー共産党の代表的理論家となっていく。党内における彼の思想的影響力も決して小さなものではなかった。だが、ルカーチが短期間のうちに党内きっての理論家になっていくことが出来たのは、前章で示した通り、マルクス主義へと転向する以前から彼の思想が根底において反資本主義的ロマンティシズムとメシアニズムによって貫かれ、ラディカルな転換を求める革命的色彩を帯びたものであったからに他ならない。「新しい世界」の到来を歴史哲学的に予告していた『小説の理論』の思想は、マルクス主義的な衣装を身に纏えば社会主義革命論へと変換することがそう難しいものではなかったのである。

だが、乏しい政治経験とそれまでの思想との連続性に基づいて急拵えで形成された革命論が「机上の論理」に傾きがちであったのはむしろ当然だったと言うべきであろう。これまでのルカーチ研究においても彼の革命論が極度に観念的なものであったということは繰り返し詳細に論じられており、本研究もその点を否定するものではない。グルネンベルクにしたがえば、「ルカーチがここ〔『戦術と倫理』〕で正しく導かれた階級闘争の本質として規定しているものは、実際には彼が具体的状況に対して無理やり押し付けた抽象的理想論[4]」でしかなかった。ウィーン亡命期に始まるルカーチの新たな理論的展開がこうした観念性の払拭とリアリズムの獲得を目指した自覚的営為であったことを考えれば、この評価に対して彼自身も基本的には同意をするのではないか。

しかしながら、ルカーチの革命論が持っていた観念性の起源を彼の思想的な抽象性がもたらす「存在」に対する「当為」の押し付けにのみ見出すならば、なるほどそうした要素が存在していたことは間違いないにしても、彼の革命論が抱えていた問題を正確に捉えたことにはならない。というのも、以下において示されるように、ルカーチの革命論をその生成の現場であるハンガリー革命という文脈の中に置いてみる時、それはたしかに「ハンガリー社会」の実態から乖離したものではあったが、必ずしも「ハンガリー革命」から乖離したものではなかったことが明らかにされるからである。つまり、ルカーチは現実からかけ離れたところで革命を思念したのではなく、革命的実践の只中にあって現実に迫ろうとしながら、なおかつ観念的と言わざるをえない革命論にしか辿り着くことが出来なかったのだった。それはとりもなおさず彼が理論化しようとした対象すなわちハンガリー革命そのものが極度に観念的なものだったからである。

もちろんハンガリー革命の観念性こそがルカーチの革命論が持つ観念性の原因だったと言いたいのではない。おそらくこう表現すれば実情に近いと思う。すなわち、ハンガリーで生じた社会主義革命の運動にはルカーチが抱いていたメシアニズムとの類縁性があり、彼はいわばハンガリー革命を潜り抜けることで自らのメシアニズムを社会主義革命の理論として再獲得していったのだと。これによってルカーチは、資本主義的生産様式を核として形成される近代社会の秩序としての「鋼鉄の檻」からの脱出の時をいつ訪れるとも分からぬ救済として待望するメシアニズムに別れを告げ、「理論」はついに「実践」と統一されるはずであった。だがこの再獲得の過程においても、ハンガリー革命自体に「理論」と「実践」との断絶が本質的要素として内包されていたがゆえに、その断絶として表出する観念性を克服することはやはり出来なかったのである。

したがってルカーチの革命論が持つ観念性の問題は、ハンガリー革命の問題と不可分だったのであり、またハンガリー革命がロシア革命の忠実なコピーであったことを考えれば[5]、そこにおいて顕になるのは革命的社会主義の問題性でもある。論じられるべきは「革命論」の観念性であると同時に、「革命」の観念性であろう。だがこれまでの研究においてルカーチの革命論が持つ「観念性」が批判されることはあっても、「革命」の問題性に批判の射程が及ぶことはほとんどなかった。

実際、ルカーチの革命論を現実との緊張関係を持たずに構成された抽象的な理論として切って捨てる時[6]、その背後には「ルカーチは、レーニンのようにもっと現実的な形で革命を構想することが出来たはずだ」という想定が手つかずのまま残されてしまう。だが、革命的社会主義がまさに現実をラディカルに否定するところから始まるとすれば、そもそも「現実との緊張関係」は最初から存在しないのではないか。これは必ずしもハンガリー革命の特殊性に還元されるものではない。およそ「改良」を退け「革命」を志向する限り、「現実との緊張関係」の中で社会を構築しようとする革命論など不可能と言わざるをえないのである。

しかし、ルカーチの革命論に対する批判が、意識的にせよ無意識的にせよ、レーニンによって成し遂げられたロシア革命のきわめて問題のある「現実主義」と、ヘーゲルの観念論を乗り越えたとされるマルクスの「哲学の実践化」に準拠して行われる限り、彼の革命論の「観念性」にのみ批判が向けられるのはむしろ必然的な帰結であろう。レーヴィ、グルネンベルク、ヨルク・カムラー等によって行われてきた初期ルカーチに関する優れた研究は、確かにルカーチの革命論が持つ欠陥を様々な角度から詳細に究明し、その問題を明確化することに成功してはいる。しかし、マルクス主義の枠内で行われる観念論批判は実は容易なことでもある。とりわけレーニンのリアリズムを評価軸としたルカーチに対する観念論批判は、冷戦体制崩壊後、急速に進展したレーニンならびにロシア革命に関する今日の研究成果から見る時、すでに説得力を失っている。[7] グルネンベルクが指摘するように、たしかにルカーチの判断基準は常に歴史哲学的に規定された超越的なものになっていた。このことを彼女は、マルクスやエンゲルスやレーニンが「社会主義の目標への接近と各々の段階の具体的現実的目標との間の弁証法」[8]から戦術を導出していることと対比することによって、批判しているのである。グルネンベルクにしたがうと、ルカーチが革命期に示した理念優先のリゴリズムは、もはやマルクス主義でもレーニン主義でもない。[9] だが、レーニンは暴力の力を信じたという点で徹底的なリアリストではあったが、現実と理想との緊張関係を見据え、現実に内在する理想的要素を実践へ転化させるという意味でのリアリストからは程遠かった。[10]

以下において試みられるのは、革命期ルカーチの思想をその生成の場に置きいれ、ハンガリー革命と突き合わせる形でその実像を再構成することである。これを通じてわれわれは、ルカーチにおける革命論の「観念性」が単に彼の思想的前歴に由来するのみならず、ハンガリーにおける社会主義革命という実践の中から生じてきたものであることが分かるだろう。それはまた社会主義革命という理念そのものが持つ問題性の一端を示すことでもある。

二　カーロイ政権の成立と崩壊

第一次世界大戦末期、ハンガリーを西欧的な民主国家へ脱皮させることを宣言したカーロイ革命が起こり、ルカーチは騒然とする首都ブダペストにおいてその激動を目の当たりにしていた。しかし、あれほど嫌悪していたハンガリー封建体制の崩壊を前にして彼の反応は相変わらず鈍いものだった。[11] カーロイ革命の段階で彼のスタンスにはなんら本質的変化はない。

しかし、なぜルカーチはカーロイ革命に一種冷淡な態度を取っていたのだろうか。ルカーチ自身の説明によれば、当時彼はカーロイ流西欧民主主義に信を置くことが出来なかったのだという。[12] 封建的な旧体制が崩れ去ることは彼にとってもちろん喜ぶべきことであった。彼はカーロイ革命を否定していたわけではない。だが、西欧民主主義・西欧文明が最終的な勝利者となることは、ウェーバーのもとで学んでいたルカーチにとって、封建体制に代わって近代秩序という「鋼鉄の檻」が支配者の地位に就くことに等しく、それは今ひとつの悪夢であるように思われたのである。思想の上で近代の問題性と取り組み、その超克を目指していたルカーチには、封建制から脱却し西欧型民主国家としてハンガリーを再生させようとするカーロイ革命の理念は、実現すべき目標というよりもむしろ乗り越えるべき対象と考えられていたのである。西欧民主主義では「世界情勢に対する永遠の絶望」[13]に終止符を打つことは不可能であり、そこではこの西欧民主主義が新たな檻として現れることになる。[14]ルカーチにはそう思えたのであった。[15]

もっとも、ルカーチが口にする西欧民主主義・西欧文明への幻滅は、ハンガリーの現実から見るとき、いささか滑稽なものに見えてくる。彼は近代を「罪業の完成された時代」[16]と呼び、そこからの脱却をロマンティックに夢想していた。だが、ハンガリーではその罪業自体がまったく完成されていなかったのである。カーロイの志向するハンガリーの西欧化は、当時のハンガリーにとって幾重にも険しい道のりを越えていかなければならない実現困難な課題だった。

実際、ハンガリーを拘束し続けた政治的後進性はカーロイ革命にも決定的な足枷とならずにはいられなかった。すなわち「中間階級・市民階級の不在」という条件の下で改革を進めなければならなかったカーロイは、至る所で理論と実践との、理想と現実とのギャップに苦しむことになる。[17]むろんこのことは社会主義の実現を目指したクン革命においても同様であった。一九一八年一〇月から一九一九年六月にかけて、ハンガリーは王制の廃止、共和制への移行、プロレタリア独裁樹立と、大変動を経験したにもかかわらず、それが上滑りの改革に終わり、一年後には再び王制へと回帰していく。このことは、いわば国民レベルでの革命の担い手が不在であったことの証左であろう。

事実、カーロイには政策を実現していくために彼の自由に出来る行政も軍隊も存在しなかった。[18]頼みとすべき官僚機構・将校団の中軸は、共和国政府に対する忠誠も民主的な政治改革への意欲も持たない保守的な郷紳が多く、彼らはむしろ大衆の台頭を苦々しく思っていたのである。とはいっても市民層の薄かったハンガリーにおいて、カーロイはこうした保守的集団に代えて登用可能な人材を確保することが難しく、結局は旧態依然とした古い官僚機構・軍組織に依存する他なかったのである。

こうした中でカーロイの連立パートナーであった社会民主党は、労働組合を中心として当時ハンガリーに存在する唯一組織力を持った改革勢力であった。しかし、カーロイ政権・クン政権の両方に閣僚として参加した社会民主党出身のヴィルモシュ・ベームによれば、労働組合員とてあてにはならなかった。彼はこう述懐している。カーロイ革命後、党員は一〇〇万人にも達したが「八〇％の新規党員は社会主義のことなど何も知らなかった。彼らは社会主義の実践的知識も理論的知識にも無縁であり、ただ社会民主党・労働組合に権力が集中しているので、かれらを支持すれば自分たちの要求が叶うだろうという程度のことしか考えていない連中だった[19]」。

だが、封建制から解放されたばかりの労働者大衆や農民がカーロイ政権の政治的理念を理解出来なかったのは当然であろう。カーロイ革命の原動力の核にあったのは国民レベルの民主化要求ではなく、敗戦によって危機に瀕していた「ハンガリーの領土保全」というマジャール・ナショナリズムだったのである。多民族国家ハンガリーの解体という危機意識こそが、西欧諸国とのパイプを持つ数少ない有力政治家であったカーロイを政治の中心へと押し上げていったのだった。

したがって協商国との講和をハンガリーに有利な形で締結し、旧領土を守ることこそがカーロイ政権の生命線だったといえる。しかし、ハンガリー王国を親西欧的なハンガリー共和国に変貌させ、ウィルソンの原則に恭順の意を示せば、協商国側もハンガリーを仲間として受け入れ、過酷な戦争責任を突き付けてこないだろうというカーロイの読みは外れ[20]、領土に関するパリ講和会議の最終決定は、少数民族居住地域だけでなくマジャール人居住地帯の割譲をも含む懲罰的なものとなった。カーロイの権威はこれによって完全に失墜した。手渡された最後通牒を拒否すれば協商国軍による軍事占領は不可避であるが、その受諾は祖国への裏切りに等しく国内世論を抑えることができない。このディレンマの中でカーロイはついに政権維持を断念し、社会民主党に後事を託そうとする。だが、社会民主党にしたところで、状況を好転させる具体的な方策などまったく持っていなかった。[21]

こうしてカーロイ革命は完全に行き詰まってしまった。もちろんルカーチがこの成り行きを予測していたわけではないだろう。カーロイが期待を寄せた「西欧民主主義」は国内においては実現が難しく外交的には無力であった。この時、確信に満ちたオルターナティブを持っていたのはロシアから帰還したクンたち共産党だけだったと言ってよい。実際、レーニンと同盟する以外にハンガリーがその歴史的領土を保全する可能性は残っていないように思われた。カーロイは言う。「われわれは西側に期待を寄せたが裏切られ、東側に味方を見出さなければならなかった」[22]と。

一九一九年三月、社会民主党はそれまで共産党に対して弾圧を繰り返してきたにもかかわらず、手のひらを返したように獄中にいたクンに連立政権構想を持ちかける。カーロイに代わって、今度はレーニンとソヴィエト・ロシアとのパイプを持つクンこそが政治的重要人物になったのである。社会民主党は共産党の基本方針を受け入れる形での統合に合意し、両党は一旦解党後、統一ハンガリー社会党を結成する。社会民主党には共産党の協力が不可欠であり、結成まもない共産党には社会民主党・労働組合の国内基盤が必要であった。その後、社会党は革命統治評議会（事実上の内閣）を立ち上げ、直ちにプロレタリア独裁が宣言された。ハンガリーはまさに一夜にして、ほとんど何の前触れもなしに無血で社会主義国家になったのである。

だが、国民が望んでいたのはなによりもまず旧ハンガリー王国の保全である以上、クンもまた国民に対して今や自分たちだけが「ハンガリーの救済者」足りうることを強調しなければならなかった。その際、クンが使った論法は、「世界革命が実現すればパリ講和会議の決定は反古になる」というもので、ハンガリー分割に対する怒りと絶望に苛まれていた人々に世界革命こそがハンガリーを救うのだと確信させていったのである。[23]

こうして形式上ハンガリーは社会主義国へと変貌を遂げたのであるが、要するに人々は「ウィルソンの国際協調」

に代わって今度は「レーニンの世界革命」にその活路を見出そうとしたに過ぎない。ちょうどカーロイの西欧民主主義国家がそうであったように、クンのプロレタリア独裁が支持されていたわけではなかったのである。

したがって当時のハンガリーにとって世界革命はけっして夢想などではなく、むしろ政治戦略上の重要概念だったと言える。しかし、近代の超克に対するメシア的展望以外に何も見いだせなかったルカーチにとって、世界革命は彼の思想的問題に解答を与えてくれる哲学的概念であった。「人類史に画期をもたらす」という世界革命の、壮大で、それゆえ抽象的でしかありえない理念でなければ、もっぱら思想的レベルで近代の問題性と向き合っていたルカーチを満足させることは出来なかったのだった。

三　世界革命と歴史哲学

クン革命は話し合いを通じて合法的に成立したという点では革命とは程遠い性質のものであった。それはハンガリーの現状をほとんど顧慮することなく、歴史的連続性を無視して、まったく新たに社会主義国家の建設を目指したという点ではたしかに革命的だったといえる。(24)

第一次世界大戦前、クンは社会民主党に籍を置く新聞記者であった。彼が革命家、ボルシェヴィストへと変貌を遂げたのは祖国ハンガリーにおいてではなく、戦争捕虜として囚われていたロシアにおいてである。ロシア革命後、ボルシェヴィキが管理するようになった捕虜収容所においてクンはロシア語とマルクス主義を学び、祖国での革命を志すようになる。(25)第一次世界大戦中、ロシアには一〇万人にも及ぶハンガリー人戦争捕虜が抑留されており、ハンガリー共産党はコミンテルンの指導の下、クンを中心にしてモスクワで結成された。ボルシェヴィキは二月革命の直後から大戦中に発生した戦争捕虜の存在に目をつけ、彼らを世界革命の尖兵として各国に送り返すことを計画していたのである。[26]

クンはこのロシア抑留期にハンガリーでの共産主義革命を予告する「共産主義者は何を望むか[27]」というパンフレットを執筆している。これはクンが帰国する以前にハンガリーでも翻訳出版され大きな反響を呼んでいた。内容的にはレーニンの『帝国主義論』と『国家と革命』を簡略化してまとめたものに過ぎず、ハンガリーの現実に即した具体的な革命戦略が描かれているわけではない。[28]もっともクンにしてみれば、ハンガリー革命という特殊性は世界革命という普遍性に包摂される一過程に過ぎない以上、ハンガリーの実情にこだわる必要はあまりないと思われたのである。世界革命はすでに始動しており、革命のマニュアルも出来上がっているのであるから、それをハンガリーに適用すればよい。[29]ロシアからハンガリーを見ていたクンはカーロイ政権をケレンスキー政権と同じものと看做していた。後は自らがハンガリーにおけるレーニンとなって、ロシア革命を再現するばかりだったのである。[30]ロシア抑留中、クンは「戦争捕虜国際社会民主主義大会」において、捕虜たちは祖国へ帰り、自分たちがロシアで見たもの経験したものを祖国へ伝えるべきだと訴えていた。[31]

したがってクンがハンガリーに持ち込んだ革命理念は、極めてシンプルで図式的なものであった。クンにとって、社会主義革命は生産手段の国有化によって、資本主義的秩序に拘束された被抑圧者を解放するということ以上のものではなかった。これに対してルカーチはボルシェヴィストたちが説く革命理念をきわめて哲学的に捉えていた。ドイツ哲学に通じていた彼は、主体にとって疎遠な姿で対峙する客体世界を主体として取り戻そうとするヘーゲル哲学の実践化をそこに見出していくのである。ルカーチは自らの「共産主義者宣言」とも言うべき『戦術と倫理』においてこう述べている。「社会的現実と人々の目標設定との二元論、この架橋し難い分裂はマルクス主義の社会理論のなかで終わりを告げた」[32]のだと。

このことは、ルカーチの思想的道程において重要な意味を持っている。『小説の理論』において、彼は「新たな世界」の実現を現実からの「超越」として構想していた。「新たな世界」は現実の内に根拠を持たず、それゆえにこそ「社会的現実」と「人々の目標設定」は架橋しがたく分裂し、奇跡としてしかその統合を期待することが出来なかったのだった。しかし、いまや彼は「新たな世界」が現実そのものの中から出現すると考えるようになる。当時のルカーチの構想は抽象的で観念的なものではあったが、少なくとも自己の理想を現実とは接点を持たない超越的領域においてではなく現実の内に見出したという点で、その思想を現実性へ向けて一歩進めたといってよい。

いずれにしても革命期のルカーチはマルクス主義をもっぱら哲学的視座から捉えていた。[33]彼にとってマルクスの偉大さは歴史を媒介として理想と現実を統合した点にある。そしてマルクスにこの知見を開かせたのがヘーゲル哲学だったのだという。すなわちマルクスは「ヘーゲル哲学の最大の遺産」、つまり「精神が完全な無意識の状態から明確な自己意識化に向けて統一的に自らを展開していくという意味での発展の思想」[34]を忠実に受け継ぐことで、革命の現実性を獲得することに成功したのであった。ルカーチは、マルクスの業績を「観念論」の唯物論的転倒であるとする理解を「中身のない決まり文句」であるとして退け、マルクスはむしろ「ヘーゲルの思想の本質的な深化」を行ったのだと主張する。[35]マルクスはヘーゲルの歴史哲学を首尾一貫して考え抜くことで、「社会の統一的な発展過程の中に自己自身を探し求め、最終的に自己を発見する意識」を、抽象的な「精神」としてではなく、具体的なものとして発見したというのである。[36]それがプロレタリアートの階級意識に他ならない。精神はプロレタリアートの階級意識においてこそ、その無意識状態から脱却するのである。ルカーチはいう。「主体」と「認識された客体」とが「その実体において同質」[37]であるところのプロレタリアートこそがついに近代の分裂を揚棄しドイツ古典哲学の「真の完成者」となるのだと。[38]

これまでのルカーチ研究において繰り返し指摘され、革命期のルカーチ思想の最大の欠陥とされる歴史哲学への依存とはこうしたものである。ルカーチは歴史哲学に基づいて革命を理解していたがゆえに、クンと同じく、ハンガリーの特殊性を顧慮することなく、世界革命の一環としてハンガリー革命を捉えることになったのだった。ルカーチによると「社会主義的な戦術を考える際の決定的な基準」は、現実ではなく「歴史哲学」なのである。[39] したがって、カムラーの批判によれば、ルカーチは「社会的・経済的条件や政治的・集団的条件の具体的・物質的条件や革命的潜勢力のリアルな意識・欲求がどのようなものであるのか[40]」をまったく配慮していない。カムラーは言う。ルカーチの革命論とは、「歴史哲学的に導出された革命的行動主義と道徳主義の理論[41]」にすぎないのだと。

実際、ロシア革命の中に、プロレタリアートが自らを「世界史における主体＝実体」として認識することの始まりを読み込み[42]、世界革命を「普遍的階級としてのプロレタリアート」の自己意識への覚醒過程として捉えていたルカーチにとって重要なことは、この歴史哲学的過程をハンガリーにおいて担うことであった。[43] ルカーチによれば、世界革命こそが真の現実なのであり、目前の事実に拘泥することはむしろ革命における正しい判断を歪めてしまうことになるという。ロシア革命の指導者たちはこの点において卓越しており、けっして判断を誤ることがなかったというのである。彼はいう。「真に正統的で弁証法的なマルクス主義者としてレーニンとトロツキーは、いわゆる『事実』というものをほとんど気にかけていなかった。［…］彼らは必然的に始まる世界革命を認識しており、したがって自らの行動を世界革命に従って方向づけたのであって、事実にあわせて方向づけていたのではなかった[44]」。彼らにとって「ドイツが勝利し、いつでもペテルスブルクに進撃し、ウクライナを占領する可能性が開かれている等々の事実など無益なものであった」と。おそらくレーニンがこれを聞いたらあきれたに違いない。

だが、当時ハンガリーが置かれていた状況を考えると、こうした世界革命への「信仰」をルカーチの特殊な観念的革命論の表れだったとばかりは言えない。というのも世界革命の波がいまやヨーロッパを覆い尽くそうとしているのであり、ハンガリーでの革命はその一部であると解釈する限りにおいてのみ、革命政権はその未来を展望することができたからである。実際、革命がヨーロッパ各地で勃発しなければ、革命政権は協商国軍を一国で迎え撃たねばならないことになる。クンはすでに協商国側からの最後通牒を拒否していた。彼にはこれを受諾する選択肢は最初からなかったのである。もし受諾すれば国民の支持を失い、カーロイ政権と同じ運命をたどることは明らかだった。政権発足直後に開かれた労働者・兵士ソヴィエトの集会でクンは次のように力説している。「われわれがハンガリーでプロレタリア独裁を樹立した時、われわれの軍事能力をもって協商国軍と組織的戦闘を行うことができるなどとはまったく考えていなかった。[…]われわれは強調してきたし、今なお強調している。われわれハンガリー・ソヴィエト共和国の運命はプロレタリアートの世界革命の上にかかっているのだと[45]」。

したがって「プロレタリア革命は、世界革命の勝利と共にしか勝利にみちた終結に到達すること」は出来ず、「ハンガリーのプロレタリア独裁はこの偉大な闘争のひとつの前哨戦、その重要な一拠点の占領でしかない[46]」というルカーチの主張には、たしかに現実的な根拠もあった。ルカーチたちは世界革命という展望のもとでしかハンガリー革命を現実的なものとして考えることができなかったのである。

そしてハンガリー国民もまたクンたちの語る世界革命の必然性にハンガリーの未来を託したと言ってよい[47]。しかし、世界革命とりわけクンが待ち望んだドイツ革命はついに起こらず、逆にハンガリーにおけるボルシェヴィズム政権の樹立によって協商諸国はハンガリーの軍事占領を決意する。結局、国民が期待を寄せたロシア赤軍の救援もないままクン政権はルーマニア軍の進撃の前にわずか一三三日で瓦解した。世界革命という幻想の上に作られたクン政権は、幻想が消え去ると同時に終焉を迎えたのである。

四　観念的革命論の帰結

もっとも、軍事的敗北を待たずとも「プロレタリア独裁打倒」を叫ぶ「プロレタリアの反乱」によってクン政権はすでに崩壊寸前だった。

クン政権における社会主義化は当初きわめて順調に進んでいるかに見えた。銀行、鉄道、鉱山の国有化に始まり、貴族・ブルジョワの財産没収、裁判官・弁護士の罷免、一、〇〇〇を超える工場の国有化が速やかに実施され、ハンガリーにおける社会主義化のスピードはレーニンを驚愕させるほどのものであった[48]。実際、ロシアでは五一三の工場を国有化するのに一年かかったところを、ハンガリーではその倍の数の工場をわずか四週間で国有化したのである。また企業国有化の基準を従業員二〇人以上という小規模なものにまで適用したことも、ロシアを上回る徹底ぶりであった[49]。

しかし、労働生産性を上昇させるという目的でプロレタリア独裁の開始とともに施行され労働者大衆を大いに憤慨させた禁酒法に象徴されるように、理想主義の歪みが表面化するのにそれほど時間はかからなかった。国有化された企業ではそれまでの経営陣を退け企業評議会に経営が委託されたのだが、一般労働者たちに企業経営が出来るはずもなく、多くは旧経営者が経営委員と名を変えただけに終わった[50]。事態は司法・行政においても同様で、カーロイ革命においてそうだったように、中間階級の薄さは革命政権の大きな足枷になっていた。

また、それまでの従属的地位から突如解放され、名目上管理者となった労働者はその勤労モラルを低下させ、労働生産性は悪化の一途を辿っていた。[51] プロレタリア独裁の名の下、「資本主義的出来高払い」に代わって導入された「社会主義的時間給」の実施は、「共産主義は資本主義よりも高度な生産性を有する」という主張を見事に反証する結果になる。[52] 国有化された農地でもその管理は旧所有者に委託せざるをえず、農民たちは相変わらず大地主を「旦那様」と呼んでいた。[53] もともと伝統的生活様式が堅固であったことに加え、教会の影響力が強かった農村では、教会財産没収を行ったプロレタリア独裁に多くの農民は敵意を抱き、都市部への農産物流通を妨げる原因のひとつとなる。

こうした急速な社会主義化の矛盾は、ルカーチが担った文化政策においても変わらなかった。なるほどルカーチが行った封建的学校制度の改革や文化・芸術の一般国民への解放・普及の努力は一定の成果を収め、革命前の交友からベーラ・バルトーク、ゾルターン・コダーイなど彼の政策に積極的に協力する芸術家たちも少なくなかった。だが一般労働者に古典演劇を半ば強制的に鑑賞させ、舞台俳優と劇場の清掃人の給与を同額にするといった政策は、やや悲喜劇的なものだったと言ってよい。[54] また「芸術作品の商品的性格を排除」[55]するために、芸術作品を商品流通から除外し、商業的原理から芸術家を解放して売れるか売れないかに左右されない創作の自由を実現しようとする試みも失敗に終わった。[56]

この時のルカーチには、「世界史的使命を担うプロレタリアートの階級意識」と「プロレタリアートが実際に持っている意識」との間に巨大なずれがあったことが理解出来なかった。クン政権において財務人民委員（財務大臣）を務めたオイゲン・ヴァルガは当時の状況をこう述べている。「ハンガリーの労働者は、革命的な訓練や組織的な共産党の欠如から、自らの権力と社会主義の未来のために欠乏に耐えるということが出来なかった。彼らは暮らし向きを良くしてくれと要求するばかりで、これが無理だとわかったからプロレタリア支配という理想に背を向けたのだ[57]」。

しかし、軍事的危機が高まる中、ルカーチはこう述べていた。「あらゆる危機は、プロレタリアートの革命的精神を助けてひとつの完全に明確な意識にする恰好の機会であるという意味で、よきものであり有益なものでもある。その場合、ハンガリー・プロレタリアートが人々を失望させるようなことがないことは皆分かっている。ハンガリー・プロレタリアートが世界プロレタリアートのためにどんな犠牲も払う覚悟ができていることは、皆最初から知っているのだ」[58]。もちろん現実の労働者大衆がルカーチのいうこの革命的プロレタリアートに変貌することなどまったくなかった。

ルーマニア軍の首都占領が間近に迫り、革命政権の崩壊がもはや決定的となる中、クンは最後の演説で述べている。「プロレタリアート独裁は、経済的、軍事的、政治的に打ち倒されてしまった。もしここに秩序というものがあったら、プロレタリアート独裁は崩壊する必要はなかっただろう。たとえ社会主義への移行が経済的、政治的に不可能であったとしても、ハンガリーに階級意識をもった革命的プロレタリアートがいたとしたら、プロレタリアート独裁はこうした形では崩壊しなかったはずだ。［…］私はもっと別の終わり方をしたかった。権力を手放すくらいならむしろ死を選ぶと宣言してバリケードの上で戦うプロレタリアートを見たかった」[59]。おそらくルカーチもまったく同じ気持ちであっただろう。

結局、世界革命が進行しているという確信に基づき、社会主義という普遍的理念を無媒介のままハンガリーという特殊性に移植しようとしたクン革命の試みは[60]、いかなる結実ももたらさない抽象論か存在するものの単なる破壊へと堕していった。理念の現実への押しつけ、理念の実験主義という点で、ルカーチが担った文化政策は成果のあがらなかった経済政策と大きく変わらない。トーマス・マンの巧みな表現を借りれば、ルカーチら「熱狂的社会改革者」がやったことは、「自らの理念を、生きた民族体で実験的に試す」[61]ことだったと言えるだろう。そして、クンがその退陣演説において述べているように「この国のプロレタリア大衆を、階級意識をもった革命家に教育しようというわれわれの実験は失敗に終わった」[62]のだった。

こうしたルカーチらの政治的ナイーブさは、しばしばレーニンの政治的リアリズムとの対比において批判されてきた。しかしながら、クン、ルカーチらの理想主義とその批判として持ち出されるレーニンのリアルポリティックスとの違いは、レーニンが政治理念になど拘泥せずに、ご都合主義的に随意に方針を変更し、権力を維持するためならどんな手段を用いることも躊躇しなかった点にあったのではないか。そうだとすれば、「抑圧なき社会の実現」の名の下にどのような抑圧手段の使用もためらわなかったレーニンのリアルポリティックスが、クンやルカーチらの理想主義を批判する準拠点になるとは思えない。ラデックはクン革命に関して、「政府の建物の隣に絞首刑台を作り、プロレタリアート独裁が実際に何を意味しているのかを思い知らせてやる必要」[63]があったと述べているが、これこそレーニンのやり方だった。事実、レーニンは『プラウダ』に掲載された「ハンガリアの労働者への挨拶」において、こう断言している。「つい最近、諸君らに、つまりプロレタリアート独裁の側についた社会主義者や小ルジョワジーのなかに動揺が現れたら、その時はこの動揺を情け容赦なく弾圧せよ。銃殺、これが戦い際の臆病者が蒙るにふさわしい宿命なのだ」[64]。幸いなことに、ハンガリーの革命政権は社会民主党との合同政権であったために、クンにはレーニンが期待したような暴力的独裁権力を行使する政治的基盤がなかったのである。

五　革命の挫折と残された課題

一九一九年四月、バイエルンにおいて革命が起こったとき、パウル・レーヴィはこの事件がドイツ革命に繋がるなどという幻想を抱かぬよう、とりわけロシアとハンガリーの指導者に警告している[65]。実際、レーニンが確信しクンが待望していた世界革命の成否を決めるとされたドイツ革命は、レーヴィの予測した通り、ついに起こらなかった。だが、ドイツにおいて革命が起こらなかったことをクンたちにとっての「単なる不運」として片付けることは出来ない。「遅れてきた国民」であるとはいえ、まがりなりにも政治的諸制度の民主化を経て、議会制民主主義の経験を持ち、帝政を廃止していたドイツにおいて、革命的変革はすでにその必然性を失っていたのである。このことは、ルカーチにとって重要な意味を持つことになる一九二一年の「三月行動」において実証されることになる。

しかし、少なくともハンガリーのような政治的後進性を温存させた国においてなら革命はなおリアリティを持っていたと言えるだろうか。なるほど政治的・社会的近代化を果たしておらず、社会の中心的な担い手になりうる市民層を欠いた支配・被支配層の単純な二極構造のハンガリーでならば、クーデタによって「支配層の入れ替え」を行い、共産党が権力を握ることも可能である。

しかし社会主義革命は、その理想に従うならば、単なる権力の交替ではなく、近代の超克として普遍的階級としてのプロレタリアートによる国家の自主管理を目指すものに他ならない。その社会主義革命が自治の担い手たる市民階級の不在という「社会的後進性」を梃子にして成し遂げられる時、その矛盾は後にルカーチが「セクト主義」として批判する共産党の独裁体制として表出せざるをえない。

実際、市民社会において育まれる公共精神を欠いたまま、それまでの半封建的拘束から農民、労働者を解き放ち、生産手段の国有化を推進しようとした時、クンたちが目の当たりにしなければならなかったのは、公的なものと激しく対立する個人の欲望であった。彼らが望んだのは土地の再配分であり、労働条件の向上に過ぎず、自主管理などではなかったのである。社会主義の理念は、労働者、農民の欲求と少しも一致しなかった。

もちろんルカーチも人々の利益上の動機が社会主義の理想と対立することを認めている。[66] しかし、彼はささやかな利益になど目もくれず、プロレタリアが人類解放という世界史的使命につくことを期待していた。彼はいう。「個々人は、世界の運命の転換が、自分が行為することに、あるいは行為しなかったことにかかっているかのように行為しなければならない[67]」と。とはいえ、こうしたカント的倫理命題が説得力を持つと想定するなら、それこそ知識人の革命論と言うほかはない。だが、彼の見通しは驚くほど楽天的であった。ルカーチによれば、「すべてのプロレタリアが身に染みてその直接的な結果を感じている商品不足と物価高は、労働規律のゆるみと労働能率の低下の直接の結果[68]」である。プロレタリア独裁は「個々の人間のエゴイスティックな意志にたいする理念の勝利[69]」がなければ存続できない。ところで、「正しく把握された」プロレタリアートの「私的利害」は、階級支配からの解放こそが自らの究極の利益である以上、集団的利害と理論的には一致している。したがって「個々のプロレタリアすべてが、自己の私的な利害をただ正しく吟味するならば、この私的利害を通じて社会を強化するだろう[70]」。ルカーチはこう主張するのである。

しかし実際の労働者、農民は、ルカーチのいう「正しい吟味」を受け付けなかった。革命政権はその革命理念と現実との対立の激化、軍事的危機の高まりの中で徐々に暴力的になっていく[71]。そして彼自身もこの成り行きをある程度予測していた。ルカーチは、たしかにプロレタリアートが「労働規律の強化と労働能率の向上を自発的に行うことによってのみ、自らを助けることができると悟る[72]」ことを望んでいた。ただし、「正しい認識と階級利害への自発的な方向付けが存在しない場合」、そこに人類の解放という「最終目標のあらわれと実現とを危機に陥れる[73]」可能性が発生することを承知しながら、ルカーチは「プロレタリアは自ら自身に独裁を差し向ける[74]」必要があることをはっきりと認めている。

実際、ルカーチは政権の末期、覚悟していた「よき目的」のために「悪しき手段」の行使を余儀なくされる現実的な場面に立たされた。それは、彼が政治委員として軍に派遣された時のことである。彼はこう述懐している。「ブタペスト赤軍は一発も撃たずに敗走したため、ティサフュレドの防衛は酷いことになりました。この敗走によってティサフュレドをしっかり防衛しようとすでに準備していた他の大隊もその陣地を守ることが出来ず、ルーマニア軍は前線の背後に達し、ティサフュレドは陥落したのです。そこでわたしはきわめて断固としたやりかたで秩序の回復を果たしました。つまり、われわれがポロスローまで移動した時、わたしは臨時の軍事裁判を開催し、そこの広場で逃走した大隊の八人を銃殺刑に処しました。これによって秩序は全体として回復されたのです[75]」。

ルカーチにとって課題は多く残されていた。彼が期待したように、労働者大衆が世界史的使命を自覚し、革命的プロレタリアートに変貌することはなかった。理想を無理やり現実に押し付けようとする共産党は、人類解放の前衛を自称しながら、労働者大衆に対する抑圧装置にならざるをえなかった。「新しい世界」は少しも歴史内在的であるようには見えなかった。革命政権瓦解後、ウィーンへと亡命したルカーチは、やがて自らの革命論が抱えるこうした問題性と正面から向き合うようになる。

註

（1）Vgl. Hauszmann, *Bürgerlicher Radikalismus und demokratisches Denken im Ungarn des 20. Jahrhunderts*, S. 10.

（2）以下、便宜上一九一八年一〇月の革命をカーロイ革命、一九一九年三月の革命をクン革命と呼ぶことにする。

（3）Lukács, *Gelebtes Denken*, S. 71.

（4）Grunenberg, *Bürger und Revolutionär*, S. 52. 括弧内著者。

(5) Iván Völgyes, Soviet Russia and Soviet Hungary, in: *Hungary in Revolution 1918–1919*, Lincoln 1971, p. 161.

(6) Vgl. Grunenberg, *Bürger und Revolutionär*, S. 52.—Jörg Kammler, Einleitung, in: *Taktik und Ethik*, S. 20.

(7) Cf. Dmitri Volkogonov, *Lenin. A New Biography*, trans. and ed. by H. Shukman, New York 1994.—Orlando Figes, *A People's Tragedy. The Russian Revolution: 1891–1924*, New York 1998.—梶川伸一『幻想の革命：十月革命からネップへ』、京都大学学術出版会、二〇〇四年など。

(8) Vgl. Grunenberg, *Bürger und Revolutionär*, S. 51.

(9) Vgl. *ebenda*, S. 51f.

(10) ちなみにルカーチもまたレーニンに対して批判的視点を持つことは最後までなかった。ルカーチによれば、レーニンは「理論家でも実践家でもなく、実践を深く考察するひとであり、理論を実践へ情熱的に転換していくひとであって、理論が実践に、実践が理論に移行していく転換点について常にするどい視点を向けている人物」なのだと述べている(Lukács, Geschichte und Klassenbewußtsein, *a. a. O.*, S. 37.)。

(11) Vgl. Lukács, *Gelebtes Denken*, S. 86.

(12) *Ebenda*, S. 79f.

(13) Lukács, *Die Theorie des Romans*, S. 6.

(14) Vgl. Lukács, *Gelebtes Denken*, S. 80.

(15) 一九二九年に発表される「ブルム・テーゼ」において、ルカーチはこうした「歴史の飛び越え」という発想を否定し、「ブルジョワ革命とプロレタリア革命の間に万里の長城は存在しない」として、ハンガリーに必要なのはブルジョワ民主主義の完全な実現であるという立場を打ち出していく(Lukács, Blum-Thesen, in: ders., *Werke*, Bd. 2, S. 711.)。ルカーチの思想的歩みは革命期の急進主義からこうした現実主義へと移行していく過程であった。

(16) Lukács, *Die Theorie des Romans*, S. 13.

(17) Vgl. Ludwig Hatvany, *Das Verwundete Land*, Leipzig 1921, S. 45.

(18) Cf. Michael Karolyi, *Memoirs of Michael Karolyi: Faith without Illusion*, trans. by C. Karolyi, London 1956, p. 145.

(19) Böhm, *Im Kreuzfeuer zweier Revolutionen*, S. 101.
(20) Karolyi, *Memoirs of Michael Karolyi*, p. 142.
(21) Cf. Pamlényi, *A history of Hungary*, S. 433.
(22) Karolyi, *Memoirs of Michael Karolyi*, p. 154.
(23) Cf. Oscar Jászi, *Revolution and Counter-Revolution in Hungary*, New York 1968, p. 67.
(24) Cf. Peter Pastor, *Hungary between Wilson and Lenin: the Hungarian Revolution of 1918–1919 and the Big Three*, New York 1976, p. 1.
(25) Rudolf L. Tőkés, *Béla Kun and the Hungarian Soviet Republic: the origins and role of the communist Party of Hungary in the Revolutions of 1918–1919*, New York 1967, p. 55.
(26) György Borsányi, *The life of a Communist Revolutionary, Béla Kun*, trans. by M. D. Fenyo, New York 1993, p. 51.
(27) Vgl. Bela Kun, *Was wollen die Kommunisten?* Moskau 1918.
(28) Lukács, *Gelebtes Denken*, S. 88.
(29) Cf. Tőkés, *Béla Kun and the Hungarian Soviet Republic*, p. 67.
(30) Cf. Völgyes, *Soviet Russia and Soviet Hungary*, p. 161.
(31) Tőkés, *Béla Kun and the Hungarian Soviet Republic*, p. 67
(32) Lukács, Taktik und Ethik, in: *Taktik und Ethik*, S. 59.
(33) ヤーシによれば、ハンガリー革命のボルシェヴィストには三つのタイプがいた。第一は、オーソドックスなレーニン主義者で、このタイプはクンのように戦争とロシア革命によってボルシェヴィストになっていった人々である。第二が、知的には完全に混乱しており、狂信的で直線的な行動をとる赤色テロを行った人々。そして「ボルシェヴィズムの実験者たちの第三のタイプは、他の二つのグループとは正反対の人々である。その代表者たちは、第一に宗教的、いや神秘主義的とすら言える人々で、かれらの多くはドイツ観念論のもとで育成され、倫理的には厳格なスタンダードを自らに課している。しかし、彼らは資本主義と戦争の罪と非道さから逃れる術は無慈悲な暴力しかないと考えているのだ。彼らの態度はメシアニスティックである。［…］このメシアニスティックな信仰は運動全体のなかで極めて強固なもので、血の洗礼からでさえ尻込みすることはなかった。ハンガリー労働運動全体の壊滅という犠牲を払ってまでも、望みのない攻撃を継続せよと訴えていたのはこういった連中なのだ」(Jászi, *Revolution and Counter-Revolution in Hungary*, p. 120)。おそらくこの第三のタイプは、ルカーチおよびその追随者たちのことを指すと思われる。

(34) Lukács, Taktik und Ethik, in: *Taktik und Ethik*, S. 58.

(35) *Ebenda*.

(36) *Ebenda*, S. 59.

(37) *Ebenda*, S. 57.

(38) *Ebenda*, S. 59.

(39) Vgl. *ebenda*, S. 46.

(40) Kammler, Einleitung, in: *Taktik und Ethik*, S. 14.

(41) *Ebenda*.

(42) Lukács, Taktik und Ethik, in: *Taktik und Ethik*, S. 56.

(43) Vgl. *ebenda*, S. 47.

(44) *Ebenda*, S. 72.

(45) Tibor Hajdu, *The Hungarian Soviet Republic*, trans. by E. Láczay and R.Fischer, Budapest 1979, p. 24.

(46) Lukács, Die Taktik des siegreichen Proletariats, in: *Taktik und Ethik*, S. 92.

(47) Cf. Jászi, *Revolution and Counter-Revolution in Hungary*, p. 67.

(48) Cf. Branko Lazitch and Milorad M. Drachkovitch, *Lenin and the Comintern*, California 1972, p. 112.

(49) Cf. Hajdu, *The Hungarian Soviet Republic*, p. 49.

(50) Vgl. Eugen Szatmari, *Das rote Ungarn. Der Bolschewismus in Budapest*, Leipzig 1920, S. 62f.

(51) Cf. Alice Riggs Hunt, *Facts about Communist Hungary, May, 1919*, London 1919, p. 9.

(52) Vgl. Eugen Varga, *Die wirtschaftspolitischen Probleme der proletarischen Diktatur*, Hamburg 1921, S. 66f.
(53) Vgl. *ebenda*, S. 87.
(54) Cf. Jászi, *Revolution and Counter-Revolution in Hungary*, p. 146.
(55) Lukács, *Gelebtes Denken*, S. 96.
(56) Vgl. *ebenda*.
(57) Varga, *Die wirtschaftspolitischen Probleme der proletarischen Diktatur*, S. 42.
(58) Lukács, Was bedeutet revolutionäres Handeln? In: *Taktik und Ethik*, S. 103.
(59) Tőkés, *Béla Kun and the Hungarian Soviet Republic*, p. 203.
(60) Hajdu, *The Hungarian Soviet Republic*, p. 24f.
(61) Thomas Mann, Brief an Dr. Seipel, in: ders., *Werke*, Bd. 11, Frankfurt a. M. 1960, S. 780.
(62) Tőkés, *Béla Kun and the Hungarian Soviet Republic*, p. 204.
(63) Karl Radek, Die Lehren der ungarischen Revolution, in: Béla Szántó, *Klassenkämpfe und Diktatur des Proletariats in Ungarn*, Berlin 1920, S. 8.
(64) Lenin, Gruß an die ungarischen Arbeiter, in: ders., *Werke*, Bd. 29, Berlin 1961, S. 380.
(65) Vgl. Paul Levi, Münchener Erfahrung, in: *Die Internationale. Zeitschrift für Praxis und Theorie des Marxismus*, Jg. 1, Heft 9/10, 4 August 1919, Berlin, S. 13.
(66) Vgl. Lukács, Taktik und Ethik, in: *Taktik und Ethik*, S. 47.
(67) *Ebenda*, S. 50.
(68) Lukács, Die Rolle der Moral in der Kommunistischen Produktion, in: *Taktik und Ethik*, S. 162.
(69) *Ebenda*, S. 160.
(70) *Ebenda*, S. 161.
(71) Szatmari, *Das rote Ungarn*, S. 92. クン革命における犠牲者はおよそ四〇〇人前後であると推定されている。しかし革命政権崩壊後、その一〇倍以上の犠牲者が出たことを考えれば、政権の暴力性はかなり抑制されたものだったといえるだろう。

(72) Lukács, Die Rolle der Moral in der Kommunistischen Produktion, *a. a. O.*, S. 162.

(73) *Ebenda*, S. 163.

(74) *Ebenda*, S. 162.

(75) Lukács, *Gelebtes Denken*, S. 105.

第三章　ルカーチにおける内的危機と過渡期の思想
――『歴史と階級意識』の成立過程――

一　ウィーンへの亡命

一九一九年七月末、ルーマニア軍がティサ河を渡りブタペストへの進攻が時間の問題となる中、ハンガリー革命政権の指導者クンの徹底抗戦の呼びかけも空しく、革命統治評議会はペイドルを首班とする労働組合指導者からなる新政府への政権移譲を決定した。評議会の主要メンバーたちはルーマニア軍の首都占拠の前にオーストリアへと亡命する。

しかし、ルカーチはこの亡命団に加わっていない。彼はハンガリーに留まり、地下活動をするよう党から命じられていたのである。敗戦後、大きな反動が起こるであろうことは十分予測されていた以上、この指令は極めて過酷なものだったと言える。なんといっても彼は革命政権の閣僚のひとりだったのだから。実際、ルーマニア軍進駐後ペイドル政権はたちまち瓦解し、その後成立したホルティ体制下では逮捕、拷問、虐殺が広く行われ、正確な数字は分からないものの、およそ一千人から五千人の犠牲者と数十万人の逮捕者を出している。(1)こうした状況の中で一度は殉教を覚悟してハンガリー残留を決めたルカーチも、地下活動の継続を諦め、八月末ないしは九月初旬にはウィーンへと亡命した。

ウィーン亡命後まもなくハンガリーでは革命政権の要人たちに対する裁判が行われ、ルカーチもまた欠席裁判のもと死刑判決を下される。新政府はその判決を執行すべくオーストリア政府に亡命者たちの引き渡しを要求し、ウィーン警察当局に提出された引き渡し要請者リストに記載されたルカーチは一九一九年一〇月逮捕された。だが、当時オーストリアでは社会民主党が政権を担っていたこともあり、結局、彼は二ヶ月前後の勾留を経て同年末には釈放されている。もっとも、その生活は完全に自由なものではなかった。彼はオーストリアの政治的利益を損なういかなる種類の政治活動も行わないことを条件に不安定な身分のままウィーンでの生活を送ることになったのである。ルカーチには常に官憲の監視がつき[2]、そのため当時彼は「私に対してなんの証拠も突きつけることができないよう[3]」慎重に政治活動を行っていたという。ハンガリー共産党はオーストリアにおいて公式には存在せず、ルカーチたちは名目上オーストリア共産党に籍を置いていた。

しかしながら、ウィーン亡命時代のルカーチから打ち沈んだ様子はほとんど伝わってこない。彼は亡命と逮捕のショックからいち早く立ち直り、一九二〇年からは活発な活動を再開している。客観的に見れば、期待と感激をもって樹立されたプロレタリア独裁政権が頼みとする労働者大衆にさえ反旗を翻されてわずか一三三日で瓦解し、かつ彼自身が帰国することもままならない亡命者の身であることを考えると、これは奇妙なことにも見える。だが、ハンガリーでの挫折を世界革命という最終的勝利の前の一時後退と考えていたルカーチら亡命共産主義者たちは「陽気な黙示録[4]」に支えられていたのだった。「ハンガリー・プロレタリア独裁はなぜ崩壊しなかったのか」という逆説的タイトルで発表された論文においてルカーチはこう宣言している。「ハンガリーのプロレタリアートは、今日、最初の独裁の時代よりももっと真実の解放の近くにいる[5]」と。ハンガリー革命の挫折は当初ルカーチの革命思想になんら本質的変化をもたらすことはなかった。

しかし、ウィーンへの亡命後、ルカーチは党の指導を巡るクンとの対立の中で、徐々にそれまでの革命論の問題性に気付いていく。一九一九年のウィーン亡命から一九二三年の『歴史と階級意識』へ至る道程は、彼がハンガリー革命のなかで形成した革命論の問題性と向き合い、より現実的な社会変革の理論を形成する自覚的な営為であった。『歴史と階級意識』はその成果に他ならない。ルカーチによれば、『歴史と階級意識』は「大戦末期以降の私の発展期の総括的決算」[6]だったのである。

したがって『歴史と階級意識』へと結実していくルカーチの思想的歩み、すなわち彼が当時どのような状況下でいかなる困難に直面し、何を課題としていたのかを明らかにする作業は、同著を理解するための必須の手続きであろう。だが、この間のルカーチの発展を辿った思想史研究は必ずしも多いとはいえない。

もちろん初期ルカーチに関する思想史研究は多数に上り、とりわけ文学・美学をもっぱらとしていたルカーチがマルクス主義者へと変貌してく過程については詳細に研究されている。だが彼が『歴史と階級意識』の執筆へと向かった、まさに一九二二年の段階で彼がどのような課題に取り組み、それをどのようにして乗り越えようとしたのかに関しては十分に論究されてはこなかったのである。換言すれば、従来の研究のほとんどは一九一九年の『戦術と倫理』から一九二三年の『歴史と階級意識』までを一括りにして初期思想と捉えてきたために、その間に生じたルカーチの重要な思想的変化についてはこれを等閑視してきたのであった。

なるほど『戦術と倫理』から『歴史と階級意識』までを一括りにする解釈も、『歴史と階級意識』の第一章が『戦術と倫理』収録の「正統的マルクス主義とは何か」であることを考えれば、必ずしも不自然なものではない。『歴史と階級意識』には一九一九年三月に執筆された「正統的マルクス主義とは何か」、一九一九年六月執筆の「史的唯物論の機能変化」、そしてハンガリー革命挫折後の亡命先ウィーンで執筆された一九二〇年三月の「階級意識論」から一九二二年九月執筆の「組織問題の方法的考察」までの諸論文が同時に収められている。収録論文に内容的思想的に本質的な差異があるとすれば、その方が不自然であろう(7)。

たとえば『歴史と階級意識』邦訳者の城塚は同著の成立について以下のように述べている。「ハンガリーに成立したホルティ反動政権は、欠席裁判のままルカーチに死刑の判決を下したが、ウィーンの警察によってシュタインホーフ精神病院に収容されたルカーチは、活発な文筆活動を一九二九年までウィーンで続けた。そのうち『物象化とプロレタリアートの意識』と『組織問題の方法的考察』は、このシュタインホーフ精神病院でルカーチが『心ならずもできた暇を利用して』書いたものであり、まさにハンガリー革命の思想的総括というべきものである(8)」。我が国のルカーチ研究者の多くは上記のような城塚の了解を踏襲しているが、ここには重大な誤解がある。

もし城塚の言う通り上記の二論文がシュタインホーフ精神病院収容時に書かれたとすると、その時期は一九一九年ということになる。しかし二つの論文が実際に書かれたのは一九二二年であり、シュタインホーフ精神病院収容時に書かれたということはありえない。したがって「心ならずもできた暇」が指しているものも、城塚が想定しているものとはまったく異なる。以下において示されるように、ルカーチが上記の二つの論文を執筆した余暇とは、彼がハンガリー共産党内の権力闘争に敗れ、党務の第一線から退いていた時期に他ならない。革命における党の役割を論じた「組織問題の方法的考察」には彼が直面していた党内闘争の諸問題が大きく影響しており、このことを抜きにして同論を論じることはできないのである。また「物化とプロレタリアートの意識」には、当時、彼がコミンテルン第三回大会をきっかけとして対峙しなければならなかった現実と理念との緊張関係が色濃く反映されている。ハンガリー革命から『歴史と階級意識』執筆までの時期を初期ルカーチとして一括りにすることなど不可能だと言ってよい。

以下において示されるように、一九一八年に始まるマルクス主義者ルカーチとしての思想的歩みにおいて、『歴史と階級意識』とそれ以前の思想とは明確に区別されるべきである。そこには確かに飛躍と呼ぶべきものがあった。さしあたりわれわれはそれらを観念的革命論と現実的革命論と呼んでおきたい。前者はハンガリー革命の中で生まれたルカーチにおける古い革命論であり、後者はウィーン亡命期のなかで育っていった新しい革命論である。マルクス主義に画期をもたらしたと言われる『歴史と階級意識』は、古い自己から脱却していこうとする彼の「内的な危機的過渡期」[9]がもたらした思想的到達点であった。

本章で着目されるのはルカーチが『歴史と階級意識』へ向かっていくまでのこの思想的道程である。これについての代表的な先行研究としてはグルネンベルクの『市民と革命』とレーヴィの『ゲオルク・ルカーチ』が挙げられる。グルネンベルクの研究は初期ルカーチに関する卓越した思想史研究であり、彼の思想が抱える観念性を実証的に捉えている。しかし「観念論者ルカーチ」という視点から『歴史と階級意識』を『戦術と倫理』との連続性のうちに捉えているために、『歴史と階級意識』において彼が目指した現実主義の志向をほとんど摑んでいない。[10]これに対していまひとつの優れた思想史的解明を行ったレーヴィの研究は、『歴史と階級意識』を「一九一九年から二〇年にかけてのユートピア的傾向を破棄・超越する新たな理論的世界」が提示されているものとして評価し、「一九一九年から二一年にかけての著作を凝縮したもの、あるいはその続き」とする解釈を「幻想」だと断じている。[11]だがレーヴィは『歴史と階級意識』における思想的転回を「レーニンの現実主義」という外的ファクターに影響されたものと捉えているため、[12]ルカーチ自身の緊張を孕んだ発展の筋道が見えていない。ルカーチが『歴史と階級意識』において自己の革命論を再構築した際、レーニンの『共産主義内における「左翼主義」小児病』をひとつの手引きにしていたのは確かである。しかしルカーチを観念的革命論からの脱却へと向かわせたのは、真っ向から対立する新旧二つの思想の「同時存在が頂点に達した」[13]からであった。

『歴史と階級意識』成立史に関する研究のこのような不備は、同著に対する解釈を一面化せずにはおかなかった。その端的な例が同著第四章「物化とプロレタリアートの意識」を『歴史と階級意識』全体と等置するような読解である。もちろん第四章は分量的にも同著のほとんど三分の一弱を占め、内容的にも「物化」論を含む重要な章である。しかし『歴史と階級意識』にはこれに加えて特殊な位置づけを持つもうひとつの論文が存在していた。それが「組織問題の方法的考察」である。『歴史と階級意識』は、すでにみたように、一九一九年以降に書かれた八編の独立した論文によって構成されているが、同著のために書き下ろされたのはこのふたつの論文だけである。そしてこの両論文こそ「内的な危機的過渡期」のなかで生み出されたそれまでの思想の総括を表すものであり、ルカーチ自身が『歴史と階級意識』における「決定的に重要な研究」[14]と呼んでいるものなのである。

ところが、一見すると一方が「物化」問題を扱った哲学的・社会学的論考、他方が共産党の組織問題を扱った政治的・実践的論考と見えるために、もっぱらルカーチのテキストだけに依存した研究では両論文が同じ時期に同じ問題意識のもとで書かれた論文であることが分からない。そのためこれまでの研究は同著の歴史的コンテクストを踏まえた立体的な理解へ至らず、その評価も分散的なものにならざるをえなかった。本章では従来の研究の弊を改め、『歴史と階級意識』を時代状況との具体的な関係において捉えることでその成立史に光を当て、同著の新たな解釈視座を提示することを目的としている。

二　革命政権瓦解の総括

逮捕からの釈放後ルカーチたちが最初に取り組まなければならなかったのは、当然ながら革命に対する総括であった。だが、亡命直後のルカーチは革命が抱えていた本質的問題を捉える視座をまだ持っていない。彼の総括は教条的なものであり、革命政権が純粋に革命的ではなかったこと、すなわちそこに社会民主主義的要素が混入していたことが問題だとされている。こうした理解は、コミンテルン第二回大会で報告されたハンガリー共産党の公式見解に沿うものであった。報告者のマーティヤーシ・ラーコシはこう主張している。革命政権の支配政党であるハンガリー社会党は、共産党と社会民主党との組織的統合によって成立したものであったために、「水増しされた共産党」としての性格を持たざるを得ず、ロシアにおいてボルシェヴィキが発揮したような指導性を持ち得なかった。「そのように水増しされた共産党では、社会民主主義者との戦いは極めて不徹底なものとなっただろうし、協商国軍の前から独裁を救い出すことができなかったのも当然である[15]」。

ラーコシの報告は、全体としてはハンガリー革命の成立から崩壊までを客観的に述べたものだったが、革命政権の崩壊は直接的にはハンガリーの軍事的劣位に起因するのであって、たとえ鉄の結束を誇る共産党があったとしてもプロレタリア独裁を協商国軍の前から救い出すことは叶わなかったであろう。また、外的脅威がなかった場合でさえ革命政権を維持するのは困難であった。一時的にせよ民衆が革命政権を支持したのは、祖国防衛を約した革命政権に敗戦によって失われた領土の再獲得を期待していたことが大きく、革命の理念よりもマジャール・ナショナリズムにその根拠があったと言える。羽場のいうように「ハンガリー国民の多くにとっては、一九一九年革命における社会主義の選択は、自国領土と自民族の延命のための一つの手段でしかなかった[16]」。

とはいえ、ボルシェヴィキのように暴力によって国民を押さえつけることのできる「水増しされない」共産党があれば、事態が変わっていた可能性は確かにある。むろんルカーチも革命における暴力の行使を否定するものではなかった。彼によれば、革命はそれに背を向けることが罪でありながら、「罪を犯さずに行動するのは不可能[17]」な避けがたいディレンマの前に人を立たせる。ルカーチの考えでは、殺人はあくまで罪であり革命の大義をもってしても正当化はされない。彼は述べている。「殺人というものがいかなる場合にせよ是認されえないことを、揺るぎなくかつなんの疑いもさしはさまずに知っている人間の殺人行為だけが、悲劇的にも道徳的な性質のもの足りうる[18]」と。世界革命のための罪を引き受けること、ルカーチによればそれこそが革命家の倫理であった[19]。

しかし、ルカーチたちが理想と看做すソヴィエト・ロシアのプロレタリア独裁において、暴力の行使はけっしてこうした倫理的緊張を孕むものではなかった。レーニンは「プロレタリアートの革命的独裁が、ブルジョワジーに対するプロレタリアートの暴力によって勝ち取られ保持された、いかなる法にも拘束されないひとつの権力[20]」であると述べた。だが彼は、暴力行使を旧支配者から権力手段を奪い取るための最小限のものでは終わらせず、「ほんの少ししか発達していない中規模農民、手工業者等々の搾取された人々の一部は、搾取者に服従する、ないしは服従する素質がある[21]」として、その範囲を社会全体に恣意的に押し広げていった。レーニンは、体制に黙従しないあらゆる人々を「人民の敵」と断じ、暴力の対象とするのをためらわなかったのである。

これとは対照的に、ルカーチの経験したハンガリーでのプロレタリア独裁は、社会民主党との合同によって成立したものであったために、暴力が無制限に行使されることはなかった。ルカーチのプロレタリア独裁の暴力性に対するナイーブさの一因はここにある。またソヴィエト・ロシアの実態についても当時はまだ明らかにされておらず、彼はそれを知ることができなかった。ボルシェヴィキ独裁に対する批判は、十月クーデタ（「十月革命」）当初からローザ・

ルクセンブルク、カウツキー、ベルンシュタインなど多くの人々によって展開されていたが、批判の多くは「民主主義対プロレタリア独裁」という理論的レベルでなされている。アクセルロード、マルトフなどロシア内部からの批判も、ボルシェヴィキ独裁の暴力性を具体的に糾弾するものではなかった。

ルカーチがソヴィエト・ロシアにおいて、とりわけ食糧徴発の名の下に農民に対して振るわれた未曾有の残虐行為の数々を知っていれば[22]、彼とて強大な独裁政党の必要性をためらいなく訴えることはできなかったであろう。しかしソヴィエト・ロシアの真実を知らないルカーチは、独裁と暴力の連関を深刻に受けとめることはなかった。コルニーロフの反乱とクロンシュタットの反乱を同列に置き、独裁においてもプロレタリアートによる「自己批判の可能性は制度的に確保されねばならない[23]」と、あたかもそれが可能であるかのごとく主張していること自体、ルカーチが実情からかけ離れていたことを示すものである。レーニンを絶対視するルカーチにとってソヴィエト・ロシアのプロレタリア独裁はあくまで理想であった。彼にとって重要だったのは、むしろこの理想に向けて労働者大衆を導くことだったのである。

この理想の実現を阻んでいるのは、しかしブルジョワジーの権力ではなく、むしろ労働者大衆自身の意識の低さであるとルカーチは見ていた。彼によれば、第一次世界大戦後、ハンガリーでのそれを含め、中欧諸国で生じた革命的蜂起が結局失敗に終わったのは「権力へむけてのプロレタリアートの意識とその成熟[24]」が欠けていたからだという。ルカーチは述べている。「中部ヨーロッパのプロレタリアートの理念世界が小ブルジョワ的な民主主義の教説に染まっていた」ために、「労働者階級は自分の懐にころがりこんできた権力を利用せず、また利用することもできなかった[25]」のだと。

だからこそルカーチによると、労働者大衆の真の敵は改良によって資本主義的現実と妥協させ、彼らからその革命的階級意識を奪い取る社会民主主義者なのである。彼はいう。「ハンガリー・プロレタリアを殺害しているのは、直接的にはホルティとヘーイヤシであるにもかかわらず、やはりその真の殺害者はミアキツからクンフィにいたるまで、同様かつ例外なしに社会民主主義者たちである。ペイエル／ベームがコルヴィンと彼の殉難者仲間を殺害したわけではないように、ノスケも自らリープクネヒトやルクセンブルクを殺害したわけではない。知識人の張本人たちこそが労働者たちの手から武器を奪い、彼らを説得して戦う思想を放棄させ、反革命の悪党どもに武器を与えるという真の罪を犯したのだ(26)」。

それゆえ、労働者大衆の意識が「資本主義の最後の砦である社会民主主義(27)」によって現状肯定へと誘導される前に、彼らを社会民主主義から引き剥がす革命の前衛集団たる党が必要となる。「欠如しているもの、それは革命的組織であり、革命的スローガンであり、革命的指導部つまりは共産党なのである(28)」。純粋な革命政党としてハンガリー共産党を再生させること、当然ながらこれこそが亡命後ルカーチが着手しなければならないと考えた第一の課題であった。

三　クンとの闘争

しかしながら、鉄の結束を誇る共産党の形成を喫緊の課題とする点で亡命ハンガリー共産党員たちが一致していたにもかかわらず、再建された党は早くも一九一九年末にはクン派とランドラー派に分裂し、激しい党内闘争の様相を見せ始めていた。

第一次世界大戦時、ロシアで戦争捕虜となりロシア革命に感化されて共産党員となった生粋のレーニン崇拝者クンに対して、イェーネ・ランドラーは社会民主党左派に属し、組合指導者としての経歴を持つ現実主義の政治家であった。革命政権ではルカーチとともに閣僚のひとりであったが、ルカーチの述懐によると、彼との交流が深まるのはウィーン亡命時代からだった。クンに対して批判的であったルカーチに対して、ランドラーの方から彼に接近してきたのだという。だが、ルカーチは派閥力学からランドラーと同盟したわけではない。のちの述懐によれば、彼はランドラーの人となりを尊敬し、ランドラーから政治的現実主義の重要性を学んだことを幸運だったと述べている[29]。実際、ランドラーのこの影響が観念的革命論者であったルカーチにひとつの転機をもたらすことになる。

ランドラー派とクン派を隔てていたのは革命政権瓦解後のハンガリーにおける闘争方針の違いであった。「建党派」を自称していたクン派が非合法となり、公式には消滅していたハンガリー共産党を独立した政党として復活させようとしていたのに対して、ランドラー派は労働組合・社会民主党のなかに共産主義勢力を浸透させていくことを目指していたのである。クンによれば、ランドラー派は「解党主義者」であった。

実際ランドラー派はかならずしも純粋なボルシェヴィストによる党の形成に拘泥していなかった。ランドラー派の方針が明確な形をとるにはクンとの闘争から数年を必要としたが、その最終的な形態はプロレタリア独裁に先んじてブルジョワ民主主義の確立を目標とし、ハンガリー社会主義労働者党の設立を目指していくというものであった。驚くべきことに、ホルティ体制下での白色テロルにもかかわらず、ハンガリーではなお労働組合は無視することができないだけの力を保ち、その主たる支持政党である社会民主党は一九二二年の選挙で、ブダペストにおける有効投票数の四〇％、全体でも一五％以上を獲得し、二四の議席確保に成功している[30]。ランドラー派がハンガリーでの闘争の拠点と考えたのが、この労働組合・社会民主党勢力だったのである。

しかし、クンはこうしたハンガリーの現実よりも、一九二〇年のコミンテルン第二回大会で決議された「共産主義インターナショナルへの加入条件に関する原則」のなかで、「コミンテルンに加盟しようとするすべての組織は、労働運動の多かれ少なかれ責任ある部署（党組織、編集部、労働組合、議会内党派、協同組合、地方行政）から、徹底的かつ計画的に、改良主義者、中央派を排除し、真の共産主義者によって置き換えなければならない[31]」という原則論にこだわっていた。しかも決議前文にはこう記されていたのである。「いかなる共産主義者もハンガリー・レーテ共和国の教訓を忘れてはならない。ハンガリーの共産主義者たちの、いわゆる左派社会民主主義者との統合の代償は、ハンガリー・プロレタリアートにとってきわめて高いものになった[32]」。

ルカーチによると、クン派に対するランドラー派の不満が爆発したのは、クンがこの原則論を実行に移すべくハンガリーに残留する共産主義者たちに労働組合費支払い拒否命令を出そうとしたことに端を発するという[33]。ハンガリーでは労働組合費には社会民主党の党費が含まれており、組合員は自動的に社会民主党の党費も支払っていた。クンは組合費支払を拒否させることで彼らを社会民主党から引き離そうとしたのである。組合における社会民主党の主導権を切り崩すためのこの支払い拒否指令においてルカーチらが危惧したのは、それを実施することで組合員が共産主義者であると表明することの危険性であった。当時ハンガリーでは共産党は非合法であり、共産主義者であることが判れば弾圧の対象となるのは避けがたかったのである。ルカーチによれば、党の分裂は小さな原因から始まったが、そこには理念を優先させるべきか現実を優先させるべきかを巡る「理論的重要性[34]」が存在していた。

したがって、ルカーチがランドラー派の一員となってクン批判に加わったことは、彼が教条主義的な反社会民主主義の立場から大きく転換し、現実と理論を統合する方向へ向かい始めたように見える。しかしながら、実態としてはルカーチの中にそれまでの立場とは相いれない新たな要素が混入し始めたという方が正確である。しかしランドラーの現実主義への接近は彼がただちに理念優先の観念的革命論から脱却したことを意味しはしない。この時期、彼の中には現実性と観念性が和解し難く併存していた。具体的に言えば、ルカーチは理論的には社会民主主義的・改良主義的立場を断じて認めることができないという革命的メシアニズムの立場を採りつつ、ハンガリーでの闘争では現実的・漸次的路線を採っていたのだった。彼は「政治的・哲学的見解」に「実質的にも内面的にも対立する二元性[35]」を抱え込むことになったのである。

そのためクンとの闘争は自己矛盾を孕んだものにならざるをえなかった。ルカーチはランドラーの現実主義に引き寄せられる形で反クン派の旗幟を鮮明にしていったのであるが、ルカーチの批判するクンとは、いわば鏡に映った自分自身でもあったからである。この点でレーニンが『共産主義インターナショナル』誌に掲載した小論において、ルカーチとクンを並べて小児病的左派急進主義者として批判しているのは象徴的である。レーニンはいう。「G・L・［ゲオルク・ルカーチ］」には「厳密に規定された歴史的諸状況の現実的な分析」が欠けており、「B・K・［ベーラ・クン］」は「現実的状況の現実的追求[36]」を避けていると。

ルカーチは、もとをただせば、ランドラーよりもむしろクンに近いところに位置していた。彼が共産主義者となったのは、ロシアから帰還したクンたちに革命的メシアニズムを吹き込まれたことがきっかけである。それまで政治とは無縁に過ごしてきたルカーチは、政治家・活動家としての経験を一切持たぬまま、クンたちが唱えるロシア革命の理想に鼓舞されて共産主義者となったのだった。

ルカーチには、社会が個人にとって疎遠なものとなり、融和の道を失った「罪業の完成された時代[37]」としての近代において、共産主義こそが個人の宿命に救済をもたらすものと思えた。ドイツ哲学に通じていた彼は、解放思想としてのヘーゲルの歴史哲学にマルクス主義を接続し、哲学的装いを施された、その意味でクンより洗練された革命観を形成していく。だが彼は、まさに哲学的にマルクス主義へと接近したがゆえに、具体的なハンガリーの現実から乖離して革命を構想していたという点では、レーニンを憂慮させるほど足早に共産主義化のプログラムを推し進めたクンと同じだったのである。ルカーチとクンはともに、現実ではなく理念に準拠して革命を考えていた。

なるほどルカーチは、ウィーン亡命後、ホルティ体制下という過酷な条件の下で「ハンガリーの運動を再生させるための実践的可能性から決して目を離さなかった[38]」ランドラーを支持し、机上で構想した革命的命令をモスクワから発するクンを「冒険主義者」として批判するようになる。[39]「ハンガリー共産党は、共産主義インターナショナルの指導の下、近い将来ハンガリーにおける強力な大衆政党となるであろう」というクンの主張は、ルカーチからすれば「想定としてはファンタジックな幻想、目標設定としては良心なき冒険政策」以外のなにものでもなかった。[40]だが、その当のルカーチが世界革命のうねりは「フィンランド、ハンガリー、ミュンヘンでの敗北によってもけっして退潮してはいない[41]」という信念に基づいて、攻勢戦術と呼ばれる急進的な政治的・理論的方針を熱烈に拡充しようとする世界革命論者でもあったのだ。

世界中から革命家が流れ込んでいたウィーンは、ルカーチによれば「自己の革命的メシアニズムの全知的情熱を存分に発揮[42]」できる恰好の舞台だったという。しかしその一方で「徐々に組織化されてきたハンガリーでの共産主義運動」は、「メシア的な視点にだけ思考を向けているわけにはいかない」ことを彼に認識させ、「観念的・ユートピア的な革命的メシアニズムと極めてしばしば対立する精神的態度[43]」を取らせるようになったのだった。

そして一九二一年三月、ドイツ中部で生じ大敗北を喫した急進的武装蜂起「三月行動」を巡る論争を通じてルカーチはついにこうした自己矛盾の併存を許容できなくなっていく。この論争は、コミンテルン第三回大会において「三月行動」の否定という形で決着がつけられるのだが、彼は断固として「三月行動」支持の立場を貫いた。しかし、彼が大勢に抗ってまで支持した「三月行動」を陰で指導していたのは、皮肉なことにクンだったのである。ドイツはまさにクンの冒険主義の実験場にされたのだった。[44]ルカーチにとって自らの理論が持つ観念性から脱却する時が来ていた。

四　党と官僚主義

だがルカーチには、現実的志向と並んでクンとの闘争の結果芽生えてきた反官僚主義というもうひとつの志向があった。彼によれば、コミンテルンのバックアップを得てクンが金や地位を餌に形成したハンガリー共産党は、あたかも上役と下役のいる官庁に、魂のない官僚組織に堕していたという。クンの眼差しが向けられているのはハンガリーではなくモスクワであり、コミンテルン幹部の覚えを目出度くするために、ハンガリーの現実を顧みないありとあらゆる幻想的政策が採られている。これがルカーチの批判であった[45]。

ルカーチのこうした批判は、たんにクンの倫理性や観念性だけを問題にしたものではない。彼は「上から、つまり直接モスクワからひとつの運動を作ろうとしたクン路線[46]」が「官僚主義的セクト主義[47]」になっているとして、事実上意思決定の流れそのものを批判の俎上に載せていたのである。ドゥチンスカの証言によれば、ルカーチを理論的支柱とするランドラー派は反クン派の最初の集会においてまさに党組織の硬直化を問題にしていた。「ルカーチ・グループ[48]」は党の誤りを「軍事組織的規律を持つ集中制」に見出し、「反対派グループには、民主的構成、党員に対する責任ある指導、モスクワから独立した党員の献身に依拠する実質的存在を与える[49]」という決議を採択して大きな支持を集めたという。

しかしながら、まさにハンガリー革命の経験を通じて、労働者大衆には革命に関する正しい洞察、階級意識が欠けていると痛感していたルカーチにとって、党内の民主化や反官僚主義を徹底させることは難しかった。彼がこの時期、レーニンの『何をなすべきか』を読んでいたのかどうかは判然としないが[50]、その了解は基本的にレーニンと同じである。レーニンによれば、自然発生的に生じる労働運動は「労働者と雇用者との敵対関係の目覚めを印す」ものではあっても、そこには「自分たちの利益が現在の政治的・社会的体制全体と和解し難く対立しているという認識[51]」は存在しない。労働者は革命的な社会民主主義的意識を持ってはおらず、「ロシアにおいて社会民主主義の理論的教義は労働運動の自発的な成長とは完全に独立して成立する[52]」というのである。彼らが自力で獲得できるのは組合主義的意識までであり、その場合、運動は最終的に体制へと取り込まれてしまう。レーニンが前衛党の不可欠性を訴えたのはまさにそのためであった。

ルカーチもまた「自然発生的な労働運動」はあっても「自然発生的な革命」はありえないと考えていた。ウィーン亡命後、彼ははじめて革命を経済的観点から捉える論文「古い文化と新しい文化」を発表している。同論文で捉えられた社会主義の理念はこれまでになく具体的である。だが、社会主義に関する思想を深化させるとともに、彼は社会主義の理念が労働者大衆にとって容易には理解されないだろうことを認めるようになる。彼は、労働者大衆は「正しく吟味」すれば社会主義に同意するであろうといった、自身が革命期に想定したような楽天的見方をしていない。

ルカーチによれば、資本主義は経済的のみならず、社会的・文化的な領域での巨大なパラダイム転換の産物である。資本主義をその前史から分かつのは、「経済生活が社会的な生活機能の一手段」であることをやめて「社会的な生活機能の中心」となり、「社会生活」全体が「ひとつの大きな交換関係」へと変容を遂げた点にあった[53]。このことは社会のあらゆる所産や対象が商品という形態を取るようになったことを意味するだけではない。資本主義的社会環境において、人間もまた労働力商品という形で商品関係に組み込まれていくのであるから、人々は、他者はいうに及ばず、自己までをも商品社会で生きていくための手段と看做すようになる。ルカーチはいう。解放的意味を帯びていた「自己目的としての人間」という近代の理念を「資本主義的社会秩序以上に踏みにじったものはない[54]」と。

ルカーチの考えでは経済的動因によって形作られたこの内的・外的生活を人間的動因によって作り直すことこそが社会主義の本質であった。資本主義から社会主義への転換は、したがって単なる制度的組み換えではなく資本主義の中で培われた人間の思考や感性の変革を要求する、まさに巨大なパラダイム転換なのである。だからこそ「プロレタリア国家の課題」は「生産と分配との組織」に尽きてはならないのだという。共産主義が生産性や富の分配の公平性において、かりに資本主義を上回っていたとしても、そのことだけが共産主義を資本主義から隔てているのであれば、経済生活が「依然として人間的原理を支配し続ける[55]」ことに変わりはない。ルカーチによれば、社会主義が目指しているのは資本主義的な人間のアトム化を揚棄して、人々が「相互に支え補完し合い、その共通の目標すなわち人間的なさらなる高い発展の理念に奉仕[56]」する社会を形成することにある。

だが、ルカーチの見るところ人々は、おそらくは共産党が権力を奪取した後でさえ、資本主義が生み出した思考や価値観に支配され続け、社会主義の理念を理解することができないという。彼にとって、その意味で社会主義の真理は「ごく少数の人々にしか意識されない[57]」一種の特権的な知となっていたのである。だからこそルカーチは、革命の趨勢をローザ・ルクセンブルクが主張するように「労働者階級の大衆的自我[58]」に委ねてしまうわけにはいかず、「メシア主義的セクト[59]」によって導こうとしたのであった。

しかし、そうだとすると、ルカーチの構想においても革命における意思決定は「上から下へ」と一方的に流れていくことになり、少数支配の構造に変わりはない。したがって彼のクン批判はまたしても自己矛盾を孕むものにならざるをえなかった。なるほどルカーチは、クンの党組織を盲目的で奴隷じみた服従に基づいてしかその権威を貫徹できない官僚組織であると非難し、これに対して共産主義的な同志的信頼によって結ばれた「全体としての党」組織を対置しようとする[60]。だが、この一体性を支えるものが何かといえば、ハンガリーの実情に即した、その意味でクンより妥当性の高い指導の正しさでしかなかった。

ルカーチは指導部と党員あるいは労働者大衆の関係を記述する際に、命令する者と服従する者という言葉を避け、中央機関は命令する権限を持つのではなく「教育する」[61]義務を負っているのだという。とはいえ、命令する権力者が教育する父権的指導者に代わったとしても、社会主義の真理を保持する指導部と無知な党員あるいは労働者大衆の間には双方向的な意志の流れは存在せず、こうした民主主義的媒介が存在しないところには、ローザ・ルクセンブルクがいうように「官僚機構だけが活動的要素として残ることになる[62]」。だが、プロレタリアートが持つべき階級意識は、ルカーチの考えでは、労働者大衆の日常意識からは導出できない。労働者の日常意識はあくまで資本主義的社会秩序の内部にとどまるからである。ルカーチの立論では、階級意識は労働者大衆の日常意識を超えた外部から持ち込むよりほかなく、こうした「外部注入論」は明らかにセクト主義との親和性を持っていた。官僚主義的少数者支配は「闘う労働者階級」を「一委員会の従順な道具[63]」にしてしまうというローザ・ルクセンブルクのレーニン批判は、ルカーチにも同様に当てはまる。

それゆえ、ルカーチがあくまで「官僚主義的セクト主義」を批判しようとするならば、その理路から言って、批判の射程は自身とクンを超えて、前衛党による絶対的指導というボルシェヴィズムの根幹にまで及ばざるをえない。独裁体制が必然的に孕む官僚主義的支配の問題にルカーチが真正面から取り組み、セクト主義の克服を目指すようになったのは、一九二二年春、彼がクンとの党内抗争に敗れた後のことである。クンとの闘争を通じて彼が目の当たりにしたコミンテルンは独善的な官僚主義そのものであった。政治的敗北がもたらした「不本意ながらできた余暇[64]」の中で彼はボルシェヴィズムの組織がいかにあるべきかという問いにあらためて向き合い、『歴史と階級意識』を上梓した。われわれはそこに現存の党に対する批判の意図をはっきり見て取ることができる。ルカーチは述べる。官僚主義的階層が存在するところでは、人々は「人格的な満足や自己実現を見出せない」ために、その意識は「冷徹で強欲な功名心に突き動かされた利己主義」へと変わってしまう。こうした傾向は「共産党においても広汎な影響を与えているに違いない[65]」と。

五　「三月行動」論争

ルカーチによれば、自らの内部にある革命主義と現実主義、セクト主義と集中制という「正反対の傾向の同時存在が頂点に達した[66]」のは、一九二一年三月、中部ドイツで生じた武装蜂起「三月行動」以降のことだったという。「三月行動」は、結果的にいうと一過性の騒乱に終わったのであるが、ルカーチら世界革命論者たちには世界革命を現実のものとする待望のドイツ革命の勃発を意味していた。実際、ドイツ革命への期待は「三月行動」に先立つ一九二〇年一二月、ドイツ共産党と独立社会民主党左派の合同により、党員五〇万人を擁する統一ドイツ共産党が結成されたことで、すでにかなり大きなものとなっていた。ドイツ共産党／スパルタクス・ブントに決定的に欠けていた大衆からの支持がこれによってようやく獲得されたと考えられたのである。統一大会の記録も、まるで革命前夜を迎えたかのような当時の興奮を伝えている。「小規模であったために広範な労働者大衆に影響力を持たなかった共産党は、革命の理念ために戦った。今や強大となり広汎な大衆に依拠する党は、革命そのもののために戦うだろう。党はこれ以外のことをするわけにはいかない。なぜなら革命の勝利の時は近づいているからだ[67]」。

しかしながら、客観的に見ればドイツの現状はけっして革命的ではなかった。ドイツ共産党／スパルタクス・ブントが慢性的に大衆の支持を得られなかったのは、端的に言って、改良主義的労働運動の伝統を持つドイツにおいて労働者大衆が求めていたのは帝政の廃止と民主的改革までであり、ロシア革命の再演などでなかったからである。体制変革によってドイツ革命が終わっていたことが分からない共産党は、エーベルトによってようやく回復された秩序を再び混乱に陥れようとする連中と目され、大衆から浮いた存在にならざるをえなかった[68]。

事実、統一ドイツ共産党の結成によっても大衆が共産党支持へと傾くことはなく、一九二一年二月のプロイセン州議会の選挙でも、社会民主党四一七万一千票、独立社会民主党一〇八万七千票に対して、共産党が獲得した票数はその五分の一の一一五万六千票あまりであった[69]。統一共産党議長パウル・レーヴィが現状における直接行動を「一揆主義」として退け、合法的に労働者の多数派を味方につけることを当面の課題としたのはむしろ理に適っていたと言えよう。

だが、党内では直接行動を求める性急な意見が強く、レーヴィの姿勢は日和見主義的として批判され、結局彼は議長職を辞することになる。代わって登場したブランドラー／シュテッカー新議長の下、党は左派急進派が主導権を握り、そこにクンをはじめとするコミンテルンメンバーが党指導部を指揮するためにベルリンへと到着し、事態は「三月行動」へとなだれ込んでいったのだった。

クンがドイツで行おうとしたことは極めて単純であった。クンによれば「ドイツは客観的には完全にプロレタリア独裁の準備ができているが、主観的には独裁の条件が存在していない」という。彼のいう主観的条件とは「プロレタリアートの大部分」が「まだプロレタリア独裁の自覚的な戦士[70]」になっていないことを指す。そしてクンは、労働者大衆を自覚的な戦士として覚醒させるには、共産党が急進的な行動へと打って出るしかないと主張する。「ただ行動だけが、しかももっとも根本的な行動だけが、組織的な弱さを除去する可能性を与えてくれる[71]」。

上記のクンの発言はルカーチが編集者兼寄稿家として主たる論文の発表の場としていた『コムニスムス』に掲載されたものである。当時『コムニスムス』は攻勢戦術の牙城になっていた。ジーグリット・コッホ＝バウムガルテンによれば、「そのコンセプトは、もっぱら抽象的・哲学的で、経験をラディカルに否定した観念的カテゴリー体系を基礎にしており、労働者の欲求や現実的な利害には基づかないものであった」[72]。

クンはこの急進主義的政策を実行に移すべくドイツにおいて扇動活動を行い、彼に影響された新議長ブランドラーは三月一七日党中央委員会議においてこう宣言するに至る。「われわれの影響力は四〇万から五〇万の党員を擁するわが組織を超えている。私は主張したい。今日われわれはすでに、わが共産主義組織によって影響力を与えることができ、われわれの行動、いやわれわれの攻撃行動においてもわれわれの旗の下に戦うだろう二〇〇万から三〇〇万の非共産主義者の労働者を全国に持っている」[73]と。

もっとも、「三月行動」は必ずしも党による計画的な蜂起として始まったのではなく、三月一九日、プロイセン州保安警察隊が労働者の武装を解除するという名目でマンスフェルト鉱山地帯へ進駐し、これをきっかけとして偶発的に鉱山労働者との衝突が勃発して武装蜂起へ発展していったというのが実態であった。事態を掌握しきれていなかった党は、後追い的に『赤旗』を通じて全ドイツ労働者にゼネストと武装蜂起の呼びかけを行ったものの、ゼネストは不発におわり、武装蜂起も党が期待したほど大規模なものへ発展することはなかった。蜂起に加わった労働者の数も党の楽観的な見通しを裏切るもので、ドイツ共産党によれば、二〇万人から二二万人であった[74]。ブランドラーが断言した二〇〇万人から三〇〇万人の共産党の旗の下に戦うはずの労働者たちは実際にはどこにも存在せず、「三月行動」は早くも四月二日には鎮圧される。

だが、「三月行動」敗北後も、党執行部は「三月行動」を誤りだとは考えなかった。統一ドイツ共産党執行部編集『革命的攻勢の戦術と組織――三月行動の教訓』によれば、「三月行動」はけっして無意味な一揆ではなく「党身体の病巣に対する劇的な治療法」だったのであり、これにより「労働者階級をその眠りから目覚めさせ、再び決断の前に置いたのだ[75]」という。

しかし、党執行部のこうした総括によっては「三月行動」に関する党への不満は沈静化せず、パウル・レーヴィが『われわれの道』と題する「三月行動」批判のパンフレットを出版するに及んで、「三月行動」問題はコミンテルン全体を巻き込む大論争へと発展し、その決着は同年六月から七月にかけて開催されたコミンテルン第三回大会まで持ち越されることになる。ルカーチも攻勢戦術論の立場からいち早くこの論争に参加し、「大衆の自然発生性、党の能動性」を発表して、「三月行動」支持の立場を鮮明にした。その基本的考えはドイツ共産党左派及びクンとまったく同じである。彼はいう。「三月行動」における党の指導はけっして十分ではなく、誤りもあったとはいえ、「プロレタリアートのメンシェヴィキ的惰眠、革命的発展の暗礁」を克服するためには、やはり「統一ドイツ共産党の行動、攻勢[76]」が必要であったと。ルカーチの記憶によれば、この論文はクンと並んで「三月行動」のいまひとりの陰の指導者であったラデックから賞賛をうけ、その内容を完全に是認すると言われたという[77]。

だが、パウル・レーヴィが批判したのは、まさに「攻勢を通じて労働者を覚醒させる」という攻勢戦術の観念性であり、それを実行に移した党の身勝手さであった。レーヴィによれば、「三月行動」は共産党に与する労働者が労働組合員の一五分の一、非組合員では一四分の一でしかない中で、「ダイナマイトやこん棒で労働者を行動へと駆り立て」、彼らに対して無理やり戦わねばならない状況を作り出した無謀な一揆に過ぎなかった[78]。とりわけ非難されるべきは、「三月行動」が「共産党の政治的欲求にのみ対応しており、プロレタリア大衆の主観的欲求に対応していない[79]」ことだという。「三月行動」で満たされたのは、共産党左派の高慢な政治的冒険心だけであった。

しかしドイツ共産党左派の党幹部たちは、彼らがレーニンから支持されるであろうことを疑ってはいなかった。「三月行動」の陰にはコミンテルンから派遣された指導者たちが存在していた以上、「三月行動」が否定されることはあり得ないと思われたのである。ところが「三月行動」敗北からコミンテルン大会が開かれる数か月の間に、潮の流れは完全に逆転していた。「三月行動」の敗北を受けて、当面ヨーロッパ革命の見込みがないことを悟ったレーニンは、まるで自己の関与などなかったかのように「三月行動」を批判し、[80]「攻勢戦術」を有害なものとして退け、労働者諸政党や労働組合との連帯を目指したレーヴィの「『公開書簡』戦術」を「模範的なもの」とまで言い切っている。[81]ドイツに対して革命の扇動者を派遣する一方、「イギリス＝ソヴィエト通商協定」の調印によって西側諸国との通商を再開していたレーニンは、さしあたり西側諸国との「共存」によるソヴィエト・ロシアの存続を優先させ、合法的な勢力拡大を目指す統一戦線戦術を新たなコミンテルンの方針としたのである。だが、世界革命を待望し、その実現性を確信していたルカーチには、コミンテルン第三回大会におけるレーニンの「三月行動」批判後も攻勢戦術を捨てることができなかった。

六　ルカーチの攻勢戦術

ルカーチの攻勢戦術の基盤は、つきつめれば、彼が「社会主義的な戦術の決定的な基準[82]」であるという歴史哲学に求めることができる。ルカーチによれば、歴史とは「精神が完全な無意識状態から明確に自己を意識するところまで自らを統一的に展開していく[83]」ひとつの道程である。精神の自己発見という論理に突き動かされる発展の思想、これこそマルクスによって忠実に受け継がれた「ヘーゲル哲学最大の遺産[84]」に他ならないと彼は主張する。ただ、ヘーゲルとは異なり、マルクスは「社会の統一的な発展過程の中に自己自身を探し求め、最終的に自己を発見する意識[85]」を思惟の内にではなく現実の内に見出すことに成功した。それがプロレタリアートの階級意識だというのである。したがってルカーチの理解するマルクスの唯物論的弁証法とは、端的に言えば、自立しているかに見え、疎遠なものと感じられるようになった客体世界を意識が我が物として取り戻そうとする精神の遍歴過程を、認識の中で回顧的に完成させるのではなく、プロレタリアートの階級意識を置くことで具体的に実現するというものであった。

こうした形で「マルクスとヘーゲルをひとつの『歴史哲学』のもとに統合[86]」し、その弁証法的論理展開の不可避性を信じるルカーチにとって革命は先験的に必然のものであった。世界の意識化された形姿である主体と、主体の創造物である客体世界との間で推し進められる弁証法的なせめぎ合いの過程として理解される歴史において、世界を自己として取り戻そうとする主体による疎外克服の運動すなわち共産主義は、この歴史哲学に準拠するかぎり、歴史の外から持ち込まれる恣意的な目標ではなく、弁証法的ダイナミズムが惹起する歴史の内在的な一過程となる。ルカーチによれば、共産主義の歴史内在化こそマルクスをして空想的社会主義者たちを超えさせた不滅の業績なのであった。

上記のようなルカーチの革命的歴史哲学は、これまでマルクスのヘーゲルへ向けての再転倒であるとして批判されてきた。しかし、それは必ずしもマルクスに対する曲解ではない。少なくとも彼が典拠とした初期マルクスの哲学的著作（『ヘーゲル法哲学批判序説』、『神聖家族』、『哲学の貧困』）において、マルクスはヘーゲル哲学を「自己意識の哲学」に過ぎないとして批判しつつも、ヘーゲルが「思弁的な叙述の内部では現実的な事象そのものを把握する叙述[87]」を与えていることを認めている。当時未刊であった『経済学・哲学草稿』においてもマルクスは、「否定の否定」を「すべての存在の唯一の真なる行為にして自己確証の行為として」捉えたとき、ヘーゲル哲学は「抽象的で論理的で思弁的」な形ではあったが、「歴史の運動を表すための表現」を獲得したと述べている[88]。ルカーチが重要視したのは、マルクスがこの「否定の否定」を具体的現実に適応した『神聖家族』の次のような叙述であった。すなわちプロレタリアートが、資本主義社会のなかで無力な非人間的生存のあり方しか許されない客観的環境とみずからが人間であるという主観的意識との間に放置し続けることのできない矛盾・相克を見出す時、非人間的な生存の在り方を可能ならしめている社会環境（否定）の全面的改変（否定の否定）へと駆り立てられるのは、弁証法的に不可避であると。[89]

われわれがここに見出すのは、ベルンシュタインが批判したところのマルクス主義に内包されたヘーゲル哲学の観念性であり負の遺産であろう。[90] だが、もともとヘーゲル主義者であったルカーチは、初期マルクスのヘーゲル主義にすんなりと結びつき、そこに孕まれていた観念性もそっくり受け継ぐことになる。

革命が歴史哲学的に必然とされるのであれば、残された問題は潜在的に存在する弁証法可能性を顕在化させること、つまり労働者大衆に実は自分たちが歴史の主体足りうるプロレタリアートであることを自覚させることに尽きる。そのためルカーチは「この歴史哲学的過程が意識され現実へと覚醒されるすべての手段は良しとされねばならず、反対にこの意識をぼやけさせてしまうようなすべての手段は当然悪い[91]」と主張したのだった。

ただしルカーチによれば、労働者大衆のプロレタリアートへの覚醒は、日常生活が継続するかぎり生じることはない。しかし資本主義的現実には周期的に経済危機が訪れ、その度にもっとも大きなダメージに晒されるのは労働者大衆であるという。労働環境の悪化や生活苦、失業や将来設計の崩壊などの形で、彼らにとって揺るぎないと思われた現実に亀裂が走る。経済危機が激化すれば大衆行動へと挑発されることさえまれではない。ルカーチは、覚醒への好機をここに見出す。

だが、この好機も自然発生的大衆行動に委ねているだけでは失われてしまう。ルカーチの見るところ、大衆行動は結局資本主義的現実という枠組みの中での異常事態に過ぎず、同じ枠組みの中での異常事態であるがゆえに、そこには正常化への力学が働き、大衆行動は「自然発生的に勃発し、［…］その直接の目標が達成されたと思われたり、見込みがないと思われたりすると、自然発生的に終息してしまう[92]」。だからこそ大衆行動の勃発という好機を摑んで党が攻勢をしかけなければならない、彼はそう主張するのである。むろんルカーチの主眼は、指導組織がなければ大衆行動など自然に終息してしまうというありふれた事実に置かれていたのではなかった。攻勢戦術が目指しているのは、党の意識的な指導によって「プロレタリアートの階級意識に決定的な影響を与え、この働きかけを通じて国家権力の奪取を成就する[93]」ことなのである。

したがって、党が打破しなければならない本当の対象はブルジョワ権力よりもむしろ労働者大衆の現在の意識なのだという。ルカーチは述べている。「革命とその勝利を妨げてきた、もっとも本質でありながら、しかし理論的にも戦術的にもほとんど考慮に入れられて来なかった障害は、ブルジョワジーの強さにではなく、むしろイデオロギー的障害として、プロレタリアート自身のなかにある[94]」。それゆえ革命的戦術は労働者大衆の現実認識に揺さぶりをかけ、彼らの意識変革を引き起こすことをもってその要諦とする。「気力を喪失して深い眠りについているプロレタリア大衆を覚醒させ、彼らのメンシェヴィキ的指導者たちから（たんに精神的な意味ではなく組織的に）彼らをもぎ離し」、プロレタリアートを現実へと係留している「イデオロギー的危機の結び目を行動という剣で断ち切ること[95]」、これこそまさに攻勢戦術の本質なのであった。ルカーチはいう。「三月行動」のように攻勢が失敗に終わったとしても、党が自らの目的を明確に認識し『敗北』がプロレタリアートのイデオロギー的危機の解消を促進する[96]」かぎり、パウル・レーヴィが批判するように、けっして一揆主義やブランキズムにはならないと。

ルカーチはこうした立論に絶対の自信を持っていた。コミンテルン大会における「三月行動」否定の議論に対して彼はこう嘆息している。「重要な一歩を前に向かって踏み出した偉大な革命的大衆運動がまるで一揆であったかのように軽視されてしまっている」と。[97] だが、コミンテルン第三回大会後の政治状況は、彼に攻勢戦術論者であり続けることを許すようなものではなかった。大会後まもなく、彼が主な言論活動の場としてきた『コムニスムス』は、トロツキーによってその攻勢戦術的姿勢を批判され、[98] それが直接の原因ではなかった可能性もあるものの、コミンテルンの命によって唐突に廃刊となる。また一九二一年一二月、コミンテルンは内部にくすぶる攻勢戦術派を一掃して統一戦線戦術を徹底させるために「労働者統一戦線についての命令」を各国共産党に布告した。これによってルカーチは深刻な理論的苦境に陥っていく。

七　現実への志向

この時ルカーチが事態をどう捉えていたのか、その消息を伝える資料は残されていない。後の回想録やインタヴューにおいてもコミンテルンの方針転換について触れた箇所はない。彼は「三月行動」あるいは攻勢戦術に関して、取り立てて総括することなしに、たんに語らなくなっていくのである。一九二一年夏のコミンテルン第三回大会以降、彼は一九二二年一月に「ローザ・ルクセンブルクの『ロシア革命批判』に関する批判的考察」を発表しただけで、一九二三年の『歴史と階級意識』出版まで政治的にはほとんど沈黙を保っている。攻勢戦術論を封じられたルカーチには、自らの革命論を根本的に再構築する時間が必要だったに違いない。

しかしルカーチの述懐を額面通りに受け取るならば、彼に理論転換を促したのは、コミンテルンの政治的圧力ではなく、自ら自身の矛盾である。ただし、この矛盾を表面化させるきっかけを提供したのは、やはりコミンテルン第三回大会であった。

第三回大会はルカーチにとってふたつの意味を持っていた。ひとつが、「三月行動」論争の総括である。コミンテルンにおける代表的な攻勢戦術の理論家であったルカーチにとって、当然ながらこれは大きな関心事であった。だが、これと並んで彼には第三回大会に関心を寄せる今ひとつの理由があった。すなわち、ルカーチらランドラー派はハンガリー共産党の内部分裂問題をコミンテルンに持ち込み、第三回大会においてその決着をつけようとしていたのである。

この時コミンテルンが下した裁定は党の分裂を収束させるための折衷案的なものだったと言える。すなわち、ランドラー派を配慮しつつもクン派が多数派になるよう党中央委員を指名し、党内政治に関してはクンの主導権を認める。しかし、政策面では「三月行動」に代表される急進的戦術を否定する第三回大会の方針にしたがってクンを退け、労働組合・社会民主党内部での共産主義勢力拡大を目指すランドラー派を支持するというものだった。権力争いという点では敗れたとはいえ、クンに対するルカーチらの「冒険主義」批判は正当と認められたのである。だが、第三回大会におけるこの部分的勝利はルカーチにとって捻じれを含んだものにならざるをえなかった。クンの急進的政策を糾弾する彼自身が同時に第三回大会におけるもっとも頑強な「三月行動」支持者だったからである。

こうした中でルカーチは、「三月行動(一九二一年)対ハンガリーの政治」[99]という形で自らに問いを立てたのだという。これによりハンガリー政治の現実に準拠して「三月行動」を捉えなおしたルカーチは、攻勢戦術が現実から乖離していたことを認めざるをえなくなっていった。彼にはコミンテルンの方針転換に従うという政治的都合のみならず、攻勢戦術を乗り越える内在的理論形成の必要性が発生してきたのである。『歴史と階級意識』は彼の陥っていたこの理論的苦境に対するひとつの応答だった。ルカーチは述べている。「『歴史と階級意識』は、このような内面的な危機的過渡期のなかで成立したのだ[100]」と。

しかしながら、『歴史と階級意識』のなかで彼が攻勢戦術に直接言及し、その問題性を明確にした箇所は存在しない。そのため『歴史と階級意識』においてもなおルカーチは攻勢戦術論者であったと評価する論者もいる。[101]だが『歴史と階級意識』におけるルカーチの認識は、明らかに攻勢戦術とは一線を画するものであった。

攻勢戦術論者としてのルカーチはその革命的歴史哲学に基づいて以下のような見通しを持っていた。労働者大衆は潜在的には社会の主体であり、社会を自己として取り戻すことのできる立場にいる。しかし、ブルジョワ社会にイデオロギー的に囚われているために、こうした階級意識を獲得するには至っていない。それゆえ彼らをそのイデオロギー的拘束から解き放ち、労働者大衆の意識が自己意識化されるなら、彼らはその階級意識に到達するであろう。彼によれば、それは一見きわめて困難な課題に見えるという。しかし「客観的には経済危機が存在するために、プロレタリアートがブルジョワ的(ないしは小ブルジョワ革命的)先入観にイデオロギー的に拘束されている状態を突き破るには、ただあと一押しという一連の瞬間が作り出される」[102]。この時すかさず共産党の主導によって労働者大衆を直接行動へと導き、彼らのメンシェヴィキ的惰眠を打破するならば、自ずと革命への道は拓けてくるに違いない、ルカーチはそう考えていたのである。

したがって、攻勢戦術は基本的に革命期の革命論の継続であった。ハンガリー革命におけるプロレタリア独裁は当時の政治情勢が大きく作用し、さしたる軋轢を生み出すこともなく、いわば自然な形で樹立されたものだった。ルカーチはこの時「プロレタリアートが自己の可能性を自覚し、その明晰な自己意識をもって、自らの統一、力、形姿を作り出した」[103]と主張していた。彼によると、指導者たちがやったことはプロレタリアートの意識に「理論的形式」を与えたに過ぎない。プロレタリアートの行動は「理論と実践の直接的統一」を表現するものなのである。[104]しかし革命の敗北後、ルカーチはプロレタリアートが自然な形でこの自己意識に到達することはないと考えるようになる。そこで彼は党が能動的な役割を果たすことで労働者大衆に自覚を促そうとしたのであった。
したがって革命期および攻勢戦術期のルカーチは、いずれにしても労働者大衆は潜在的には革命的プロレタリアであるということを前提としていたのである。

これに対して『歴史と階級意識』のルカーチは、こうした都合よく理想化された労働者大衆ではなく、現実の労働者大衆を見据えようとする。その時見出されるのは労働者大衆が少しもプロレタリア的ではなく、むしろその意識・思考の点で徹底的にブルジョワ的な存在であるということだった。彼によれば、労働者大衆はどれほど厳しい経済危機の最中にあっても「依然として精神的にブルジョワジーの影響の下に留まり[105]」、彼らのイデオロギー的危機が解消されることはないという。経済危機による労働者大衆の生存条件の悪化は時として大衆行動を引き起こすことはあっても、労働者大衆の意識や思考を揺るがすことはなく、彼らは資本主義的現実を別様に見ることが不可能な唯一の現実と見做し続ける。したがってルカーチは「無意識的なものを意識的なものに、潜在的なものを現在的なものに[106]」することが問題であるという想定を、「プロレタリアート自身の恐るべき内面的なイデオロギー的危機[107]」を理解していない空想論だと主張する。彼はこうした議論によって、攻勢戦術を誤った前提のもとに構想された戦術として退けたのであった。

労働者大衆の意識に関するこうした評価の転換はルカーチにとってけっして恣意的なものではない。『歴史と階級意識』のために書かれた新たな論考「物化とプロレタリアートの意識」は、労働者大衆が本質的にブルジョワ的であり、そのイデオロギー的危機は、容易に解消されないほど強固なものになっていることを、構造的に解明しようとする理論的営為だったからである。ルカーチによれば、資本主義的生産様式の発展とは、人間を含めあらゆる対象を合理的計算の要素へと還元していく過程であった。これによって客体世界は疑似自然法則的な計算合理性の規定する抽象化された要素と要素との関係総体へと変容する。価値や規範を介して形成されていた人間と人間との社会関係は、即物的な要素と要素の関係に変わり、市場原理のような人間の意志に左右されない合法則性を梃に、人間にとって疎遠な世界として自立化していく。しかし、自らを労働力商品として「物化」し、それを世界に投入する以外に社会関係に入っていくことができない大部分の人間は、否応なくこの即物的体系に心身ともに巻き込まれざるをえない。即物的体系の要素となった人間は、「疎遠な体系に組み込まれ孤立した小部分としての自らの存在に生じた事態をなんの影響力も持たないまま傍観する者」(108)となる。ルカーチが着目するのは、その際に発生する主体の意識の変化であった。この疎外経験が持続的な日常となる中で、人々の思考はやがて即物的体系と同調してしまい、ついには自らを「外的世界のさまざまの対象のように『所有』し『売却』する『物』」(109)であると認識しはじめると彼は主張するのである。彼はこのことを「物化された意識」(110)と呼んだ。それはまさに、これまでルカーチが抽象的な「精神の無意識状態」として捉えてきた労働者大衆のイデオロギー的危機を、ブルジョワ社会に対するイデオロギー的な屈服を、現実に即して具体的に規定する作業であった。

こうして「人間のもっとも深い肉体的および精神的な領域」(111)にまで「物化」が及んでいると考えるようになったルカーチが、労働者大衆の意識を一挙に覚醒しようとする攻勢戦術について語らなくなったのは当然であろう。労働者大衆の「物化された意識」は理論的労苦を払ってひとつひとつ解きほぐしていくしかない。イデオロギー的危機が「物化」の引き起こす必然的な現象であることを確認したルカーチは、『歴史と階級意識』において「物化された意識」の生成過程を辿ることで、イデオロギー的危機を解消しようとするのである。

そして「物化された意識」の生成過程を辿る時、明らかになるのは揺るぎないと思われた資本主義的現実が仮象の現実であるということであった。ルカーチによれば、「物化」とは「存在」からそのすべての具体性を剥ぎ取り、たんなる「物」へと変換していくことである。この抽象的な「物」と「物」との関係で形成されるのが、「物化」された世界つまり資本主義的現実に他ならない。したがって彼は資本主義社会を具体的現実の抽象化の上に構築された仮象の現実と捉える。ウェーバーのいう近代人が閉じ込められた「鋼鉄の檻」を、彼はその仮象性を暴露することを通じて打破しようとしたのである。『歴史と階級意識』のルカーチにとって、イデオロギー的危機は暴力的に破壊すべき対象ではなく、社会意識論的に解消されるべきものであった。

八　官僚主義的セクト主義と新たな党理論

「物化とプロレタリアートの意識」は社会現象の物象性のみせかけを暴露し、プロレタリアートが「適切な社会的意識をもつことが（客観的）に可能な、歴史過程における最初の主体[112]」であることを明らかにしようとする「実践に関する理論[113]」であった。しかし、それは革命的意識の理論に過ぎず、これを「実践の理論[114]」へと変換するためには「理論と実践とを媒介する[115]」社会的な組織が必要となる。ルカーチによればそれが共産党であった。「行動を通じての労働者大衆の意識の覚醒」という構想を退けたルカーチは、労働者大衆の意識転換が行われる具体的な場として党組織を考えたのである。『歴史と階級意識』のために書き下ろされたいまひとつの論考「組織問題の方法的考察」で論じられるのがこの問題であった。

その際、ルカーチは自らもまた抱えていた党における官僚主義的セクト主義を乗り越えて行く必要があった。資本主義社会に生まれ育った労働者大衆は、その思考や感性のレベルで「物化」されており、したがってイデオロギー的危機はプロレタリアート自身の意識にあると見ていたルカーチは「共産党の闘争」を「プロレタリアートの階級意識を巡っておこなわれる」ものだと主張する。そして彼は「党の内的な生活」を「こうした資本主義の遺産に対する絶えざる闘争[117]」と位置づけたのであった。しかし、資本主義社会のなかで全体的機構の歯車となることが習い性となった人々は、共産党の業務においても自ら精神を喪失した専門家、仕事の自動機械になってしまう。だが、ルカーチからすれば「人間の人格全体からの抽象、抽象的な視点のもとへの人間の包摂[118]」こそ「物化」の典型的現象であり、脱却しなければならない当の対象である。それゆえ彼は、失われた人格の統合を再生させるために、党員に対して「全人格的な党務への専心」という実体験を積むことを要請する。ルカーチには「党員が各自の全人格を党活動に動員[119]」する時、はじめて党の内的生活が「人間意識の物化を突き破る[120]」ための歩みになると思われたのである。しかし「全人格的な党務への専心」が意識転換の鍵とされるのであれば、人間を機構の一歯車へと変える党の官僚主義化は革命のための深刻な障害とならざるをえない。「鉄の規律」の名の下に指導部への黙従を要請する党組織では「物化」を乗り越えることはできないのである。彼は述べている。組織問題は革命の技術的な問題にとどまらず「革命のもっとも重要な精神的問題[121]」なのだと。

だが、ルカーチが目の当たりにしていた共産党はこうした理念を担うに足るような組織ではなかった。それはなにも厳格な官僚的集中制を主張するクン主導のハンガリー共産党だけではない。当時、ルカーチは「コミンテルンの官僚主義的教条主義[122]」にもすっかり失望していたという。彼によれば、この官僚主義的セクト主義は、ジノヴィエフとクンによってコミンテルン、ハンガリー共産党に持ち込まれたものであった[123]。

こうした認識はルカーチがクンとの闘争において味わった苦い経験に基づいている。すでに述べたように、ルカーチらはコミンテルン第三回大会において党の主導権をクンから奪取しようとしていた。その際、クンに指導者としての資格がないことの証拠としてルカーチらが突きつけたのが、彼の金銭スキャンダルであった。ルカーチによると、コミンテルンとのパイプを持つクンには、モスクワから多額の資金が流れ込み、クンはそれを横領して自らの権力の源泉にしていたというのである。(124)このことはハンガリー共産党内部ではすでに公然の秘密になっていた。(125)ところが第三回大会においてコミンテルンはクンの金銭スキャンダルを議題に乗せず、引き続き彼を党指導者として指名したのである。しかし、これに納得できなかったルカーチらは、大会後も粘り強く反クン・キャンペーンを継続し、ついに正式な調査をすることをコミンテルンに約束させる。だが、一九二二年二月に発表された調査結果は、再びルカーチらを落胆させるものであった。コミンテルンは「同志ベーラ・クンに対するシンパシーと信頼を表明し、同志クンに対してなされた様々な誹謗中傷への嫌悪を表明する」(126)と述べ、ルカーチらの訴えを退けたのである。時期的に見ると、ルカーチが『歴史と階級意識』執筆に向かったのはこの後のことであった。

だからこそ彼は『歴史と階級意識』において、どうしても党の問題を語る必要があったのである。労働者大衆のイデオロギー的危機が打破されるのは党においてであると考えるルカーチにとって、党指導者であれコミンテルンであれ、党は一部の人間の意のままになってはならず、党員がその操作対象になってはならなかった。彼によれば、資本主義社会を乗り越えるための橋頭堡である共産党には「ブルジョワ政党の構造から持ち越された、指導者と大衆との険しく流動性を欠いた対立」(127)が存在してはいけないのである。

しかしながら、共産党に一種の啓蒙機能を期待するにしても、党は革命を実行するための実践的機関でなければならない。この点でルカーチもまた共産党が鉄の規律を持つ集中化された組織であることを認めている。それゆえ、集中制を保持しつつ、なおかつ官僚主義的ではない組織のあり方を発見すること、これが彼の課題となったのだった。

その基本的な着想は、集中制に精神的原理を吹き込み、党の意志に対する党員の服従を「自発的」なものとすることである。ルカーチによれば「組織上の集中化」はけっして党員の指導部に対する「『盲目的服従』を意味するものではない」[128]。党の集中制とは、党員が「党の全体意志」に対して「意識的に従うこと」[129]の表現であるという。そして、全体意志に対するこの意識的服従を引き出すためにルカーチは党に民主的原理を導入したのである。すでに言及したように、ドゥチンスカの証言によれば、ランドラー派がクン派に対して訴えていたのは他ならぬ党の民主化であった。

だが共産主義を西欧近代の超克と捉えていたルカーチは、民主主義という言葉を避け、これを「組織の感受性」と表現した。彼によれば、「方針の転換、闘争の強化、退却などに対する組織の感受性が極度に高まっている」[130]状態、これが「組織上の集中化」の本質であるという。われわれはルカーチの言う「感受性」を組織の再帰性と言い換えてもよい。彼のあらたな党構想では、指導部と党員は本来同じ階級意識から生まれた一体のものであり、指導部はその知によって党員に対して超越的位置づけを持つのではなく、この全体の中でのより意識的な部分でしかない。ルカーチによれば、「『自覚的』な少数者が『自覚していない』大衆のために行為」しなければならないとするセクト主義者は、党と大衆との「客観的に存在する弁証法的統一」[131]を理解していないのだという。そして、この弁証法的統一が集中制として現れ、指導部から党員への意志の流れを上意下達のものにするのであるが、一体性に基づく集中制であるがゆえに党員による指導部への批判もまた可能となる。彼は述べる。党員はその全人格をあげて党務に専念し、党と一体となっているがゆえに「ただちに批判を行う状況にあるだけでなく、まさに行うよう強制されている」[132]。こうした指導部と党員との間で交わされる活発な相互作用が組織の感受性を高め、「健全で行動能力を高める自己批判の可能性を最大限に促進するのは明白である」[133]と。

また、現実的には存在せざるをえない党の階層秩序を固定化させないために、ルカーチはその時々の党の課題とする優先事項に応じて、部門間の上下関係を速やかに変更し、党員がその地位に固執しないよう人員の入れ替えも柔軟に行われなければならないと主張する[134]。「共産党の合目的的な行為の必然性が、硬直化、官僚主義、腐敗等々の危険性を必然的に含んでいるところの、広汎な事実上の分業をおしつける[135]」だけに、このことは一層必要となる。こうして党員が指導部に対して自由に批判を行い、党の階層的固定化を防ぐことで、ルカーチは官僚主義的セクト主義を消滅させようとしたのであった。

当時のコミンテルンにおいてルカーチが提起した党構想は極めて大胆な意見だったと言ってよい。後の述懐によれば、『歴史と階級意識』において彼は「政治的態度における根底的な転換[136]」を行ったのだという。しかしその一方で彼の議論には党員による指導部への批判の自由を保障し、それを意思決定に反映させるための制度的構想が欠けているため、集中制と民主的要素との共存がどのようにして実現されるのかはまったく明らかではない。たしかに彼は党員たちの倫理性に最初から期待することは馬鹿げており、腐敗や堕落を除去する「組織的な予防措置や保障が探求され発見されねばならない[137]」とは主張している。しかし、もしそれらを具体的に最後まで考えていったなら、その答えはやはりルカーチが否定していた西欧的な民主主義的組織に行き着いたのではないだろうか。

九　「内的な危機的過渡期」と『歴史と階級意識』

これまで述べてきたように、『歴史と階級意識』は初期思想のたんなる総括的決算ではなく、「内的な危機的過渡期」の中で、クンを自らの鏡としつつハンガリー革命期に形成された観念的革命論から脱却していく過程だったと言える。この新たな理論的地平を切り開く中心となったのが、『歴史と階級意識』のための書き下ろし論文「物化とプロレタリアートの意識」と「組織問題の方法的考察」であった。理論的考察のまとめとして「物化とプロレタリアートの意識」を第四章に挿入し、その現実化へ向けての実践的考察の結論として「組織問題の方法的考察」を最後に置いたのがルカーチの意図である。この意味で両論文は補完的な関係を持っていた。

だが、新たに形成された革命論もまた多くの問題を抱えていた。すなわち、急進的な行動主義が誤った前提に基づくものだと考えたルカーチは、「物化とプロレタリアートの意識」において、労働者大衆のイデオロギー的危機が生成されていく過程を社会意識論的に明らかにし、固定観念を流動化する「物化」論の視座を提示した。しかし、急進主義が理論的に破棄されるなら、急進的行動を指揮するセクト主義も同時に破棄されねばならない。強力な党エリート集団の指導性を意味するセクト主義と急進的な革命主義はコインの裏表の関係であり、イデオロギー的危機の社会意識論的な解体とセクト主義的革命主義は理論的に結びつかない。共産党がセクト主義的に強力な指導性を発揮する攻勢戦術は、一種のショック療法であり、労働者大衆が潜在的にはすでに革命的プロレタリアである限りにおいてのみ有効なのであった。だが、この前提を捨て労働者大衆の現在の意識の社会的意識論による解消を目指すとき、指示される方向性は啓蒙の道であり、党の強力な指導性は不必要であるだけでなくその障害にすらなる。というのも「物化とプロレタリアートの意識」でルカーチが構想していたのは、労働者大衆が自らの存立構造を認識することでイデオロギー的危機を解消し、同時に自らが社会的存在であることを自覚することで、社会に対する意識的な主体へと変貌を遂げていくことだったからである。理論の道を通って実践へと接続される過程、これこそが理論と実践の真の統一に他ならない。それはけっして強制によって達成されうるものでないはずである。だが、その脱セクト主義的志向にもかかわらず、社会に対する劇的な変化をもたらす革命の夢を堅持していたルカーチは、性急に革命を引き起こそうとするレーニン的「前衛党」論を最後まで捨てることができなかった。彼は『歴史と階級意識』執筆時のことをこう回想している。「一九二一年、革命への待望でいっぱいになった興奮した気分。[…] 私は全身全霊を傾けて、最初の大きな革命の波が過ぎ去ってしまったとか、共産主義的前衛の断固たる意志が資本主義を打倒できないとかいうことを断じて認めなかった。つまり私の主観の根底にあったのは革命的焦燥であり、そしてその客観的成果が『歴史と階級意識』であった[138]」。ルカーチは共産党が労働者大衆にとってのセクトにならぬよう腐心しているが、共産党はあくまで「ある一定の瞬間に客観的に存在している可能性を明確に際立たせる[139]」ことで労働者大衆を指導するセクトだったのである。

したがって、『歴史と階級意識』における決定的に重要な研究とされた「物化とプロレタリアートの意識」と「組織問題の方法的考察」は、ルカーチの中にあらたな対立を生み出すことになった。彼によれば、『歴史と階級意識』は「一層大きな明確性へと移行していく段階の諸傾向[140]」を表す著作に他ならない。そしてこの傾向は『歴史と階級意識』のなかに萌芽的に含まれてはいたが、現実的に展開されるまでには至らなかったという[141]。自伝のためのメモによれば、『歴史と階級意識』が萌芽的に含んでいた反セクト主義の政治的志向を完成させたのは、『歴史と階級意識』出版から五年後の「ブルム・テーゼ」においてである[142]。事実、ハンガリーの闘争において現実性を重視するようになったルカーチは『歴史と階級意識』とは対照的に、「ブルム・テーゼ」において「ブルジョワ民主主義の完全な実現」としての「民主主義的独裁」を目標として掲げるようになるのであった[143]。

註

（1）Miklós Molnár, *From Béla Kun to János Kádár, Seventy Years of Hungarian Communism*, trans. by A. J. Pomerans, New York, Oxford, Munich 1990, p. 31.

（2）Vgl. Yvon Bourdet, Lukács im Wiener Exil（1919–1930）, in: *Geschichte und Gesellschaft. Festschrift für Karl R. Standler zum*

60. Geburtstag, Wien 1974, S. 301.

（3）Lukács, *Gelebtes Denken*, S. 114.

（4）Kadarkay, *Georg Lukács*, p. 235.

（5）Lukács, Warum stürzte die ungarische Proletarierdiktatur nicht? in: *Revolution und Gegenrevolution. Politische Aufsätze II. 1920–1921*, hrsg. von J. Kammler und F. Benseler, Darmstadt und Neuwied 1976, S. 37.

（6）Lukács, Geschichte und Klassenbewußtsein, *a. a. O.*, S. 18.

（7）しかしながらルカーチは『歴史と階級意識』収録に際して初期論文の根本的な書き変えを行っており、タイトルは同じであってもそれらが初出時と同じものであるとは言い難い。なお八篇の論文の執筆時期は以下のようになっている。第一章「正統的マルクス主義とはなにか」一九一九年三月、第二章「マルクス主義者としてのローザ・ルクセンブルク」一九二一年一月、第三章「階級意識論」一九二〇年三月、第四章「物化とプロレタリアートの意識」一九二二年、ただし何月かは不明、第五章「史的唯物論の機能変化」一九一九年六月、第六章「合法と非合法」一九二〇年七月、第七章「ローザ・ルクセンブルクの『ロシア革命批判』についての批判的考察」一九二二年一月、第八章「組織問題の方法的考察」一九二二年九月。

（8）城塚登『歴史と階級意識』、白水社、一九九一年、五六三ページ。

（9）Lukács, Geschichte und Klassenbewußtsein, *a. a. O.*, S. 18.

（10）Vgl. Grunenberg, *Bürger und Revolutionär*, S. 185.

（11）Löwy, *Georg Lukács*, p. 173.

（12）Löwy, The Twin Crises. Interview with Geog Lukács in: *New Left Review*, No. 60, March–April, London 1970, p. 42.

（13）Lukács, Geschichte und Klassenbewußtsein, *a. a. O.*, S. 17.

（14）*Ebenda*, S. 18.

（15）*Berichte zum Zweiten Kongreß der Kommunist* [*ischen*] *Internationale*, Hamburg 1921, S. 41.

（16）羽場久浘子『ハンガリー革命史研究』、勁草書房、一九八九年、四九四ページ。

（17）Lukács, Taktik und Ethik, *a. a. O.*, S. 52.

(18) *Ebenda*, S. 53.

(19) ヨージェフ・レンジェルの記憶によれば、ルカーチ・グループは以下のようなことを語っていたという。「われわれ共産主義者はユダのような存在だ。われわれの血塗れの仕事はキリストを十字架にかけることだ。この罪深い仕事は同時にわれわれの天職でもある。キリストは十字架の死によってはじめて神となるからだ。そして世界を救済しうるためにはそれが必要なのだ。そこでわれわれ共産主義者は世界の罪をわれわれのもとに引き受ける。そうすることによって世界を救済するために」(József Lengyel, *Visegrader Strasse*, Berlin 1959, S. 244)。

(20) W. I. Lenin, Die Proletarische Revolution und der Renegat Kautsky, in: ders., *Werke*, Bd. 28, Berlin 1959, S. 234.

(21) *Ebenda*, S. 252.

(22) Cf. Figes, *A People's Tragedy*, p. 589–649.——梶川伸一『幻想の革命』参照。

(23) Lukács, Geschichte und Klassenbewußtsein, *a. a. O.*, S. 469.

(24) Lukács, Warum stürzte die ungarische Proletarierdiktatur nicht? in: *Revolution und Gegenrevolution*, S. 33.

(25) *Ebenda*.

(26) *Ebenda*, S. 35.

(27) *Ebenda*, S. 36.

(28) Lukács, *Weltreaktion und Weltrevolution. Flugschriften der Jugend-Internationale*, Nr. 11, Berlin 1920, S. 16.

(29) Vgl. Lukács, *Gelebtes Denken*, S. 35.

(30) Cf. Pamlényi, *A History of Hungary*, p. 470.

(31) *Leitsätze und Statuten der Kommunistischen Internationale*, beschlossen vom II. Weltkongreß der Kommunistischen Internationale Moskau, vom 17. Juli bis 7. August 1920, Hamburg 1920, S. 26.

(32) *Ebenda*, S. 25.

(33) Cf. Bennett Kovrig, *Communism in Hungary. From Kun to Kádár*, Stanford, California 1979, p. 85.

(34) Lukács, *Gelebtes Denken*, S. 263.

(35) Lukács, Geschichte und Klassenbewußtsein, *a. a. O.*, S. 16.

(36) Lenin, „Kommunismus" Zeitschrift der Kommunistischen Internationale für die Länder Südosteuropas, in: ders., *Werke*, Bd. 25, Wien, Berlin 1930, S. 358f. 括弧内著者。

(37) Lukács, *Die Theorie des Romans*, S. 157.

(38) Lukács, *Gelebtes Denken*, S. 122.

(39) ルカーチらを激怒させたいまひとつのクンの政策、すなわちロシアにいる戦争捕虜たちをハンガリーに送還し非合法活動に従事させるという政策は、まさに冒険主義の名にふさわしいものであった。事実、送還された捕虜のうち共産主義者あるいはそのシンパであったものたちは、尋問・告発を通じてたちまち特定され、厳しい警察の監視下に置かれることになる。Cf. Kovrig, *Communism in Hungary*, p. 83.

(40) Lukács, Noch einmal Illusionpolitik, in: ders., *Werke*, Bd. 2, S. 156.

(41) Lukács, Geschichte und Klassenbewußtsein, *a. a. O.*, S. 15.

(42) *Ebenda*, S. 16.

(43) *Ebenda*, S. 16f.

(44) Cf. Lazitch and Drachkovitch , *Lenin and the Comintern*, p. 484.

(45) Vgl. Lukács, Noch einmal Illusionpolitik, *a, a, O.*, S. 155–160.

(46) Lukács, *Gelebtes Denken*, S. 129.

(47) *Ebenda*, S. 124.

(48) ドゥチンスカによれば、ルカーチの思想的影響力は絶大であり、そのため彼女はランドラー派をルカーチ・グループと呼んでいた（Vgl. Ilona Duczynska, Zum Zerfall der K. P. H., in: *Unser Weg*, Jg. 4, Heft 5. 1. März 1922, Berlin, S. 102f.）。

(49) *Ebenda*, S. 103.

(50) 『歴史と階級意識』までの著作において、ルカーチが『何をなすべきか』から引用ないし参照した箇所はない。

(51) Lenin, Was tun? in: ders., *Werke*, Bd. 5, Berlin 1958, S. 385.

(52) *Ebenda*, S. 386.
(53) Lukács, Alte Kultur und neue Kultur, in: *Kommunismus*, I. Jg., Heft 43. 7. November 1920, Wien, S. 1540.
(54) *Ebenda*, S. 1544.
(55) *Ebenda*, S. 1548.
(56) *Ebenda*.
(57) *Ebenda*, S. 1545.
(58) Rosa Luxemburg, Organisationsfragen der russischen Sozialdemokratie, in: dies., *Werke*, Bd. 1, 1/2, Berlin 1970, S. 444.
(59) Lukács, Geschichte und Klassenbewußtsein, *a. a. O.*, S. 15.
(60) Vgl. Lukács, Noch einmal Illusionpolitik, *a. a. O.*, S. 158f.
(61) *Ebenda*, S. 160.
(62) Luxemburg, Zur russischen Revolution, in: dies., *Werke*, Bd. 4, Berlin 1974, S. 362.
(63) Luxemburg, Organisationsfragen der russischen Sozialdemokratie, *a. a. O.*, S. 440.
(64) Lukács, Geschichte und Klassenbewußtsein, *a. a. O.*, S. 163.
(65) *Ebenda*, S. 513.
(66) *Ebenda*, S. 17.
(67) *Bericht über die Verhandlungen des Vereinigungsparteitages des U. S. P. D.* (*Linke*) *und der KPD* (*Spartakusbund*) *vom 4. bis 7. Dezember 1920 in Berlin*, Berlin 1921, S. 233.
(68) Cf. T. Werner Angress, *Stillborn Revolution. The Communist Bid for Power in Germany, 1921–1923*, Princeton, New Jersey 1963, p. 17.
(69) Vgl. Levi, *Unser Weg wider den Putschismus*, Berlin 1921, S. 23.
(70) Kun, Die Ereignisse in Deutschland, in: *Kommunismus*, I. Jg., Heft 15, 24. April, 1929, Wien, S. 440.
(71) *Ebenda*, S. 441.

(72) Sigrid Koch-Baumgarten, *Aufstand der Avantgarde. Die Märzaktion der KPD 1921*, Frankfurt a. M. 1986, S. 79.
(73) Levi, *Unser Weg wider den Putschismus*, S. 30.
(74) *Protokoll des III. Weltkongresses der Kommunistischen Internationale*, Hamburg 1921, S. 250f. なお、三月行動に関しては以下の研究が詳しい。篠塚敏生『ヴァイマル共和国初期のドイツ共産党　中部ドイツでの一九二一年「三月行動」の研究』、多賀出版、二〇〇八年。
(75) *Taktik und Organisation der revolutionären Offensive: die Lehren der März-Aktion*, Leipzig 1921, S. 3.
(76) Lukács, Spontaneität der Massen, Aktivität der Partei, in: ders., *Werke*, Bd. 2, S. 141f.
(77) Interview: Lukács on his life and work, *New Left Review*, London, No. 68, July-August, 1971, p. 55.
(78) Levi, *Unser Weg wider den Putschismus*, S. 49.
(79) *Ebenda*, S. 38.
(80) Cf. Lazitch and Drachkovitch , *Lenin and the Comintern*, pp. 487, 526.
(81) *Protokoll des III. Kongress der Kommunistischen Internationale*, Hamburg 1921, S. 511.
(82) Lukács, Taktik und Ethik, *a. a. O.*, S. 46.
(83) *Ebenda*, S. 58.
(84) *Ebenda*.
(85) *Ebenda*, S. 59.
(86) Lukács, Mein Weg zur Marx, in: *Marxismus und Stalinismus. Politische Aufsätze. Ausgewählte Schriften* IV, hrsg. von U. Schwerin, E. Hora, R. M. Gschwend, Hamburg 1970, S. 10.
(87) Engels, Marx, Die heilige Familie oder Kritik der kritischen Kritik. Gegen Bruno Bauer und Konsorten, in: Marx ,Engels, *Werke*, Bd. 2, Berlin 1957, S. 63.
(88) Marx, Ökonomisch-philosophische Manuskripte（Erste Wiedergabe）, in: *MEGA*^{2} I-2, S. 277.
(89) Vgl. Engels, Marx, Die heilige Familie, *a. a. O.*, S. 37.

(90) Vgl. Eduard Bernstein, *Die Voraussetzungen des Sozialismus und die Aufgaben der Sozialdemokratie*, Bonn 1991, S. 36. ――なお、ベルンシュタインのヘーゲル理解は不十分なものであり、『社会主義の諸前提と社会民主主義の課題』で批判されているヘーゲル主義とは、初期マルクスが理解していた観念的なヘーゲル主義である。

(91) Lukács, Taktik und Ethik, *a. a. O.*, S. 48.

(92) Lukács, Organisatorische Fragen der revolutionären Initiative, in: ders., *Werke*, Bd. 2, S. 140.

(93) *Ebenda*, S. 141.

(94) Lukács, Spontaneität der Massen, Aktivität der Partei, *a. a. O.*, S. 139.

(95) *Ebenda*, S. 142.

(96) Lukács, Vor dem dritten Kongreß, in: ders., *Organisation und Illusion: Politische Aufsätze* III 1921–1924, hrsg. von J. Kammler und F. Benseler, Darmstadt 1977, S. 81.

(97) Lukacs, Diskussionsbeitrag in der Sitzung am 2. Juli 1921, in: ders., *Organisation und Illusion*, S. 46.

(98) Vgl. Leon Trotsky, *Die Neue Etappe. Die Weltlage und unsere Aufgaben, Hamburg* 1921, S. 407.

(99) Lukács, *Gelebtes Denken*, S. 263.

(100) Lukács, Geschichte und Klassenbewußtsein, *a. a. O.*, S. 18.

(101) Rudolf Schlesinger, Historical Setting of Lukács's History and Class Consciousness, in: *Aspects of History and Class Consciousness*, ed. by I. Mèszaros, London 1971, p. 193.

(102) Lukács, Vor dem dritten Kongreß, *a. a. O.*, S. 80.

(103) Lukács, Taktik und Ethik, *a. a. O.*, S. 82.

(104) *Ebenda*.

(105) Lukács, Geschichte und Klassenbewußtsein, *a. a. O.*, S. 481.

(106) *Ebenda*, S. 480.

(107) *Ebenda*.

(108) *Ebenda*, S. 264f.
(109) *Ebenda*, S. 275.
(110) *Ebenda*, S. 268.
(111) *Ebenda*, S. 276.
(112) *Ebenda*, S. 387.
(113) *Ebenda*, S. 394.
(114) *Ebenda*.
(115) *Ebenda*, S. 475.
(116) *Ebenda*, S. 493.
(117) *Ebenda*, S. 513.
(118) *Ebenda*, S. 479.
(119) *Ebenda*, S. 513.
(120) *Ebenda*, S. 497.
(121) *Ebenda*, S. 471.
(122) Lukács, *Gelebtes Denken*, S. 263.
(123) Vgl. Lukács, Geschichte und Klassenbewußtsein, *a. a. O.*, S. 15.
(124) Vgl. Lukács, *Gelebtes Denken*, S. 118ff.
(125) Vgl. Ernst Bettelheim, *Zur Krise der Kommunistischen Partei Ungarns*, Wien 1922, S. 39.
(126) Görgy Borsányi, *The Life of a Communist Revolutionary, Béla Kun*, trans. by. M. D. Fenyo, New York 1993, p. 277.
(127) Lukács, Geschichte und Klassenbewußtsein, *a. a. O.*, S. 515.
(128) *Ebenda*, S. 509.
(129) *Ebenda*, S. 493.

(130) *Ebenda*, S. 509.
(131) *Ebenda*, S. 499.
(132) *Ebenda*, S. 514.
(133) *Ebenda*, S. 509.
(134) Vgl. *ebenda*, S. 514.
(135) *Ebenda*, S. 513.
(136) Lukács, *Gelebtes Denken*, S. 267.
(137) Lukács, Geschichte und Klassenbewußtsein, *a. a. O.*, S. 513.
(138) Lukács, Probleme des Realismus I, in: ders., *Werke*, Bd. 4, Neuwied, Berlin 1971, S. 334.
(139) Lukács, Geschichte und Klassenbewußtsein, *a. a. O.*, S. 504.
(140) *Ebenda*, S. 18.
(141) Vgl. *ebenda*.
(142) Vgl. Lukács, *Gelebtes Denken*, S. 267.
(143) Lukács, Blum-Thesen, in: ders., *Werke*, Bd. 2, S. 710.

第四章　ルカーチの党理論

――「組織問題の方法的考察」と反セクト主義の限界――

一　『歴史と階級意識』の統一的把握の可能性

一九六七年、『歴史と階級意識』の全集収録に際して付された序文の中でルカーチは同著を「大戦末期以降の私の発展期の総括的決算」[1]であると位置づけていた。『歴史と階級意識』は一九一九年以降に発表された八編の論文から構成され、一見すると彼が重要と考える論文をいくつか集めただけのたんなる論文集のようにも見える。その場合、ルカーチのいう「総括」にはそれほど大きな意味は込められていないということになろう。

だが、前章において明らかにしたように『歴史と階級意識』はウィーン亡命以降、彼が抱えていった自己矛盾から脱却するための理論的営為の中で生まれたものだった。ルカーチはクンとの闘争あるいは「三月行動」論争を通じて、ハンガリー革命以来の観念的革命論の問題性と向き合い、あらたに芽生えてきた現実志向あるいは反官僚主義的セクト主義を同著において具体化しようとしたのである。『歴史と階級意識』のために書き下ろされ、彼が同著における「決定的に重要な研究」[2]と呼ぶ「物化とプロレタリアートの意識」と「組織問題の方法的考察」はその成果であった。したがって、根本的な同著把握のためには攻勢戦術期までの初期思想の「総括」を直接的に表現するこの二編に焦点が当てられなければならない。章立てで言えば、「物化とプロレタリアートの意識」が第四章、「組織問題の方法的考察」が最終章第八章にあたる。

しかし従来の研究の多くは、同著を有名にした「物化論」を含む「物化とプロレタリアートの意識」に焦点を合わせ、「組織問題の方法的考察」にそれと同程度の配慮を払うことはほとんどなかった。なるほど「物化とプロレタリアートの意識」が二〇世紀のマルクス主義に画期をもたらす論文のひとつとなったことは確かである。レーニンによってプロレタリア独裁の理論として再構成され、ドグマと化したソヴィエト・ロシアのマルクス解釈に異を唱え、マルクスにリベラルな解放思想を読み取ろうとした人々は「物化とプロレタリアートの意識」にその契機を見出した。同論文においてルカーチが提示した理念、すなわち資本主義的近代が生み出した客体世界の自立化による人間疎外を揚棄し、失われた人間性を再生させることに力点を置く「歴史過程の意識的な主体としてのプロレタリアート」という理念は、初期マルクスの哲学的次元を力強く復活させるものと思われたのである。実際、生産手段の占有を背景に権力を発揮する支配者層からその権力手段を奪い取る典型的な暴力革命の理念が同論文において言及されることはない。「物化とプロレタリアートの意識」で問題とされるのは、資本主義がもたらす社会的不平等ないしは支配・被支配の関係ではなく、資本主義の発展とともに進捗した社会的合理化が人間の主体性に決定的なダメージを与えるということであった。ルカーチによれば、社会的合理化を梃に自立化を果たした客体世界に対して人間が無力な傍観者となる点では、プロレタリアートとブルジョワジーの間にどんな違いも存在しない。人間性の疎外はふたつの階級のどちらにも生じている。彼は述べている。重要なのは人間をシステムの一要素へと還元していく「物化」を脱却することであり、「この過程においてはプロレタリアートの権力奪取、いや国家と経済の社会主義的組織化でさえ、もちろん極めて重要な段階ではあるけれども、たんなる段階を意味しており、けっして目標への到達を意味しない[3]」と。『歴史と階級意識』を「西欧マルクス主義の種子となるテキスト」[4]にしたのは、マルクス主義を権力闘争の問題へと収束させない「物化とプロレタリアートの意識」のこうした議論であった。

「物化とプロレタリアートの意識」においてルカーチが試みたのは、「物化」から脱却し「適切な社会的意識」[5]としての階級意識を認識の上で獲得することの可能性の探求であり、その叙述スタイルも学問的・哲学的なものとなっている。だが、『歴史と階級意識』の議論は「物化とプロレタリアートの意識」で完結してはいない。実際、初版序文において彼は哲学的素養のない人はいったん「物化とプロレタリアートの意識」を飛ばして全体を通読し、その後同論文を読むよう助言している。[6]つまり「物化とプロレタリアートの意識」はルカーチにとっては一種の補論だったのであり、彼にとっての最重要課題は哲学的探求ではなく、革命のための実践的理論を構築することにあった。

『歴史と階級意識』をその成立の歴史的コンテクストにおいて捉えるならば、このことはほとんど自明である。当時のルカーチが直面していた喫緊の課題は、攻勢戦術に代わる現実的な革命論の構築であった。このあらたな革命論において彼は党組織に決定的に重要な役割を与えようとしている。「物化」からの現実的な脱却が実現されるのは、彼によれば党においてであった。したがって彼の問題意識から考えると、『歴史と階級意識』の最重要論文は「物化とプロレタリアートの意識」よりも、むしろ最終章「組織問題の方法的考察」だったと言ってよい。事実、コミンテルン第五回大会後に展開される『歴史と階級意識』批判への反論において、ルカーチは同著の目的を「ボルシェヴィズムの組織と戦略」を論理的に明示することであり、著作は全体として「革命における党の役割」を巡って展開されていると主張している。[7]ところが「物化とプロレタリアートの意識」には「革命における党の役割」に関する論究は存在しないのである。この問題を集中的に論じたのは「組織問題の方法的考察」であった。

そうだとすれば「組織問題の方法的考察」を看過ないしは軽く扱うような理解は『歴史と階級意識』に対する客観的

な分析とは言い難い。しかし、『歴史と階級意識』を西欧マルクス主義的に解釈しようとする時、「組織問題の方法的考察」は躓きの石とならざるをえなかった。というのも論者の多くは「個人主義的自由の放棄」を要請し、党員に党の全体意志に対して意識的に服従することを求める「組織問題の方法的考察」に後のスターリニズムの萌芽を見出しているからである。シュミットによれば、超個人的な実体へ個人を包摂しようとするルカーチの議論はファシズムさえ連想させるという。[8]ハーバーマスは同論においてルカーチが、客観的真理を保持する党が党員を手段として利用する「スターリン主義的テロルにおいて露わになった道具主義的帰結」をためらいなく引き出していると批判する。[9]しかし『歴史と階級意識』のルカーチを、人間疎外を問題とする「物化とプロレタリアートの意識」のルカーチとスターリニズムの先駆けをなす「組織問題の方法的考察」のルカーチへと分裂させることは明らかに不自然であろう。両論文が一九二二年という同時期に執筆されたことを考えれば、その不自然さは一層高まる。

にもかかわらず「西欧マルクス主義」的である点に『歴史と階級意識』の価値を見出そうとする人々は、スターリニズムの汚染から同著を救出するために「物化とプロレタリアートの意識」と「組織問題の方法的考察」の間に一線を画そうとしてきた。ルカーチが「物化とプロレタリアートの意識」において人間の主体性の回復を訴えながら、「組織問題の方法的考察」ではまさにその主体性を挫くような党の全体意志への服従を称揚していたことを彼の矛盾あるいは政治的妥協の産物と看做しているのである。たとえばダンネマンは、ルカーチにおいて「共産党」が「プロレタリアートの日常生活の物化、とりわけイデオロギー的危機を爆破する必然性からその構造を保持する」[10]ものとして構想されているが、「鉄の規律が物化された主体性形式の優越をどうやって打破するのか」分からないと批判する。[11]また、アラトー／ブレイネスは、自由な自己組織化によって構成されたものとする「党神話」を作り上げることで、[12]ルカーチは実際には彼の要請をわずかしか満足させない党の受け入れを正当化したのだと主張している。[13]ハーバーマスによれば、「階級意識を体現する者としての党は大衆のために代理として行動しなければならず、決して大衆の自発性を頼りにすることは許されない[14]」と考えるルカーチは、党を労働者大衆にとっての「物神」へと祭り上げ、共産党の理論を従属化された大衆にとって「批判する余地のない客観的法廷[15]」にしているという。

しかしながら「組織問題の方法的考察」をスターリン的独裁党の理論と看做すのは[16]、著しく慎重さを欠いた解釈と言わねばならない。前章で明らかにしたように、ルカーチが同論で目指していたのはハーバーマスの主張とは裏腹に、官僚主義的セクト主義の打破であった。ルカーチは述べている。「もし、セクトが『無意識的な』大衆のために、大衆の立場において、大衆の立場の代役として行動するのだとすれば、〔…〕党と大衆との組織上の分離を永遠のものとして固定してしまうだろう[17]」。ルカーチによれば、党が「階級そのものに代わって階級の利益のために戦う」と考えるのはブランキ主義であった[18]。

ルカーチにとって共産党はプロレタリアートの代理なのではなく、プロレタリアートの現在の意識を組織として表すものに他ならない。彼によれば、党員からその自立的意志を奪い取り、党員を中央機関が随意にコントロールできる組織の一要素へと還元することで成り立つ階層化された構造は、むしろブルジョワ社会の典型的現象としての官僚組織の特徴である。この官僚組織の前提である組織の一要素への人間の還元をこそ彼は「物化」と呼んだのだった。ルカーチはまさにこの「物化」現象を超えようとしていたのである。彼が「最大にして最良に組織化された共産党の最善の行為」をもってしても「プロレタリアート自身が、さしあたり完全に意識的でなかったにせよ、その実現を目指して努力している目的のために正しい方法で戦えるよう導く[19]」以上のことをなしえないと主張しているのは、ルカーチがプロレタリアートの知り得ない特権的「知の所有者」として党をプロレタリアートから分断し、プロレタリアートを党にとっての「支配対象」と看做していないことの証左であった。

レーヴィが指摘するように、こうした反官僚主義的セクト主義の志向は「ハンガリー共産党におけるルカーチの具体的経験[20]」に基づいて生まれてきたものである。ルカーチは革命の前衛として共産党が掲げる「鉄の規律」が、党に対する指導者のたんなる独裁的支配に堕しているとして、クンの党指導を批判し彼と争っていた。またその批判はハンガリー共産党を超えコミンテルンにまで及んでいる。彼は現存の共産党が孕む官僚主義的独裁体制に反対して、党員の自発的意志が組織を媒介として出現してくる党体制の構築を目指していたのであった。したがって彼が服従を要請する党の「全体的意志[21]」とは、けっして反論を許さない「客観的法廷」としての指導部の意志ではなく、指導部に対する党員の「健全で行動力を高める自己批判[22]」に支えられた党員自身の総意にほかならない。ルカーチは明確に党員の指導部に対する「盲目的服従」を否定している。[23]

したがって、彼が労働者大衆の自由意志の具現化として党組織を構想していた以上、「変革そのものはただプロレタリアート自身の『自由な』行為としてのみ可能なのである[24]」という「物化とプロレタリアートの意識」の主張は、「組織問題の方法的考察」と矛盾しない。両論文はけっして異なる次元で書かれたのではないのである。アラトー／ブレイネスは、コミンテルンの庇護下においてしか存続できない亡命共産党のメンバーであることがルカーチに政治的妥協を強いていると主張しているが、「組織問題の方法的考察」のルカーチは大胆と言ってよいぐらい現存の共産党に対して批判的である。もちろんレーニンを客観的な批判の対象とするほどには大胆ではなかった。

二　「組織問題の方法的考察」から「物化とプロレタリアートの意識」へ

だが「組織問題の方法的考察」をスターリニズムの先駆けとする解釈を退けた場合でも、「物化とプロレタリアートの意識」と同論を統一的に捉え、『歴史と階級意識』の全体像を浮かび上がらせることは容易ではない。すなわち、端的に言って両論文が実際にどのように連関しているのか必ずしも明確ではないのである。「物化とプロレタリアートの意識」と「組織問題の方法的考察」の連関に着目した数少ない研究のひとつ、アラトー／ブレイネスの見解によれば「主体‐客体の弁証法、物化の克服」といった「物化とプロレタリアートの意識」の発想を、ルカーチは「組織問題の方法的考察」においては「さしあたり革命的前衛の自由な自己組織化のプロセス」に限定して具体化しようとしたという。[25]「政治的活動への党員の人格的没頭、官僚主義的合理主義のあらゆる痕跡への攻撃、自由な自己組織化の観念」といった「組織問題の方法的考察」の主張は「物化論から導出された要請であった」というのである。[26]ルカーチが「物化」論の帰結を組織論において具体化しようとしていたというこの解釈は、「物化とプロレタリアートの意識」が第四章、「組織問題の方法的考察」が第八章であることを考えれば、きわめて自然なものに見える。序文において彼が、論文の配列は内容的連関を表していると述べていることを勘案すると、[27]それは彼自身の意図するところでもあったに違いない。

実際、ルカーチは「物化とプロレタリアートの意識」の最後において「プロレタリアートに社会を変革する可能性と必然性[28]」が与えられていることを社会意識論的に論証する同論の試みが、単なる純粋認識に帰着することの危険性を示唆し、「実践について理論」を「実践的理論」へ転化することの不可欠性を訴えている。[29]彼は述べている。「社会的現象の過程的性格をどれほど正しく洞察し、その硬直化した物性の見せ掛けをどれほど正しく暴露したとしても、資本主義社会におけるこの見せ掛けが持つ『現実性』を実際に揚棄しえないことは明らかである」。[30]「物化」を実際に克服するためにはプロレタリアート自身が「現実に実践的に振る舞う[31]」必要があるのだと。「物化とプロレタリアートの意識」第三章「プロレタリアートの立場」の最終節は、たしかに「組織問題の方法的考察」の実践論を予告するものであった。

他方、グルネンベルクは、ルカーチが「少なくとも中心論文である『物化とプロレタリアートの意識』において組織問題を意識理論との直接的連関」のもとに論じておらず、したがって「彼の意識論と組織論の間には分離がある」と主張する。[32]なるほどルカーチが「物化とプロレタリアートの意識」の最後になって、議論を「組織問題の方法的考察」へ接続しようとしているのは確かである。しかしのちに触れるように、それは極めて唐突なものであった。「物化とプロレタリアートの意識」は全体として「組織問題の方法的考察」へと受け渡されていくように構成されてはいないのである。このことは「組織問題の方法的考察」についてもあてはまる。すなわち「組織問題の方法的考察」もまた「物化とプロレタリアートの意識」の議論を受け継いで書かれたようには見えない。もし「物化とプロレタリアートの意識」の理論的知見を「組織問題の方法的考察」において実践化するということが最初から彼の構成上の狙いであったとすれば、「プロレタリアートは歴史過程における主体・客体の同一性である」という「物化とプロレタリアートの意識」の帰結が「組織問題の方法的考察」において具体化される形で論じられていないのはいかにも不自然である。「組織問題の方法的考察」でルカーチは「共産党の闘争はプロレタリアートの階級意識を巡って行われる」[33]と述べつつ、「物化とプロレタリアートの意識」で論じた社会的意識論にはまったく触れていない。

こうした「物化とプロレタリアートの意識」と「組織問題の方法的考察」の連続性と不連続性は、第一に両論文の叙述の順序に起因するものと思われる。すなわち、著作上の順番は「物化とプロレタリアートの意識」が第四章、「組織論の方法的考察」が第八章であるが、執筆順序はこれとは逆であった可能性が高い。このふたつの論文はともに一九二二年に執筆されたのであるが、「組織問題の方法的考察」の執筆の日付が一九二二年九月と記載されているのに対して、「物化とプロレタリアートの意識」には日付の記載がない。ちなみに執筆の日付がないのは同論だけである。

そして、著作の最後に記されたと考えられる序文の日付が一九二二年一二月二四日となっていることからすると、「物化とプロレタリアートの意識」は「組織問題の方法的考察」の脱稿後、すなわち九月から一二月にかけて執筆されたと推察される。

ルカーチが「物化とプロレタリアートの意識」に先んじて「組織問題の方法的考察」を執筆したという予測は、当時彼が置かれていた状況を考えればけっして不自然ではない。ルカーチは「物化とプロレタリアートの意識」ならびに「組織問題の方法的考察」を「不本意ながら出来た余暇」を利用して書いたと述べていた。この余暇とは、すでに述べたように、彼がこの時期党務の第一線から退いていたことを指している。一九二二年二月、コミンテルンがクンの金銭スキャンダルに関するランドラー派の訴えを退けたことにより、クンは党の主導権を保持することに成功していた。これを機にクンはランドラー派に反転攻勢をかけハンガリー共産党の指導部からランドラー派の完全排除を画策する。しかし内部分裂の収束を要請するコミンテルンは、一九二二年四月、逆に両派をハンガリー共産党中央委員から排除するという形でこの争いに決着をつけたのであった[34]。クンは党の一線から退くことになったとはいえ、ルカーチもまたこれによって党における指導的立場をすっかり失っていたのである[35]。行く末の定まらぬまま空中分解してしまった党を再建するために、この時ルカーチは政治的現場から一歩退いた観点から共産党組織に関する理論的基盤を提示しようとしていたのだと考えられる。そしてルカーチによれば、このことこそが『歴史と階級意識』における最優先の課題であった。彼は述べている。「『歴史と階級意識』の目的、それはボルシェヴィズムの組織と戦略がマルクス主義の唯一可能な帰結であることをはっきりと示すことである[36]」と。ルカーチにとって、あるべきボルシェヴィキすなわち共産党の姿を描き出すことが是非とも必要だったのである。

したがって、ルカーチが「組織問題の方法的考察」を先行して書いたとすれば、「物化とプロレタリアートの意識」

の理論的知見を「組織問題の方法的考察」において実践化するという形で両論文がストレートに結びついていないのは当然である。むしろ彼は「組織問題の方法的考察」を書く中で明確化する必要のあるいくつかの問題が存在することを意識し、それを補完するために「物化とプロレタリアートの意識」を執筆したというのが実態だったと思われる。その第一は「意識の物化」に関する規定であった。

三　党理論と「意識の物化」

「組織問題の方法的考察」においてルカーチが課題としていたのは、革命を担うあらたな党理論の形成であった。彼にとって革命とは、労働者大衆が歴史の自覚的な主体たるプロレタリアートへと覚醒し、資本主義社会における疎外を揚棄して経済的動因ならぬ人間的動因によって社会を再構築し、失われた人間性を回復することを意味している。彼は資本主義社会のなかで培われた考え方や価値観から脱していくことをそのための第一歩であると考えていた。

このように労働者大衆の意識転換に革命の力点を置いていたという点で、攻勢戦術期から『歴史と階級意識』にかけてルカーチは一貫している。変化しているのは意識転換のための方法であった。攻勢戦術期には彼は労働者大衆が直接行動へと打って出ることに意識転換の決定的な契機を見出そうとしていた。これに対して「組織問題の方法的考察」のルカーチは、労働者大衆が共産党員となり、党の内的生活に従事していく中で、彼らの意識も漸次的に変化していくという見通しを立てていく。そのため党に期待されるのは労働者大衆の意識転換のための啓蒙的機能であり、革命のための戦闘部隊としての機能は背後に退いていた。彼があらたに提示した「党活動を媒介とする意識転換」は、共産党の合法的な勢力拡大と党の大衆政党化とを目標とするコミンテルン第三回大会によって打ち出された「統一戦線戦術」にも十分に適合するものだったと言える。

しかしながらルカーチが直接行動から党の内的活動へと意識転換の場を移していったことは、必ずしもコミンテルンの方針転換に従うという政治的都合にのみ起因するものではない。直接行動を熱烈に支持する急進主義の理論家であると同時にハンガリーにおける闘争の指導者であったルカーチは、第三回大会を契機に政治的現実に準拠して攻勢戦術を捉え直す必要性に迫られ、急進主義のなかに極めて楽観的な前提が孕まれていたことに気づいていく。攻勢戦術論者としてのルカーチは次のように述べる。「歴史の進行を明確に認識し、それを貫徹する決意を固めている前衛の歴史を決定づける働きは、歴史的現実の真っただ中で、つまり客観的な経済危機とそれによって革命化した大衆との絶え間ない弁証法的相互作用の中で行われる[37]」と。すなわち、攻勢戦術とは経済危機が労働者大衆の生活を不安定化させて、労働者大衆を自然発生的な行動へと駆り立てていく時、すかさず共産党が指導性を発揮して彼らに「歴史の主体としてのプロレタリアート」であるとの自覚を促し、その無意識的行動を意識的行動へと変化させることで革命を成就しようとするものだったのである。だが「組織問題の方法的考察」においてルカーチは経済危機が労働者大衆を「革命化」するという予測を根本的に疑問視していく。

攻勢戦術期のルカーチは労働者大衆が経済危機と連動して革命的主体としての覚醒にかぎりなく近づくと考えていた。彼らの意識転換を引き起こすにはその背中をあと一押しすれば十分であると彼は主張している[38]。これに対して「組織問題の方法的考察」のルカーチは労働者大衆のこうした「覚醒」を期待していない。労働者大衆がなんらかのきっかけがあれば「覚醒」すると言いうるのは、労働者大衆が最初から「純粋にプロレタリア的大衆[39]」である場合だけ、換言すれば、今まで無意識に留まっていたものの、潜在的には最初から彼らが革命的主体である場合だけだという。

もし労働者大衆が「純粋にプロレタリア的大衆」であるならば、周期的に経済危機を引き起こす資本主義の経済発展はいずれ彼らを革命へと向かわせるのは必定であって、「プロレタリアートのイデオロギーの発展が経済危機の進展に取り残される」ことは「原理的にありえない」[40]。ところが実際には度重なる経済危機にもかかわらず、ルカーチの見るところ、現実の労働者大衆は「精神的には相変わらずブルジョワジーの影響下に留まり、経済危機がどれほど過酷なものになってもこうした態度から彼らが身を引き剥がす」ことはなかった[41]。事実、ルカーチが闘争の指導者として目の当たりにしていたハンガリーの労働者大衆は、復古的なホルティ体制の下、敗戦と革命の混乱によって著しく生活が悪化していたにもかかわらず少しも革命的ではなかった。「ハンガリー共産党は共産主義インターナショナルの指導の下、近い将来ハンガリーにおける強力な大衆政党となるであろう」というクンの見通しは、現実的であろうとするルカーチからすれば「ファンタジックな幻想」以外のなにものでもなかったのである[42]。

ルカーチはこうした労働者大衆の非革命性をたんなるイデオロギー的成熟の一時的な遅れでは説明できないと考えた。この考察を進める上で、ルカーチはかつて彼もまたその批判対象となったレーニンの左派急進主義批判を重要な参照点としている。レーニンによれば、革命家が「自分自身の願望、自分自身のイデオロギー的・政治的態度を客観的現実と看做す[43]」ことほど危険なことはない。革命の指導者たちは、人民の大半がけっしてプロレタリア的ではないという厳然たる事実を直視するべきであるという。レーニンは主張する。「数百万人、数百万人の農民、小生産者、数千万人の習慣の力、これこそもっとも恐るべき力である[44]」。したがって、「プロレタリアートの独裁のもとで、数百万人の農民、小生産者、数十万人の勤め人、役人、ブルジョワ・インテリゲンチャを変貌させなければならない。彼らの内にあるブルジョワ的な習慣と伝統を征服するためには、プロレタリア国家とプロレタリアートの指導に彼らすべてを服従させなければならない[45]」と。レーニンの考えでは、これこそが大ブルジョワジーから権力を奪取する以上に困難な革命の真に巨大な課題であった。レーニンが独裁体制の不可欠性を主張するのはそれゆえである。本質的にブルジョワ的である大衆を社会主義体制へと組み込むためには、彼らを「長い闘争のなかで、プロレタリアート独裁の基盤のもとに改造しなければならない」[46]。レーニンによれば、「プロレタリアの独裁とは、旧社会の諸勢力と伝統に対する頑強なあらゆる闘争、すなわち流血を伴うないしは伴わない、暴力的ないしは平和的な、軍事的ないしは経済的、教育的、管理的なすべての闘争」[47]である。ルカーチが議論の出発点に据えたのは、レーニンのこの認識であった。

もっとも、レーニンのいう国民の改造としてのプロレタリアートの独裁がどれほどの流血と暴力によって支えられていたのかをルカーチは知らない[48]。なるほどルカーチもまたこの教育課程が「多くの苦しい経験」[49]を伴うものだと主張し、プロレタリアートによる権力奪取後もその政体はかなり長期にわたって「破壊と抑圧への傾向」を保持せざるをえないだろうと予測している[50]。だが、民主主義的志向を持ち始めていた当時のルカーチが、暴力的抑圧を、リアリティをもって考えていたのかどうかは疑わしい。ルカーチにかぎらず、当時のヨーロッパにいたマルクス主義者たちには、ロシア革命が持つ凄まじい暴力性に対する認識が欠けていた。しかし、暴力によって教化しようとは考えなかったにせよ、彼もまた資本主義社会のなかに生まれその影響のもとに成長してきたプロレタリアートが「資本主義の思考形式、感性形式に囚われたまま」[51]であり、彼らをそこから解き放つためには「長きに亘る、粘り強い諸闘争を要請する過程」[52]が必要であるという点でレーニンに同意する。

こうした視座からすれば、「無意識的なものを意識的なものに、潜在的なものを顕在的なものにすること」[53]だけが問題であるとする攻勢戦術は、「プロレタリアート自身の恐るべき『内的なイデオロギー的危機』」[54]を理解しないユートピア主義であるということになろう。ルカーチによれば「徐々に成長していって、イデオロギー的に独裁と社会主義を容認するようになることは、プロレタリアートにとっては理論的に不可能なこと」[55]であった。

そして、ルカーチはこの「理論的不可能性」を「意識の物化」によって説明しようとする。「意識の物化」という着想は、『歴史と階級意識』においてはじめて登場するものである。もちろん「物化」という概念は『歴史と階級意識』以前の著作においても登場していた。また、マルクス主義者となる以前から、彼はジンメルの影響のもとに資本主義的近代を捉える上での重要な概念として「物化」を用いている。ルカーチはすでに『近代演劇発展史』において以下のように述べていた。「近代の分業の本質は、個人から見ると、労働を常に非合理的な、それゆえただ質的にしか規定されえない労働者の能力から自立化させ、彼の人格の外にある客観的でそれとはどんな関連ももたない合目的視点にしたがって秩序づけようとする[56]」点にあると。ルカーチはこれを「生活の物件化［Versachlichung］[57]」と呼び、マルクス主義者となって以降は、人間が事物扱いされ、人間と人間の相互関係が物と物との関係へと変換されていくことを「物化［Verdinglichung］」と呼ぶようになる[58]。

これに対して「意識の物化」は客体世界において進行する人間存在の即物化の過程を意味するものではない。それは「物化」が客体世界において生じている際に、同時に主体の側で生じざるをえないある意識の変化を指す概念である。すなわち「物化された世界」である資本主義社会に生まれ育った人間に「資本主義の思考形式や感性形式」が刻み込まれていくことを、ルカーチは「意識の物化」と呼んだのだった。こうした資本主義社会に適合的な思考形式や感性形式を持つことで、人々にとって資本主義社会の存在は一種の限界規定となる、彼はそう考えたのである。したがってルカーチの見るところ、この「プロレタリアートの意識における物化[59]」こそが「プロレタリアート自身の恐るべき『内的なイデオロギー的危機』」の原因なのであった。

それゆえ、労働者大衆が脱却しなければならない当の対象とは、ルカーチにとっては「意識の物化」にほかならない。したがって、彼によれば「資本主義社会のなかで個人の意識を包み込み、その精神を混濁させている物化された外皮を引き裂くこと[60]」こそが、党の内的生活において目標とされるものなのである。そうであればこそ彼には「意識の物化」に関する厳密な規定が必要であった。「意識の物化」はなぜ生じるのか、そして一度生じた「意識の物化」はなぜ長期に亘る啓蒙過程を必要とするほど強固なものになるのか。このことの説明を抜きにして、労働者大衆に「多くの苦しい実践」を課す党理論を正当化することは出来ない。

だが、この課題は「組織問題の方法的考察」においては果たされていない。そのためルカーチはあらたに一論を設けて「物化」問題に取り組んだのである。この意味で「物化とプロレタリアートの意識」は「組織問題の方法的考察」に対してその基礎づけを提供するものだったといえる。

四　「組織問題の方法的考察」と「物化とプロレタリアートの意識」の齟齬

しかしながら、「物化とプロレタリアートの意識」が「組織問題の方法的考察」の補論であったとしても、やはり両論文に対する統一的な解釈の枠組みを形成することは出来ない。ルカーチは「物化とプロレタリアートの意識」において、『戦術と倫理』以来の自らの革命論を総括整理し、階級意識に関する理論的基礎づけを試みている。だがこの時彼は、アラトー／ブレイネスの了解とは反対に、「物化とプロレタリアートの意識」において「革命的前衛の自由な自己組織化のプロセス」へと限定されない「物化克服」の視座を切り開いていったのだった。ルカーチはおそらく意図せぬまま革命主義を踏み越えてしまうのである。

次章で述べるように、「物化とプロレタリアートの意識」においてルカーチはヘーゲル哲学を基礎にして理論と実践を統一するものとしての「プロレタリアートの階級意識」に関する理論を構築しようとした。彼によれば、プロレタリアートによる「正しい階級意識」に関する洞察は、主体＝実体論に基づくものであるがゆえに「認識としてすでに実践的[61]」なのである。ルカーチは客体に対して本質的な変化を引き起こすことのない「純粋な認識行為」をブルジョワ的思考であるとして批判し、客体に対する静観的態度へと回収されない実践的な社会的意識論を確立しようとしたのだった。彼は述べている。「プロレタリアートの意識の顕著に実践的な本質は、適切で正しい意識がその客体の変革を第一に自ら自身の変革を意味しているという点にあらわれている[62]」と。ルカーチにとって弁証法的な全体的連関のうちに客体世界を捉えようとする認識営為は、けっして観念の中での運動ではなく、現実を変化させる実践的な性質のものだったのである。

だが「物化とプロレタリアートの意識」で示される客体世界に関する認識が同時に客体世界を変革する実践的なものであったとすると、「組織問題の方法的考察」において、それをわざわざ「実践的理論」に転化する必要はすでにあるまい。「物化とプロレタリアートの意識」の視座からは、革命的行動主義の必然性は導出されないのである。その場合、少なくとも「革命の指導者」としての前衛党の役割も不要になる。

ルカーチは「物化現象とプロレタリアートの意識」において提示した自らの理論的帰結に動揺し、「組織問題の方法的考察」との間に生じた不整合を埋め合わせようと「物化とプロレタリアートの意識」の最後になって同論を否定するような混乱した議論をしている。ルカーチは、「社会的現象の過程的性格」を洞察し「現象の硬直した物性の見せかけを」暴露してきた同論がまるで「純粋に認識するだけの態度[63]」であったかのように述べ、実践的な「行動」の不可欠性を説いていた。しかし、彼が「物化とプロレタリアートの意識」において提示したプロレタリアートの認識行為は、主体＝実体論に基づくかぎりけっして「純粋に認識するだけの態度」ではなかったはずである。

したがって、「物化とプロレタリアートの意識」と「組織問題の方法的考察」を同時に捉える首尾一貫した統一的解釈枠組みは存在しない。『歴史と階級意識』は深刻な矛盾を孕んでいるのであり、この矛盾を孕んだ在り様こそが、同著の客観的な全体像に他ならない。ルカーチは後にこう述べている。『歴史と階級意識』は「二つの傾向が相互にもつれ合った[64]」、あくまで「より大きな明確性への移行段階[65]」の著作であったと。

だが、この問題については「物化とプロレタリアートの意識」と「組織問題の方法的考察」の両論を論じた後、再度立ち返りたい。

五　「組織問題の方法的考察」の課題

「組織問題の方法的考察」において、ルカーチは当時直面していた幾つかの課題を包括的に解決しようとしていた。その第一は、すでに言及したように、攻勢戦術からの脱却である。彼はさしあたり理論的基礎づけを欠いたまま、労働者大衆が「意識の物化」によって本質的にブルジョワ的であるとの前提から出発することによって攻勢戦術の無効を示唆し、労働者大衆の意識転換が漸次的に実現していく場として党を提示する。党がもつこうした啓蒙機能については、ルカーチはすでに攻勢戦術期に執筆した「革命的イニシアティブの組織的諸問題」において触れていた。「共産党の革命的に集中化された組織は、［…］前衛ならびに戦闘集団を資本主義的物化のあらゆる残滓から根本的に浄化し、彼らをその歴史的使命にふさわしいものとし、その任に堪えうるものにしなければならない[66]」。彼によれば「組織問題の方法的考察」は、この「革命的イニシアティブの組織的諸問題」をたたき台として執筆されたのだという[67]。

だが、まさに党を啓蒙の場とするがゆえに、ルカーチにとって党の民主化が不可避の課題とならざるをえなかった。党が機械的に作動する上意下達のヒエラルキー構造を持つ官僚主義的組織であっては、「意識の物化」によって萎縮してしまった人格を自立的主体として再生させることは出来ない。彼によれば「人間意識の物化を打破」することが可能となるのは、「人間の全人格を捨象し、人間を抽象的な視点のもとに従属させること、このことから手を切った」[68]人間関係が党の中に形成された時である。レーニンならびにコミンテルンの直接の影響のもと、独裁的党運営を理想とするクンとの闘争を通じて、ルカーチは党の民主化を革命における不可欠の要素と考えるようになっていたのだった。彼はいう。「プロレタリアート自身の自由な行動だけ[69]」が革命を成し遂げるのだと。

しかしながら、「本能的には革命的ではあるが、なお明瞭な意識に達していないプロレタリア大衆[70]」、言い換えれば、きっかけさえあれば革命的プロレタリアとして覚醒する大衆という攻勢戦術の前提をユートピア的なものとして退けていた以上、ルカーチは労働者大衆の自然発生的な革命化を期待することは出来なかった。逆に党こそが党員に革命的精神を吹き込まなければならないと考えていたのである。そのため党による党員の教化と、党を党員の自発的意志によって形成するという構想との間には、鋭い矛盾が発生してくる。それはセクト主義的な革命主義と民主主義的な啓蒙主義のディレンマである。ふたつの志向を同時に抱いていた当時のルカーチは、なんとかその調停を果たそうとしていたのであった。

なるほどローザ・ルクセンブルクのように、労働者大衆が潜在的には革命的主体であることを認めるならば答えは簡単である。革命は「労働者の大衆的自我[71]」に委ねればよく、ボルシェヴィキのような独裁的組織形態はむしろ革命の阻害要因となる。ローザ・ルクセンブルクによれば「ブルジョワの階級支配が続いた数世紀によって堕落させられた大衆の全面的な精神的変革」が、すなわち「エゴイスティックな本能の代わりに社会的本能を、怠惰の代わりに大衆のイニシアティブをあらゆる苦難を乗り越えて行く理想主義を」持たせることが、社会主義的実践の前提であった。[72]そのために必要なのは「制約を受けないもっとも広汎な民主主義すなわち輿論」であって、「恐怖による支配」ではない。[73]恐怖政治は人間からその自発性を奪い取りたんなる自動機械にしてしまうという点で、人々の精神的堕落を引き起こす。彼女はそう主張する。[74]

だが、ルカーチの見るところ、ローザ・ルクセンブルクは労働者大衆のプロレタリア的性格を過大評価するあまり、革命の行く末を楽天的に考えすぎている。それはヨーロッパで頻発した大衆行動の多くが革命へと結実しなかったことがよく示していると、ルカーチはいう。したがって彼にとって、やはり党員に対する党の指導性は不可欠の要素であった。ルカーチもまた個人主義的自由主義や利己主義の克服が社会主義へ向けての第一歩であるとする点ではローザ・ルクセンブルクと意見を同じくする。しかし「イデオロギー的危機はプロレタリアートのなかに存在[75]」し、「社会主義へ向けてのイデオロギー的な自然的成長[76]」がありえないとすれば、労働者大衆の意識転換が無制限の民主主義によって可能になるとは思えなかったのである。ルカーチの予測では、労働者大衆の自主性にまかせてしまえば、革命の趨勢を握るのはメンシェヴィキである。「メンシェヴィキ政党はプロレタリアートの意識における物化をイデオロギー的かつ組織的に定着させ、それを相対的にブルジョワ化の段階に縛り付けるという使命を果たす[77]」。しかしメンシェヴィキ政党がこうしたことをなし得るのは、とりもなおさずプロレタリアートが本質的にブルジョワ的であるからに他ならない。労働者大衆のブルジョワ性を認めるかぎり、ルカーチには「ローザ・ルクセンブルクが批判する『戦時共産主義』の段階が、完全にあらゆる点で無視することが出来るようになるとは到底思えない[78]」のであった。

その一方で労働者大衆を恐怖によって押さえつけることによっては社会主義が実現できないこともルカーチは明確に認識していた。民主主義的志向を持ち始めていた当時の彼は、恐怖政治に懐疑的であっただけではない。彼には理論的にも、レーニンの言うように、恐怖政治が社会主義建設のためのもっとも痛みの少ない早道であるとは思えなかったのである。かりに資本主義から社会主義への転換がもっぱら生産と分配に関する制度的な組み換えをだけを意味するものであるなら、強制的な権力手段をもって社会主義を実現することもできる。しかしルカーチは資本主義的生産様式の基礎、すなわち人間を含めあらゆる存在を即物化し、即物化された対象をシステムの一要素への還元することで急激に進行した社会的合理化を揚棄し、人間が主体として「社会全体を意識的に変革[79]」することこそ社会主義の建設であると思念していた。だからこそルカーチは「プロレタリアートによる権力奪取という事実によっては、それどころか、なお発展しつつある生産手段の社会化を制度的に貫徹することによってさえ[80]」も、社会主義には至らないと主張していたのである。生産手段が社会化されても、独裁的な官僚的機構のもとで「資本主義的生産様式の基礎[81]」が残るのであれば問題はなにも解決されない。ルカーチにとって人々の主体性を圧殺する恐怖政治が資本主義的近代の超克の手段たりえないのは自明であった。彼にとっては、プロレタリアートの自立的意志による意識的な変革でなければ、社会主義革命の名に値しなかったのである。

したがってルカーチはあらたな党理論の構築に際して、こうした自由と強制との対立を、ローザ・ルクセンブルクとレーニンとの対立をなんとかして揚棄する必要があった。資本主義のなかで失われた人格の自立性を回復する場である党は、同時に鉄の規律に絶対的に服従することを党員に強制する集中制組織でなければならない。ルカーチは、強制に服しながら、あるいは強制を通じて人格の自立性を回復するという「外見上のパラドックス[82]」を克服する必要に迫られたのだった。

六　個人的自由の放棄と全体としての党

しかしながらルカーチがこのパラドックスを本質的に解消しえたとは言い難い。というのも彼は、共産主義社会が「個人の自由」を実現する最初の社会になると宣言しながら[83]、「個人的自由」はブルジョワ的自由であるとしてあっさりと否定してしまうからである。その態度は近代市民社会において出現した「万人の万人に対する私的利害の闘争」のもたらす荒廃を目の当たりにして、進歩的意味をもっていた「主体的自由の原理」そのものを放棄するという、ヘーゲルが『法哲学』において批判していた立場に近い(84)。

ルカーチによれば、資本主義社会において実現した自由は、たんに「利己主義の自由、自己に閉じこもる自由」であり「(同じく孤立した)他の個人に対立する自由」であって(85)、その実現のためには、したがって他者の自由を犠牲にしなければならない自由なのであった(86)。彼はいう。ブルジョワ的自由主義には連帯も統合も存在しない。今日自由を享受しているということは、人間を腐敗させるような特権を行使しているにすぎないと(87)。ルカーチは「個人的自由」をもっぱら倫理的観点から捉え、近代において「個人的自由」が発揮した社会発展の力動性については顧慮することなく、それを是認する余地のないものだと否定する。それゆえルカーチの党理論において私的利害と集団的利害の緊張関係は最初から存在しない。彼は個人的自由を切り捨てた上で、いきなり「連帯性との統一における自由(88)」の実現を目指すのである。

そのためルカーチは、私的自由が成り立つ基盤を全体の内に見て取り、私的自由を集団的利害へと媒介する過程として党の啓蒙を描くという、おそらくはもっとも見込みのある戦略を立てることが出来なかった。一言でいうなら彼のいう党の啓蒙とは、「共産主義者自身の資本主義的物化のイデオロギー的残滓、つまり官僚主義的ルーティン、『自由』を要求したり『骨の折れる細かい仕事』は自分に値しないと考えたりする個人主義(89)」を自ら放棄させ、自分の意志で主体的に党と一体となっていく過程だったのである。自らの意志が党の全体意志と一体であるかぎり、「全体意志に対して意識的に自己を従属させる(90)」ことは自己に従うことであり連帯的自由の実現にほかならない。この点でルカーチの内に全体主義の萌芽を見て取るシュミットの指摘はたしかに的を射ている。

そして個人的自由ないし利己主義を脱却するための方法として、ルカーチは党員に対して党務への「全人格の投入」[91]を要請する。それは同時に「自己自身の社会化から切断され自己を支配する社会的諸力によって分割され」[92]た人格の統合を取り戻すための修練でもあった。彼によれば、党の集中制を実現する「共産党の規律」とは、「すべての党員が運動の実践に全人格を無条件に没頭させること」[93]を意味しており、これによってはじめて連帯的自由は現実のものとなるのだという。ルカーチは述べている。「共産党の規律」こそが「真の自由を実現するための唯一可能な道なのである」[94]と。

だが、党の全体意志がたんなる指導部の意志であるならば、いくら自分の意志で一体化したとしても、主体の自立性は失われ党員は党組織のひとつの駒となり「物化」現象を再現することにしかならない。ルカーチは共産党を西欧近代「『文明』のもつあらゆる社会形態」[95]から訣別させようとしていたのである。自立的な意志を喪失してなんらかのシステムに黙従すること、これこそ彼が近代の宿命として乗り越えようとしていた当のものであった。指導部に対して党員が盲目的に従うのなら、党員の自立性は失われ結局は西欧近代の社会形態を再現することにしかならない。

そこでルカーチは、規律と自発性を融和させるために、党員が服従すべき全体意志を党指導部の意志ではないとする。彼は主張する。全体意志への服従は組織上の集中制として現実化し「党の個々の部分が指導部の手にしっかりと握られ、全体意志の現実的な四肢として対外的に活動」[96]することを可能とする。だが、それは指導部に対する党員の「『盲目的服従』を意味するものではけっしてない」[97]。全体意志は、むしろ党員による「健全で行動能力を高める自己批判の可能性」[98]に支えられた「党員の意志と指導部の意志との間の活発な相互作用」[99]を通じてひとつの過程として形成されるのであると。ルカーチはこの相互作用を「組織の感受性」[100]と呼ぶ。それは、組織のもつ自己批判性、自己反省性、再帰性のことに他ならない。

ルカーチによれば、過程的弁証法的に形成されるプロレタリアートの階級意識は「党の理論において意識的に取り扱われた弁証法[101]」となる。すなわち指導部の意志はあくまで党員自身の明確化され実体化された意志として現れ、この自らの意志に対して党員は能動的に反応していく。ルカーチはいう。組織の集中制は党員がたんに指導部の駒になることではなく、「闘争方針の転換、闘争活動の強化、退却などに対する組織の感受性が最高度に高まっている[102]」状態を指すのであると。

ルカーチは党の民主化をこうした組織の自己批判能力の強化によって実現し、党員の受動性ないしは他律性を払拭しようとした。彼によれば、組織の持つこの自己批判能力は、党員が「彼の全人格を以て、彼の全実存を以て党の生活に没頭[103]」している共産党組織の独自性から必然的に生じてくるものであるという。党員にとって党務は彼らの肉体的精神的なすべてを賭けて遂行する事柄であるため、たんなる割り当てられたルーティンなどではなく、彼らは自らの実存に関わる事柄としてそれを遂行する。だが、まさにそうであるがゆえに、個々の党員は「党のあらゆる決定に関して受動的であったり無関心であったりしてはいられない。彼らは「自己の経験や考慮をすぐにも発揮し、直ちに批判を始めることができる状態にあるだけでなく、むしろそうするように強制されているのである」[104]。こうしてルカーチによれば、指導部と党員との相互作用のなかから全体意志が生まれ、「連帯的共同体における行為が、そのすべての参加者各自の重要な人格的関心事[105]」となる時、共産党は原初的で萌芽的形態であるとはいえ、権利と義務を分離する西欧近代の社会形態を乗り越えて「全体意志を形成する人々のもっとも内的に結びつけられた連帯的活動」を実現し、「真の民主主義」に到達するのだという[106]。

しかし、共産党といえども事実上の分業体制や職務上の階層秩序は持たざるをえない。階層秩序を持った分業体制が生まれてくれば、いくら官僚主義的ではないと言っても、そこに「残忍で、貪欲な、あるいはひたすら地位の向上を目指す利己主義」[107]がうまれてくるのは避けがたい。ルカーチは、ウェーバーが指摘するように、近代的組織において官僚支配が不可避であることもある程度認めていた。ルカーチははっきりと述べている。「硬直化、官僚主義、腐敗等々の危険性」は共産党においても存在し、ありふれた現象になっていると。[108]それゆえにこそ彼は、党のポストが権力争いの的にならぬようもっぱら党員たちの能力のみを基準に決定されるべきであるのは無論のこと、革命の発展段階に応じて戦術の変更ばかりでなく、組織形態の変更も柔軟に行われなければならないと主張する。その際重要なのは、それを形ばかりのものにしないために、権力欲によって自己の指導的立場の保持に努める人間を排除すべく、人員の入れ替えすら厳密に行われなければならないことを明記している。[109]「腐敗し官僚主義化し大衆から疎遠になって革命的に信頼できなくなった連中」[110]に対する「党の浄化」をルカーチは大いに称揚していた。[111]

こうした議論において彼が念頭に置いていたのは、一方で彼が経験した共産党における党組織の硬直化である。後の述懐によれば、「既存の権力関係をいかなる改革からも守ろう」とする「保守的性格」をもった官僚主義的体質をコミンテルンとハンガリー共産党の中に持ち込んだのは、ジノヴィエフとクンであった。[112]ハンガリー共産党ならびにコミンテルンとの争いのなかでルカーチは共産党組織の持つ官僚主義的体質に大きな危惧を抱いていた。「組織問題の方法的考察」は抽象的で理論的な形ではあったが、現存の共産党組織に対する厳しい批判的意図を持っていたのである。

ルカーチは高度な業務能力を保持しながら官僚主義的にならない組織のあり方を模索する中で、敏感な「感受性」と党員の「全人格の投入」によって「構成員の全人格がけっして把握されえず、それどころか全人格の把握に努めることなど思いもよらない」西欧文明の「あらゆる社会的諸形態」を超出し、形式的デモクラシーの限界を突破するものとしての共産党を考えた。[113]だが、ウェーバーによれば、近代において「官僚制組織が普及した決定的な理由は、もともと他のあらゆる形態を純粋に技術的な意味で凌駕していた[114]」ことに依拠している。そしてその卓越性を支えるのは、官僚制のもつ「没主観的」組織編制、すなわち「『個人の人格を問題とせずに』計算可能な規則にしたがって事務処理をする[115]」ことにある。ウェーバーにしたがえば「作業分割の原則を貫徹する最適度の可能性を提供[116]」するのはこれであった。したがって官僚組織はルカーチが批判するように「全人格を把握しようとは努めない」のではなく、むしろそうした把握を積極的に排除することでその強みを発揮するのだと言える。だが、ルカーチからすればこの「没主観的」観点こそ「物化」の基礎にあるものであり打破すべき対象だったのである。「人間の全人格を抽象化し、抽象的視点のもとに人間を包摂することから手を切る[117]」こと、ルカーチにとって重要なのはこのことである。「人格」を背後に残して自立的、自動的に作動する社会機構の出現こそ、彼が「物化」と呼び克服すべき対象と考えたものであった。

しかし「没主観的」な官僚主義的組織化を抜きにして、行政・産業等すべての分野において巨大化し複雑化した近代社会をどうやって維持していけばよいのだろう。ルカーチの叙述からはその具体的イメージは一切提供されない。亡命共産党のような小組織であればいざ知らず、一定の社会的機能を担う政党ともなれば、共産党といえども官僚的組織化は避けがたいはずである。

したがって問題とすべきは、近代社会において果てしなく進捗する官僚主義化を抑制し、権力機構の頂点に立つ人々の道具と化すことをいかにして防ぐかであろう。もちろんルカーチも官僚主義的硬直化を防ぐ方途を模索してはいる。彼はいう。権力の地位にある者は常に地位の私物化の誘惑に晒されているのだから、「人々を堕落させる結果を招くことを阻止し、それでも避けがたくそうした事態が発生した場合には直ちに修正し、そのようにして生じた癌を除去するのに相応しい組織的予防措置と保障が探求され発見されねばならない[118]」と。しかし、こうした官僚的硬直化を阻止する制度的保障があるとすれば、それは全面的で徹底的な民主主義以外にあるだろうか。ルカーチの主張する敏感な「感受性」や「全人格的な業務への没頭」、さらには党員に対する「全人格的な取扱い」による官僚主義の全面的破棄はいかにもロマン主義的である。だが、反セクト主義的党組織の形成を目指しつつも、革命という絶対的なひとつの方向性へむけて党を導いていくことが不可欠だと考えていたルカーチは、民主主義という方向性を明確に打ち出すことが出来なかったのだった。

七　反セクト主義の限界

全人格の傾注という実践を通じて人格の統合を回復しつつ、党の全体意志との一体化をはかり、集中制として形成される連帯的活動の中で機械的に作動する官僚主義的な階層秩序やその前提としての人間の即物化ないしは「意識の物化」を乗り越えて行くこと、これが「組織問題の方法的考察」においてルカーチが目指したものであった。

しかし、全体意志が組織の持つ高度な自己批判能力を基盤として形成されたものであるがゆえに、それに服することが党員たちの意識的で自由な行為になりえたとしても、そもそもなぜ党員たちは個人的自由を自ら放棄し、全体意志の形成へと向かうのか。ルカーチによれば、この点を補うのが階級意識に他ならない。すなわち、鉄の規律のもとに一体となった党は「きわめて高度な階級意識を前提」[119]としているのである。

ルカーチの見解によれば、プロレタリアートの階級意識は、労働者大衆にとっての直接の利害、すなわち職業や国籍といった具体的条件のもとで発生する個別的利害とはけっして一致しない。労働者大衆にとって、賃金の上昇や就労条件の改善は直接的利益である。改良主義者はそうした労働者大衆の直接的利益の増大を「それ自体として価値あるもの」[120]と看做し目的化する。しかし、ルカーチはこれを「プロレタリアートの事実上の心理学的意識状態」と「プロレタリアートの階級意識」との取り違えだと批判した。[121]彼はいう。「具体的要求を帯びた具体的状況は、その本質にしたがえば、現在の社会すなわち資本主義社会に内在的なものであり、資本主義社会の諸法則の下にあり、資本主義社会の経済構造に従属[122]」している。したがってこの資本主義的現実の内部において労働者大衆が自らの利益を増大させても、それが彼らにとっての「究極目的」、すなわち労働力商品としての自己の存在形態を生み出した社会構造の揚棄へとは繋がっていかない。労働者大衆はその内部に「目前の利益」と「究極目的との対立」を構造的に抱え込んでいるのである。[123]だが「この弁証法的分裂の内的克服」ができなければ「階級闘争においてプロレタリアートが外的勝利を収めること」は出来ないと彼は主張する。[124]

しかしルカーチは、彼が党員に関して言うところの直接的利益と究極目的の相克を最初からある程度解決済みにしていた。明確な意識に達していないとはいえ、党員たちには「革命的な本能[125]」があり、こうした「革命的本能」に導かれて党員となった人々ならば「党の内的生活」という「資本主義的遺産に対する繰り返し行われる闘争[126]」を通じて階級意識に到達できると彼は見込んでいたのである。

これに対して、未組織の一般労働者にこうした楽観的期待をかけるわけにはいかない。彼らには目前の個別的利害を犠牲にして自己の全存在をかけて社会変革を目指す理由が主観的には存在しないからである。だがルカーチによれば、労働力商品であるという、資本主義社会における宿命はすべての労働者大衆に当てはまる以上、その階級利害は「いかなる労働者にとってもいま現在は認識できないとしても、現実的かつ直接的に、客観的に言って一致[127]」しているという。彼らには究極目的を目指す理由が客観的には存在しているのである。

この主観的な「目前の利益」と客観的な「究極目的」との落差を埋めるために、ルカーチは指導部と党員との間に措定した相互作用を党と労働者大衆との間にも見出そうとする。[128]彼によれば、指導者と被指導者の階層秩序によってなりたつブルジョワ的な組織とは異なり、共産党は高度な「感受性」をもつ組織体であるがゆえに、「党組織」と「未組織の大衆」との間にも「活き活きとした相互作用」を「感受する」能力があるのだという[129]。また彼の考える共産党は、その本義からして、労働者大衆が自らプロレタリアートとして目覚めていくことを助けるために存在していた。党は労働者大衆との相互作用から切り離された外在的存在として構想されていたのではない。ルカーチは主張する。「理論的にいって、共産党はプロレタリアートの代理として行動するのではない。実際、党が「『無意識的』な大衆のために、大衆の立場で、大衆に代わって行動する」のであれば、「党と大衆との組織上の分離が永遠のものと[131]」されてしまい、あらたな少数者支配が出現してしまう。その時、労働者大衆による自立的な社会の形成という社会主義の目標から革命が大きく逸脱していくことは論を俟たない。

そのためルカーチは共産党の指導性を、党が提示する「ある特定の瞬間に客観的に与えられている最高の可能性」と、労働者大衆の「実際の平均的な意識状態」との間に発生する緊張の調整機能として位置づけていく[132]。共産党は「プロレタリアートが自己自身の階級意識を歴史的形姿として直接的に見てとる[133]」ことが出来るよう、「プロレタリア的な階級意識のひとつの自立した形姿[134]」として存在する。だが、まさにそれによって露わになるのは、労働者大衆の直接的利害と階級意識の落差に他ならない。共産党はこの落差を「革命を促進するようなやり方で調停[135]」するというのである。

この時、共産党の代表する階級意識は、ルカーチの主張によれば、労働者大衆が「意識の物化」を打破するかぎりにおいて持ちうる客観的に可能な意識であった。共産党は労働者大衆にとってより明晰な姿で現れた自画像であり、したがってこの調整は主観的にはともかく客観的には労働者大衆の自己調整に他ならない。共産党は労働者大衆の現在の意識レベルを反映するものとしてしか存在できないのだから、労働者大衆に対して超越的位置づけを持たないのである。共産党と大衆との間には「より高度な意識段階が組織的に客観化」されているかどうかの差しかない[136]。組織化されることで、はっきりと見て取ることが出来るようになった労働者大衆の自己意識、これこそがルカーチのいう共産党であった。だからこそ彼は次のように言いえたのである。「最大にして最良に組織化された共産党の最善の行為」をもってしても、「プロレタリアート自身が、さしあたり完全に意識的でないにせよ、その実現を目指して努力している目的のために正しい方法で戦えるよう導く」以上のことをなしえないと[137]。

しかしながらルカーチにとって、共産党が「もっとも広汎な、もっとも遅れたままの大衆の意識状態をたえず戦術的に顧慮[138]」しつつ「プロレタリアートの階級意識の発展の実際の過程を促進[139]」するものであったとしても、あるいは共産党の指導が労働者大衆の自己調整を意味するものであったとしても、労働者大衆にそのことが直接的に理解できるわけではない。この点はルカーチも認めており「すべての個々の労働者にとって、その意識の物化のゆえに、客観的に可能な階級意識の到達へと、すなわち階級意識を自分のものにする内的な態度へと続いていく道は、ただ自分の直接的な経験を後から解明することによってのみもたらされる[140]」と述べている。つまり、労働者大衆にとっては階級意識を自覚する過程の啓蒙的意義が、直接的には理解できないだろうというのである。資本主義社会に生まれそこで成長した労働者にとって、現実の抜本的な変革という発想を持つことが困難であることに加えて、「目前の利益」を増大する改良主義的、社会民主主義的方途も存在するかぎり、その意識を「究極目的」へと導いていくことはきわめて難しい。それゆえルカーチも結局はプロレタリアートの独裁を是認し、こう言わざるをえなかった。プロレタリアートの独裁は「外部にいる敵であるブルジョワジーとの闘争であるだけでなく、同時にプロレタリアートの自分自身との闘争でもある。すなわち資本主義システムがプロレタリアートの階級意識を荒廃させ、堕落させる作用との闘争なのだ[141]」と。

そのためルカーチは共産党がしばしば「大衆に対立する立場をとり」、「大衆の現在の要求を否認」することは避けがたいという。[142] 彼によれば、労働者大衆は共産党の指導にしたがって「多かれ少なかれ苦しい道を後にして」[143] 進んでいかなければならず、「共産党の方もまたその態度の正しさが大衆に理解されるのは、労働者大衆が多くの苦い経験をした後」であることを「計算にいれておかざるをえない」のである。[144]

ルカーチは、労働者大衆に階級意識を身につけさせるために、共産党がどのような苦しい方策を彼らに施すのかを具体的には語っていない。しかし、一時的には恨みを買うことさえ覚悟しなければならないことを示唆している以上、それが平和裏の啓蒙活動だけでないことは確かである。彼は述べている。あらたな社会の建設のために「プロレタリア国家が革命的な措置をとる」時、「破壊と抑圧への傾向」は長期にわたって保持されるだろうと。[145]

なるほどルカーチは党の指導が教条主義的、独善的にならぬよう党理論を構築し、民主主義的原理も大胆に導入した。彼によれば、党の理論的判断の正しさを担保するのは、意識的かつ組織的に強化された「組織の感受性」であり、指導部と党員、党と大衆との相互作用である。彼は「党員の献身」、「党と大衆」、「党の政治的指導の正しさ」の三つの契機が「相互に切り離しえない」ものであることを強調していた。[146] だが、指導部と党員、党と大衆との相互作用において自由な批判の可能性がどのように保障され、どのように意思決定に反映されていくのかに関する制度的な構想が欠けているため、彼の議論は観念的なものに留まっている。ルカーチの議論には「破壊と抑圧への傾向」に対して労働者大衆の側から制約をかける方法が盛り込まれていないのである。

もちろんルカーチは「独裁の期間」であっても「独裁批判の可能性は制度的に保障されねばならない」[147] と述べてはいる。しかし、たとえばクロンシュタットの反乱はこうした自己批判にはあたらず「ブルジョワジーに奉仕する解体傾向」[148] を示すものであるという。彼にとって自己批判として許される批判は、プロレタリア独裁を是認するかぎりであって、完全に自由な批判が許されるわけではなかった。ルカーチはいう。「自由はプロレタリアートの支配に仕えるが、けっしてその逆ではない」[149]と。彼の構想において、党は党員あるいは労働者大衆に対して結局は圧倒的な優位を保っていたのである。

しかしルカーチがこうした「前衛党」の存在を不可避と看做す決定的要因は、彼が理念のみを語り、それを具体化する制度的考察を欠いていたからだけではない。むしろ彼の場合、プロレタリア独裁と共産党支配を正当化している階級意識が、暗黙裡に党の実践に先立って前提されていることが、「前衛党」の存在を不可避にしているのである。たしかに「今なにをなすべきか」に関する党の意志決定について言えば、ある程度民主的な手続きを保持することは可能であるかもしれない。事実、彼は党がセクト主義に陥らぬよう「『正しい』階級意識を階級の生活と発展から人為的に分離」することに反対し[150]、党は「もっとも広汎な、もっとも遅れたままの大衆の意識状態をたえず戦術的に顧慮」しながら、党の意志と大衆の意志との緊張を調整する形で労働者大衆を階級意識へ導くと主張している。しかしながらルカーチによれば、階級意識とは「階級を構成する個々の人間が考えたり感じたりする等々の総計でもその平均でもない」[151]。それは労働者大衆が資本主義社会における自らの存立構造を洞察した時、それを持つことが合理的であるところの意識なのである。

このような「生産過程のなかの一定の類型的状態に組み込まれ、そう反応することが合理的といえる反応」[152]としての階級意識は、民主的な意志形成とは関係なく、それに先行して理論知として獲得されていなければならない。党はその個々の方針を労働者大衆と離れたところで独断的に決定するのではないとしても、大衆に対して提示する「客観的に存在している最高の可能性」を洞察するためには、やはりあらかじめ「正しい」階級意識を知っていなければならないのである。この意味で、ルカーチにとって共産党は労働者大衆の代表者ではなく、あくまで指導者であった。

結局、彼はその反セクト主義の志向を貫徹することが出来なかったのである[153]。

ヨーロッパマルクス主義者たちがソヴィエト・ロシアのボルシェヴィキ支配に反対したのは、まさにこの点であった。たとえばマックス・アドラーはこう批判している。「ロシアにおいてプロレタリアートは人口の大多数でもなければ、社会組織において決定的な経済的優位を占める存在でもない。そのような存在は周知のように農民である。それどころかプロレタリアートは階級としてもなお、けっしてその成員のすべてを包括する政治的成熟をしめしていないのだから、レーニンやトロッキーの、さらには全ボルシェヴィズムの理論における独裁の概念は宿命的な変形を被っている。すなわちそれはもはやプロレタリアートという階級の独裁ではなく、たかだかその一部、つまりはいわゆる前衛、先兵、労働者エリートの独裁を意味するものへと変形されている[154]」。こうして彼らのいう「プロレタリア独裁からはプロレタリアートに対する独裁が生じ、階級の独裁からは一党の独裁が生まれた[155]」。全民衆を指導すると称するレーニンの前衛は、せいぜい良くても「その暴力を民衆の利益のために行使すると称する啓蒙的絶対君主制の新たな変種[156]」でしかないと。

したがってカウツキーがいうようにこの専制支配が是認されるのは、大衆が無知で自己組織化の能力を持たず、特権的な知を有するエリート集団が彼らを導くより他にない場合だけである[157]。カウツキーはいう。マルクスが言うように暫定的な移行期において独裁が現れるとしても、すでに「憲法制定議会選挙」を目前としていたロシアにおいて専制支配の余地はない。反対派から選挙権、出版と結社の自由、総じて公民権を奪うことで確立された独裁体制は認められない[158]、カウツキーはレーニン体制をそう批判したのであった。

しかし、ロシア革命の偉業とレーニンのカリスマ性に圧倒されていた当時のルカーチには、こうした批判を自己の議論に組み入れていくことはできなかった。彼は反セクト主義を目指しながらも、結局はロシアの少数独裁体制を是認し、共産党にのみ「正しい階級意識」を帰属させたのだといえる。だが、まさに労働者大衆に苦しい経験を課すほどの指導性を党が行使するがゆえに、彼は党理論の前提とされている階級意識に堅固な理論的基盤を与える必要があった。いまやルカーチは、プロレタリアートの階級意識の理論へと向かうのである。その際、彼にとってプロレタリアートの正しい階級意識の成立を妨げているのが「物化」であると思われた。「物化」を乗り越えてプロレタリアートの階級意識へ辿りつく道程を示すこと、ルカーチはこの課題に「物化とプロレタリアートの意識」において取り組むのである。そして、この作業を進めるなかで、逆説的ながらルカーチは真にセクト主義を乗り越える視座を提示することになる。

註

（1）Lukács, Geschichte und Klassenbewußtsein, *a. a. O.*, S. 18.
（2）*Ebenda.*
（3）*Ebenda*, S. 396.
（4）Martin Jay, *Marxism and Totality: the Adventures of a Concept from Lukács to Habermas*, Cambridge 1984, p. 102.
（5）Lukács, Geschichte und Klassenbewußtsein, *a. a. O.*, S. 387.
（6）Vgl. *ebenda*, S. 163.
（7）Vgl. Lukács, *Chvostismus und Dialektik*, Budapest 1996, S. 8.
（8）Vgl. Alfred Schmidt, *Die Zeitschrift für Sozialforschung. Geschichte und gegenwärtige Bedeutung*, München 1970, S. 6.
（9）Jürgen Habermas, *Theorie des kommunikativen Handelns*, Bd. I, Frankfurt a. M. 1981, S. 487.

(10) Rüdiger Dannemann, *Das Prinzip Verdinglichung. Studie zur Philosophie Georg Lukács*, Frankfurt a. M. 1990, S. 105.

(11) *Ebenda*, S. 107.

(12) Cf. Arato and Breines, *The young Lukacs and the Origins of Western Marxism*, p. 145.

(13) Cf. *ibid*.

(14) Habermas, *Theorie und Praxis. Sozialphilosophische Studien*, Frankfurt a. M. 1978, S. 41.

(15) *Ebenda*.

(16) 共産党の独裁体制は、もちろんスターリンに起源を持つのではなく、レーニンに起源をもっている。スターリンはレーニン的独裁の完成者に過ぎない。レーニンの暴力支配の概観として梶川伸一「レーニン支配と赤色テロル」三田史学会編『史学』第八二巻第四号、二〇一四年を参照。

(17) Lukács, Geschichte und Klassenbewußtsein, *a. a. O.*, S. 499.

(18) *Ebenda*, S. 503.

(19) *Ebenda*, S. 507.

(20) Löwy, *Georg Lukács*, p. 188.

(21) Lukács, Geschichte und Klassenbewußtsein, *a. a. O.*, S. 493.

(22) *Ebenda*, S. 509.

(23) Vgl. *ebenda*.

(24) *Ebenda*, S. 397.

(25) Cf. Arato and Breines, *The young Lukacs and the Origins of Western Marxism*, p. 145.

(26) *Ibid*.

(27) Lukács, Geschichte und Klassenbewußtsein, *a. a. O.*, S. 163.

(28) *Ebenda*, S. 397.

(29) Vgl. *ebenda*, S. 394.

（30）*Ebenda*.

（31）*Ebenda*.

（32）Grunenberg, *Bürger und Revolutionär*, S. 230.

（33）Lukács, Geschichte und Klassenbewußtsein, *a. a. O.*, S. 503.

（34）Cf. Borsányi, *The Life of a Communist Revolutionary*, p. 277ff.

（35）ルカーチが『歴史と階級意識』序文において「不本意ながら出来た余暇」と呼んでいるのは、正確にはこの時期のことを指すと思われる。しかしながら、ジッタはこれをルカーチがウィーンに亡命した直後、一時期ウィーン警察によって抑留されていた期間のことだと解釈している。Cf. Victor Zitta, ***Georg Lukács' Marxism, Alienation, Dialectics, Revolution. A Study in Utopia and Ideology***, Hague 1964, p. 131.

（36）Lukács, *Chvostismus und Dialektik*, S. 7.

（37）Lukács, Organisatorische Fragen der revolutionären Initiative, in: ders., *Werke*, Bd. 2, S. 152.

（38）Vgl. Lukács, Vor dem dritten Kongreß, *a. a. O.*, S. 80.

（39）Lukács, Geschichte und Klassenbewußtsein, *a. a. O.*, S. 480.

（40）*Ebenda*, S. 482.

（41）*Ebenda*, S. 481.

（42）Lukács, Noch einmal Illusionspolitik, *a. a. O.*, S. 156.

（43）W. I. Lenin, Der "Radikalismus", die Kinderkrankheit des Kommunismus, in: *ders.*, *Werke*, Bd. 25, Berlin, 1930, S. 243.

（44）*Ebenda*, S. 229.

（45）*Ebenda*, S. 305.

（46）*Ebenda*, S. 304.

（47）*Ebenda*, S. 229.

（48）たとえばレーニンは以下のような指令を発している。「同志諸君、クラークの五郷の蜂起は容赦なく鎮圧されなければならない。革命全体の利益がこのことを要求している。なぜなら、今や至るところでクラークとの『最後の決定的戦闘』が進行中なのだから。彼らに手本を示してやらなければならない。一．一〇〇人以上の名の通ったクラーク、富者、吸血鬼を縛り首にせよ（必ず吊るせ、民衆が見えるように）。二．彼らの名前を公表せよ。三．彼らからすべての穀物を奪え。四．昨日の電報通り人質を指名せよ。周囲数百ヴェルスタにわたって民衆がそれを見て身震いし、思い知り、悲鳴をあげるようこれを行え。民衆は吸血鬼クラークを絞殺し、とことん殺しぬくだろう」。*The Unknown Lenin: From the Secret Archive*, ed. by R. Pipes, New Haven and London, 1996, p. 50.

(49) Lukács, Geschichte und Klassenbewußtsein, *a. a. O.*, S. 506.

(50) Vgl. *ebenda*, S. 454.

(51) *Ebenda*, S. 486.

(52) *Ebenda*, S. 511.

(53) *Ebenda*, S. 480.

(54) *Ebenda*.

(55) *Ebenda*, S. 487.

(56) Vgl. Lukács, Entwicklunsgeschichite des modernen Dramas, in: ders., *Werke*, Bd. 15, Darmstadt und Neuwied 1981, S. 94f.

(57) *Ebenda*, S. 94.

(58) Vgl. Lukács, Klassenbewußtsein, in: *Taktik und Ethik*, S. 212.

(59) Lukács, Geschichte und Klassenbewußtsein, *a. a. O.*, S. 487.

(60) *Ebenda*, S. 517.

(61) *Ebenda*, S. 353.

(62) *Ebenda*, S. 387.

(63) *Ebenda*, S. 393.

(64) Lukács, *Gelebtes Denken*, S. 263.

(65) Lukács, Geschichte und Klassenbewußtsein, *a. a. O.*, S. 18.
(66) Lukács, Organisatorische Fragen der revolutionären Initiative, *a. a. O.*, S. 154.
(67) Lukács, Geschichte und Klassenbewußtsein, *a. a. O.*, S. 18.
(68) *Ebenda*, S. 497.
(69) *Ebenda*, S. 487.
(70) *Ebenda*, S. 465.
(71) Luxemburg, Organisationsfragen der russischen Sozialdemokratie, *a. a. O.*, S. 444.
(72) Luxemburg, *Zur russischen Revolution*, *a. a. O.*, S. 360f.
(73) *Ebenda*, S. 362.
(74) Vgl. *ebenda*.
(75) Lukács, Geschichte und Klassenbewußtsein, *a. a. O.*, S. 487.
(76) *Ebenda*, S. 455.
(77) *Ebenda*, S. 487.
(78) *Ebenda*, S. 454.
(79) *Ebenda*, S. 460.
(80) *Ebenda*, S. 458.
(81) *Ebenda*.
(82) *Ebenda*, S. 497.
(83) Vgl. *ebenda*, S. 492.
(84) Vgl. Hegel, Grundlinien der Philosophie des Rechts, in: ders., *Werke in zwanzig Bänden*, redig. von E. Moldenhauer und K. M. Michel, Bd. 7, Frankfurt a. M. 1970, S. 342ff.
(85) Lukács, Geschichte und Klassenbewußtsein, *a. a. O.*, S. 492.

(86) Vgl. *ebenda*, S. 493.
(87) Vgl. *ebenda*, S. 492f.
(88) *Ebenda*, S. 493.
(89) Lukács, Organisatorische Fragen der revolutionären Initiative, *a. a. O.*, S. 153.
(90) Lukács, Geschichte und Klassenbewußtsein, *a. a. O.*, S. 493.
(91) *Ebenda*, S. 496.
(92) *Ebenda*, S. 496f.
(93) *Ebenda*, S. 497.
(94) *Ebenda*.
(95) *Ebenda*, S. 496.
(96) *Ebenda*, S. 509.
(97) *Ebenda*.
(98) *Ebenda*.
(99) *Ebenda*, S. 514.
(100) *Ebenda*, S. 509.
(101) *Ebenda*, S. 505.
(102) *Ebenda*, S. 509.
(103) *Ebenda*, S. 514.
(104) *Ebenda*.
(105) *Ebenda*, S. 496.
(106) *Ebenda*, S. 515f.
(107) *Ebenda*, S. 513.

(108) Vgl. *ebenda*.
(109) Vgl. *ebenda*, S. 514.
(110) *Ebenda*, S. 516.
(111) Vgl. *ebenda*.
(112) Vgl. *ebenda*, S. 15. なお「組織問題の方法的考察」においてルカーチはレーニンをあたかも党における官僚主義化への反対者であるかのように描いていた（Vgl. Lukács, Geschichte und Klassenbewußtsein, *a. a. O.*, S. 512）。だが、官僚主義の権化としてルカーチが弾劾していたクンをコミンテルンにおいて重用していたのはほかならぬレーニンである。彼はクンのやり方には「レーニンと驚くほど僅かしか共通したところがない」と述べ、「デマゴギーと暴力と、必要な場合には買収によって党と名声を作り出した」その方法はジノヴィエフ直伝であるという（Lukács, *Gelebtes Denken*, S. 119.）。しかし、クンが目指していたのはむしろレーニンのコピーであった。ルカーチは一九六七年の序文で「組織問題の方法的考察」における官僚主義批判がレーニン晩年の官僚主義批判に合致するものだったことを示唆しているが（Vgl. Lukács, Geschichte und Klassenbewußtsein, *a. a. O.*, S. 15.）、同論執筆時点でレーニンを反官僚主義者と看做すのは無理がある。むしろルカーチはローザ・ルクセンブルクのレーニン批判を通じてレーニンが独裁的な官僚主義体制の主唱者であったことを知っていたはずである。レーニンは述べていた。「官僚主義対民主主義、つまり集中主義対自治主義、これが社会民主党の日和見主義者の組織原則に対する革命的社会民主党の組織原則である。前者は下から上へ向かおうとし、［…］後者は上から出発して、部分に対する組織中央部の権利と全権を擁護するものである」（Lenin, Ein Schritt vorwärts, Zwei Schritte zurück, in: ders., *Werke*, Bd. 7, Berlin 1956, S. 400f.）と。だが、ルカーチにとってレーニンは常に偶像であった。
(113) *Ebenda*, S. 496.
(114) Max Weber, Typen der Herrschaft, in: *Grundriss der Sozialökonomik*, III. Abteilung, Wirtschaft und Gesellschaft, Tübingen 1947, S. 660.
(115) *Ebenda*, S. 661.
(116) *Ebenda*.

(117) Lukács, Geschichte und Klassenbewußtsein, *a. a. O.*, S. 497.
(118) *Ebenda*, S. 513.
(119) *Ebenda*, S. 498.
(120) *Ebenda*, S. 249.
(121) *Ebenda*.
(122) *Ebenda*, S. 246.
(123) Vgl. *ebenda*.
(124) Vgl. *ebenda*, S. 248.
(125) *Ebenda*, S. 470.
(126) *Ebenda*, S. 513.
(127) *Ebenda*, S. 503.
(128) Vgl. *ebenda*, S. 499.
(129) Vgl. *ebenda*, S. 505.
(130) *Ebenda*.
(131) *Ebenda*, S. 499.
(132) *Ebenda*, S. 504.
(133) *Ebenda*.
(134) *Ebenda*, S. 508.
(135) *Ebenda*, S. 504.
(136) *Ebenda*, S. 505.
(137) *Ebenda*, S. 507.
(138) *Ebenda*, S. 504.

(139) *Ebenda*, S. 506.
(140) *Ebenda*, S. 495.
(141) *Ebenda*, S. 256.
(142) *Ebenda*, S. 506.
(143) *Ebenda*, S. 503.
(144) *Ebenda*, S. 506.
(145) *Ebenda*, S. 454.
(146) *Ebenda*, S. 499.
(147) *Ebenda*, S. 469.
(148) *Ebenda*.
(149) *Ebenda*.
(150) *Ebenda*, S. 504.
(151) *Ebenda*, S. 224.
(152) *Ebenda*, S. 223f.
(153) この点でやはり「ブルム・テーゼ」と『歴史と階級意識』の差異は際立っている。「ブルム・テーゼ」においてルカーチはこう述べている。「ハンガリー共産党のスローガンは、どのような活動領域においてであろうと、ひとつの統一した体系を成し、労働者たちから遊離しては、彼らにとってはっきり理解できるものとはならない。労働者たちが個々のスローガンのためだけに闘争に導かれることなどありえはしない。統一性の現実的基盤は労働者の生活であり、彼らの日常的諸問題である。ただその場合にのみ、共産党のスローガンは真に労働者の体内に入っていくことが出来る」(Lukács, Blum-Thesen, *a. a. O.*, S. 722.)。具体的な日常的問題から出発して、それを一般的命題へと高めていくこと、これが「ブルム・テーゼ」におけるルカーチの方針であった。
(154) Max Adler, *Die Staatsauffassung des Marxismus*, Köln 1974, S. 189.

(155) *Ebenda*.

(156) *Ebenda*, S. 190.

(157) Vgl. Karl Kautsky, *Die Diktatur des Proletariats*, Berlin 1990, S. 17.

(158) *Ebenda*, S. 32.

第五章　階級意識の理論
――「物化とプロレタリアートの意識」における社会的意識論――

一　「物化とプロレタリアートの意識」の目的

前章で述べたように、ルカーチは自らの党理論を完成させるために「正しい階級意識」の理論を必要としていた。彼によれば「共産党の闘争はプロレタリアートの階級意識を巡って行われる[1]」以上、その厳密な規定をすることは彼にとって不可欠の手続きだったといえる。「物化とプロレタリアートの意識」の章において行われるのはこれである。その際、ルカーチのいうプロレタリアートの階級意識がたんにプロレタリアートという一定集団に特有の意識のことではないということは留意されてよい。彼にとってプロレタリアートとは「適切な社会的意識を客観的に持つことができる歴史の進行過程での最初の主体[2]」であった。それゆえその意識は階級的位置づけによって限定を受けたものではなく、むしろ階級的限定を超えて社会的現実を実態に即して適切に捉える客観的な意識に他ならない。

ルカーチによれば、プロレタリアートの視座だけがこうした意識の獲得を可能とするのであり、プロレタリアートの優位性は第一にこの点にこそ存している。彼は主張する。「ブルジョワジーは疑いなく権力手段、知識、教養、経験の点で優位を保っている。そして彼らが支配階級であるかぎりその優位は続いていく。これに対してプロレタリアートの決定的な武器、換言すれば彼らの唯一実効性のある優位はプロレタリアートが社会の総体を具体的・歴史的総体として洞察し、物化された諸形態を人間と人間との間のプロセスとして把握[3]」できる点にあると。

ところで、「正しい階級意識」あるいは「適切な社会的意識」はルカーチにとって社会的現実をひとつの対象とするたんなる認識ではなかった。たとえ客観的妥当性を主張しうるものであったとしても、その認識が「世界をただ認識するだけ」のものであるなら「世界の変革」とは結びつかない。その場合、階級意識獲得のために行われる共産党の闘争も空しいものとなる。しかし、彼の構想していた「正しい階級意識」とは「純粋な認識的態度[4]」を超え実践的意義を担うものであった。彼は主張する。プロレタリアートはその「正しい階級意識」の獲得によって「その抽象的な生存形式の諸矛盾のなかでただ否定的にしか現れない発展の内在的意義を、積極的なものとして意識化し、実践へと転化する[5]」のだと。

ルカーチによれば、マルクス主義の陣営においてもまた理論が実践的意義を担うということは明確に認識されてはこなかったという。彼は述べている。「レーニンの活動は、彼がマルクス主義の実践的本質を彼以前にはけっして到達しえなかったほどの明晰さと具体性の段階へと押し上げたことに依拠している」。しかし、「政治家としての彼の圧倒的な存在感のために、多くの人々にとって理論家としてのレーニンの役割は霞んでしまっていた[6]」。ルカーチにとってこの「マルクス主義の実践的本質」を理論的に明確化することこそ実践的に重要なのである。とは言え、「物化とプロレタリアートの意識」の議論においてレーニンに依拠する部分はほとんど見当たらず、彼の理論構成においてレーニンが果たしている役割はそれほど大きいとは思われない。だが、いずれにしても実践と結びついていく理論、すなわち「正しい階級意識」の獲得がそれ自体として実践的であることを示す社会的意識論の構築が「物化とプロレタリアートの意識」の章の目的だったのである。

ルカーチは、フィヒテにならって「哲学が事実から出発するならば、哲学は存在と有限性のただ中」に閉じ込められて現実を取り逃がすのに対して、「いかなる対象も前提せずむしろ対象自身を生み出し、そのため行為が直接所業となる純粋な活動性」[7]から出発する時、はじめて現実を適切に掴むことが可能になるという。主体が静観的に認識する対象世界は、それを認識する主体が対象世界の外部に存在するかぎり現実全体ではない。現実とは総体でなければその名に値するものにはならないとするルカーチは、ヘーゲルの洞察にしたがって主体と客体の相互作用の過程こそが現実であると考えたのであった。現実は主体・客体の双方が過程的に変化を遂げていく「自己意識」としての構造をもつのであり、したがって彼によれば「正しい階級意識」あるいは「適切な社会意識」の獲得とは社会の自己意識の獲得に他ならないという。そしてこの自己意識は、自己言及性という構造を持つがゆえに、主体と客体の双方を流動化する本質的に実践的なものでもある。ルカーチは主張する。「プロレタリアートの意識の著しく実践的な本質は、適切な正しい意識がその客体の変革を、第一に自ら自身の変革を意味しているという点にあらわれている」[8]と。それゆえ彼は「正しい階級意識」の獲得こそが、主体による客体世界の疎遠さを揚棄する革命的実践の端緒を切り開くことになると考えたのであった。

アラトー／ブレイネスが指摘するように、こうした「ルカーチのドイツ古典哲学の再構成は、フォイエルバッハに関する第一テーゼの拡張されたコメンタリーを表現するものである」[9]。マルクスによれば、「いままでのすべての唯物論（フォイエルバッハのそれも含めて）の主たる欠陥は、対象、現実、感性がただ客体あるいは直観の形式でのみ捉えられ、感性的な人間の活動、実践として捉えられておらず、つまりは主体的に捉えられていないということである」[10]。マルクスはいう。「人間の活動そのものを対象的な活動」として捉えなければ、「『革命的』な活動、すなわち『実践的・批判的な』活動の意義」[11]を把握したことにはならない。ルカーチには、同時代の哲学的主流であった新カント主義のブルジョワ思想家たちが、その基本的な理論図式において認識は常に表象の内部に留まっていると主張する時、まさに彼らは世界を静観的に傍観し「世界をただ様々に解釈してきたに過ぎない[12]」と思えたのである。彼にとってその影響はけっしてアカデミー内部に限定されることなくマルクス主義陣営にまで及んでいた。彼によれば、カール・フォルレンダー、マックス・アドラーら新カント主義的マルクス主義者たちはその典型である。ルカーチは述懐している。「ブルジョワ的思考のたんなる静観的な性格はラディカルに克服されねばならない、このことは当時の私にとってはとりわけ確実なことだった[13]」。彼は「世界を変革」するためには「人間の活動そのものを対象的活動」と捉え、主体・客体二元論を超えて現実を主体と客体の相互作用の相の下に捉える弁証法的思惟が不可欠だと考えたのである。

したがって、「物化とプロレタリアートの意識」におけるルカーチは、当時の哲学的議論を強く意識していた。実際「物化とプロレタリアートの意識」は高度に哲学的内容を含み、『歴史と階級意識』の中では異色の論文である。彼は初版序文において、「哲学に通じていない読者」は同論を一旦飛ばして全巻を通読するよう助言しているほどであった[14]。同論の最終的な目標は党理論の基礎づけという実践的な志向にあり、革命運動としてのマルクス主義に確かな方向づけを与えることを目指していたとはいえ、彼はイデオロギー的なスローガンとして実践的社会意識論を提示したのではない。プロレタリアートの階級意識は現実を総体として捉えるものであり、現実の総体としての把握は社会の自己意識としてのみ可能となるがゆえに本質的に実践的なものであるという「物化とプロレタリアートの意識」の主張は、あくまで理論的妥当性を要求するものであった。そのため、同論においてルカーチを支配していたのは、現実との緊張関係よりもむしろ当時の学問的議論との緊張関係だったと言ってよい[15]。

すなわち、彼はその実践的認識論の妥当性を実証するために、一方で彼がその学問的環境のなかで哲学的修練を積んだ新カント主義西南学派、すなわちヴィンデルバント、リッケルト、ラスクの認識主観主義を超克し、他方でフォルレンダーあるいは亡命の地ウィーンにおいてマルクス主義理論家として名を馳せていたアドラーらの反ヘーゲル主義的志向を持つ新カント主義的マルクス主義を打破する必要があったのだった。当時のルカーチは「マックス・アドラーをカント主義者および社会民主主義者としてどうしても受け入れることができなかった[16]」という。ヘーゲル哲学を梃として実践的な社会的意識論を構築しようとしていたルカーチにとって、ヘーゲルによってカントの主体・客体二元論を乗り越え、マルクス主義にヘーゲル哲学を接続することは不可欠の手続きだったのである。彼は述べている。「本書の著者は」ヘーゲルを「死んだ犬」のように扱う「フォルレンダーのような把握の仕方と絶縁したいと思う。この点について言えば、『ドイツの労働運動』を『ドイツ古典哲学の遺産相続人』と看做したエンゲルスおよびプレハーノフのマルクス解釈の伝統に立ち返ることが今日実践的にも重要なのである。レーニンの言葉にしたがえば、すべての良きマルクス主義者は、ある種のヘーゲル弁証法に対して友好的な唯物論者の組織を作らなければならない。私は、そう信じている[17]」。

そうだとすると、「マルクス主義者の理論がいまだ多くのブルジョワ的対抗理論に反省的洗練性においておくれをとっていた当時、ルカーチがマルクス主義理論をヨーロッパの知的生活における尊敬される位置にまで押し上げることにほとんど単独で成功した[18]」というジェイの評価は、やや正確さを欠くと言わねばならない。多くのルカーチ研究者は『歴史と階級意識』に関してジェイと同じような評価を下しているが、第一にカウツキーやプレハーノフ、ローザ・ルクセンブルクの議論が、当時のアカデミーの水準に比して知的洗練さの点で劣っていたとしても、フォルレンダーおよびアドラーのマルクス主義がヴィンデルバントやリッケルト、ないしはディルタイ、フッサールの議論と比較して劣っていたとは言い難い。第二に、ルカーチはけっして荒野を行くように単独でその議論を形成したのではない。彼が新カント主義者あるいはカント主義的マルクス主義者に影響を受けつつ、それを乗り越えて行こうとしていたことを考えれば、『歴史と階級意識』を、なかんずく「物化とプロレタリアートの意識」の議論を、彼がほとんど独力で構築したと言うのも言い過ぎである。『歴史と階級意識』が当時の知的水準において突出して見えるのは、あくまで第二インターあるいはコミンテルンの理論家に比してのことに過ぎない。ルカーチは、ローザ・ルクセンブルク、プレハーノフに対しては尊敬を込めて言及しているが、そもそもカウツキーやブハーリンを問題とはしていなかった。しかし、ルカーチは一方で彼が実践的契機を失っていると見ていたリッケルトら新カント派西南学派、他方でマルクス主義からヘーゲルを切り離そうとするベルンシュタインら修正主義者、およびフォルレンダーやアドラーら新カント主義的マルクス主義者を打破すべき重要な論争相手と見ていたのである。

もちろん、「物化とプロレタリアートの意識」は革命党の指導者であるルカーチが実践的マルクス主義の理論として提示したものであるから、アカデミックな一理論として括られるべきものではない。彼にとって重要であったのは『戦術と倫理』から攻勢戦術期までの観念的革命論を脱し、現実的で理論的にも確かな実践的革命論を形成することであった。だが、自らの理論に対し十分な理論的基盤を与えるという過程において、以下において示されるように、その内容的性質上、彼は当時の学問的議論を無視することができなかったのである。

そこで本章では、ルカーチが提示する実践的社会的意識論を、当時の学問的コンテクストの内部において評価しつつ、そこに内包される現実性と観念性を析出しながら「物化とプロレタリアートの意識」がその目的をどこまで達成できたのかを明らかにしていきたい。同時代的議論との比較作業は、ルカーチの議論がもつ独創性を明らかにするだけでなく、彼の議論が持つ弱点、不十分さ、先走っていた点も浮き彫りにしてくれるだろう。これまでのルカーチ研究では『歴史と階級意識』を「マルクス主義に画期をもたらした著作」とする先入観が強すぎ、同時代的な視座が欠けていた。たとえば、当時ドイツ哲学界の最高水準であったリッケルトの認識主観主義に対して、ルカーチの社会的意識論がそれを乗り越えたものだったと本当に言うことができるのか。こうした問いに対して、従来のルカーチ研究はルカーチの議論に即するばかりで客観的な評価を下してきたとは言えない。本章はそうした従来のルカーチ研究の不備を埋め「物化とプロレタリアートの意識」の歴史的評価を定めていくことを目的のひとつとしている。

二　「物化とプロレタリアートの意識」における弁証法の現実化

「物化とプロレタリアートの意識」は、第一節「物化現象」、第二節「ブルジョワ思考の二律背反」、第三節「プロレタリアートの立場」からなる『歴史と階級意識』中最大の論文である。三つの節は相互に有機的な連関を持ち、最終的にプロレタリアートは「適切な社会的意識」、すなわち「歴史過程の主体と客体の同一性」であるという意識を「客観的に持つことができる歴史の進行過程での最初の主体[19]」であることが示される。そしてこの同一性を梃に、プロレタリアートには「社会を変革する可能性と必然性[20]」が与えられているという結論に向けて議論は進んでいく。

これまで度々言及してきたように、ルカーチは革命の最大の障害を、資本主義的に構成される近代社会を本質的に不変のものと考えてしまう労働者自身の意識、すなわち労働者大衆の資本主義社会に対するイデオロギー的屈服の内に見ていた。攻勢戦術は、この種の諦念を克服するためのひとつの方途である。しかしながら、行為の一撃によって現状に対する労働者大衆の静観的態度が打破されるとする楽観論を捨てたルカーチは、「物化とプロレタリアートの意識」において、静観的態度を力ずくで破壊するのではなく、むしろその発生起源へ迫り、そこに内包される矛盾を意識化することでイデオロギー的危機の内在的打破を目指そうとする。それは「適切な社会的意識」に辿りつくための不可避の過程でもある。第一節の「物化」現象に関する解明はそうした作業の端緒をなすものであった。

資本主義社会において生じる「物化」現象に関する指摘は、いうまでもなく『資本論』の「商品の物神的性格とその秘密」に着想を得たものであり、前章で触れたようにルカーチはジンメルを介して早くからこの社会現象に着目していた。しかしながら、「物化」概念がルカーチの理論構成において占める位置づけは、『歴史と階級意識』以前ではけっして中心的なものではなかった。彼の理論的骨子を形成していたのは、あくまでヘーゲル的な概念の弁証法であった。ルカーチは『精神現象学』を手掛かりに、労働者大衆のイデオロギー的危機を「自己意識」の前段階、すなわち自らの本質が自己意識であることを自覚していない「意識」の段階として捉えていた。「認識された客体がその認識にもかかわらず、認識する主体から永遠に疎遠なままである自然科学の認識方法[21]」は、ルカーチによれば、イデオロギー的危機として表出する意識の段階に他ならない。こうした意識にとって客体世界は、たとえ意識がそれに対して批判的志向を持っていたとしても、その揺るがし難さは最初から前提されている。客体世界と主体との間のこの本質的疎遠さを揚棄し、客体世界を自己として認識する段階へと意識を押し上げていくことが彼にとっての革命であった。したがって、ルカーチが攻勢という現実的契機を導入していたにしても、そこにおいてヘーゲル的な概念の自己運動の論理が暗黙裡に先取りされていたのである。彼の革命論の観念性をなしていたのはこれであった。

こうした概念の自己運動を前提としていたがゆえに、『歴史と階級意識』以前のルカーチは易々と現実の反発力を無視することができた。彼によれば、マルクスのいう現実とはヘーゲル的歴史哲学が示唆する「歴史的過程の統一性」に他ならず、歴史哲学の論理にしたがう時、現実はどうあれ「革命はここにある」と断言することも可能であった[22]。しかし、このレベルの議論をしているかぎり、彼もベルンシュタインの批判をかわすことはできなかったといえる。ベルンシュタインは主張する。「弁証法を『脚で立たせる』ことは、簡単なことではない。現実の中で状況がどういったものであろうと、経験に従って確定されうる事実という地盤を後方にし、経験的地盤を超えた思惟をめぐらすやいなや、われわれは演繹された概念の世界に陥るのであり、その時われわれがヘーゲルの打ち立てたような弁証法の法則に従うなら、われわれはそれと気がつかないうちに『概念の自己発展』という罠に再びはまり込むのである。ヘーゲルの矛盾の論理の恐るべき学問的危険性が発生するのは［…］ここなのだ。矛盾の論理の諸命題に基づいて発展が演繹的に先取りされるや否や、すでにしてやはり恣意的な構成という危険も始まるのである」[23]。

だが、「三月行動」論争ならびにハンガリーでの闘争方針を巡る論争を通じて、『歴史と階級意識』執筆時のルカーチは現実に定位することの重要さを明確に認識するようになっていた。第一節「物化現象」における「物化」への着目は、観念的革命論から脱却し、現実と突き合わせる形で理論を再構築しようとする努力の成果だったと言ってよい。だが、このことは彼がそうした現実志向によって弁証法を捨て去ったことを意味するものではない。彼にとって弁証法をマルクス主義の理論から遠ざけることは、革命抜きの社会主義実現を構想することと同義であった。というのもルカーチの考えでは、革命とは資本主義の内在的打破であり、それゆえ内在的打破の論理である弁証法抜きで革命を構想することはあり得なかったのである。

したがってルカーチは弁証法による革命の構想が、空中に浮かんだたんなる「概念の自己発展」ではないことを示す必要があった。つまり、彼は現実志向によってヘーゲル弁証法を捨て去るのではなく、むしろその「方法的な具体化」を目指したのである。いまや彼は弁証法を現実の中に持ち込み、労働者大衆のイデオロギー的危機を概念論理学上の「意識」の段階として規定した上で、その内在的な解体を先験的に予告するのではない。彼は「意識」から「自己意識」への展開が「一定の発展段階における歴史の必然的な現象形態」[24]であることを示そうとしたのである。そのためには、イデオロギー的危機はたまたま「意識」の段階として解釈されるのではなく、「意識」の段階そのものなのだと言えなければならない。ルカーチは「意識」から「自己意識」への弁証法的展開を恣意的に現実に当てはめるのではなく、一般的な概念の運動として示される「意識」から「自己意識」への弁証法的展開の方が、現実の革命運動を抽象的に表現するものなのだと主張するのである。「物化」に関する理論の構築は、その橋渡しの機能を果たすものであった。

この作業を進める上で彼を鼓舞していたのは、『資本論』第二版の後書きにおけるマルクスのヘーゲルに関する言及である。マルクスはいう。「弁証法は、ヘーゲルの手で神秘化を被りはしたが、このことは彼がその一般的な運動諸形態をはじめて包括的かつ意識的な仕方で説明したのだということを妨げるものではない。弁証法は彼においては頭で立っている。神秘的な殻につつまれている合理的な核を露出させるためには、これを反転させなければならない[25]」。マルクスによれば、ヘーゲルの弁証法はけっして観念的な構築物などではなく、本質的には現実の運動諸形態を一般的、包括的に表現したものなのである。

だが、フォルレンダーの見るところ、「資本論そのものが含んでいる絶対的観念論の哲学者との直接的関係はわれわれが推測するよりも、少ない[26]」のであり、「かの偉大な思想家の弟子[27]」であるというマルクスの公言は、けっしてヘーゲルとマルクスとの本質的連続性を示すものではないという。初期マルクスのヘーゲル批判は、『経済学批判』、『資本論』にあっても根本的な変化はしていない、これが彼の了解であった。

これに対して、ルカーチは初期マルクスと後期マルクスのヘーゲル理解の差異を明確化するという作業は行っていないが、少なくとも『経済学批判』や『資本論』において、ヘーゲルの弁証法がマルクスにとって重要な方法的意義をもっていたことを強調している。ルカーチによれば「ヘーゲルの思想のもつ実り豊かさと力とは多くの人々が考えているより大きい[28]」のであり、「ヘーゲルの思想における方法論的に実りのある部分を現代にとっての活き活きとした精神的力として救い出す[29]」ことが肝要なのであった。そして弁証法を、その方法が「唯一生命を持ちうる本来の領域[30]」

である歴史において読み取ることがマルクスの意図に沿うものであると考えていた。マルクスによれば「弁証法の正しい諸法則は、神秘的な形態においてではあるが、すでにヘーゲルのなかに含まれている。だからこの形態を剥ぎ取ることが重要(31)」なのであった。

当時、『資本論』と弁証法の関係は、マルクス主義者の間でもいまだ本格的に論究されてはいなかった。だが、アドラーは『資本論』の分析をヘーゲル的な概念論理学からは完全に分離したものと見ていた。アドラーによると、ヘーゲルの呪縛から解放された「成熟したマルクス」は、「具体的なものが具体的なのは、それが多くの規定の統合であり、多様なものの統一だからである。したがって、具体的なものは思惟においては統合のプロセスあるいは統合の結果としてあらわれるのであって、たとえそれが現実の出発点であり、したがって直観と表象の出発点であるにしても、出発的としては現れない(32)」という立場をものにすることで、「マルクスの論理的・批判的観点は、完全にヘーゲルに反対する態度によって影響を及ぼされた(33)」ものだと主張する。アドラーは批判的方法という点でマルクスとカントの間には明らかな共通性が存在するとし、カント主義的マルクス主義の立場を固守しようとした。

だが、マルクス自身が述べているように、「価値論」において彼は確かに弁証法的な表現をとっているように見える。しかも、フォルレンダーの主張とは異なり、その言及は資本主義の破壊による個人的所有の回復を述べた箇所の「否定の否定」、ならびに資本家になるためには最低限度の価値額の所有が必要となるという箇所の「量の質への変化」の二箇所に限られない(34)。マルクスはいう。「単純な流通において商品の価値がその使用価値に対してせいぜい貨幣の自立的形態を受け取る時、商品の価値はここで突如としてひとつの過程的で自己運動的な実体として自らを提示する。商品と貨幣はこの実体に対するふたつの形態である。しかしながらそれ以上のことが起こっている。価値は商品関係を表す代わりにいまや、いわば自分自身に対する私的な関係に入っていく。根源的価値としての価値は剰余価値としての自らを自らから自らを区別する。あたかも父なる神が子なる神としての自らを自身から自らを区別するように。両者は同い歳であり、実際はただひとつの人格である。なぜなら、一〇ポンドの剰余価値によってのみ前貸しされた一〇〇ポンドは資本となり、それが資本となるやいなやただちに子が生まれ、子によって父が生み出され、両者の区別が再び消えてひとつのものすなわち一一〇ポンドとなる。こうして価値は過程的価値となり、過程的貨幣すなわち資本となる[35]」。

アドラーと並んで、当時新カント主義的マルクス主義者の代表的人物であったジークフリード・マルクは、アドラーとは異なり、マルクスが『資本論』においてこうした弁証法的叙述をしていることを認めている。しかし彼はそれを「マルクス自身の分析の諸前提と合致しない[36]」とし、「彼が商品としての貨幣にヘーゲルの具体的普遍の役割を割り当てているとすれば、それはヘーゲルの考察方法に危険な形で媚を売ること[37]」になると批判している。

だがルカーチには、マルクスが『資本論』においてあたかもヘーゲルの「精神」の位置に「価値」あるいは「資本」を措定したとは思われなかった。彼はマルクスにおける弁証法の具体化はもっと別のところにあると考えたのである。ルカーチによると、資本の自己増殖過程に関するマルクスの叙述は、むしろ資本の物神性を強調するためのものに他ならない。彼が重視するのは、資本主義の完成された形態において「資本は利子の神秘的で自己創造的な源泉[38]」として現れるとするマルクスの指摘である。マルクスによれば資本はけっして自己増殖的過程などではなく「利子を生み出す資本においては、この自動的な物神、自己自身を増殖する価値、貨幣を生む貨幣が完成されている」ため、「利子を生み出す資本はこの形態にあってはもはやその発生を跡付けるいかなる痕跡も留めてはいない[39]」がゆえに、そう見えるだけである。「ぎらぎらと輝く形態における資本の神秘化[40]」は、「社会関係がひとつの物の（貨幣の）自己自身に対する関係として完成[41]」されてしまい、この背後にある社会関係がすでに見えなくなっているからこそ生ずる。ルカーチのいうイデオロギー的危機とは、この完成された物神に拝跪する主体の態度のことなのである。

すなわちルカーチによれば、マルクスがヘーゲル弁証法を具体化するのは、一見ヘーゲル風に価値論を叙述した点においてではなく、物神性を社会関係に還元することで揚棄するまさにその時であった。ところで、ルカーチは「物化」された世界、つまり「物」と「物」との関係として現象する対象世界と、この世界を本質的には不変のものと見做し、自動物神と化した客体世界を静観する以上のことはなしえないと考える主体とが織りなす資本主義社会と、カント主義における主体・客体二元論は、基本的に同じ起源を持つものと見ていた。ジークフリート・マルクはルカーチのこの発見を「カント的タイプの哲学とブルジョワ的・資本主義的文化の独自性との間の機知に富んだアナロジー」[42]と呼んでいるが、少なくともルカーチにとっては、この平行性はたんなるアナロジーではなく経験的な事実である[43]。だからこそ、彼はヘーゲルによるカントの乗り越え、すなわち弁証法による悟性的諸規定の内破が、「物化された世界」からの脱却における現実的な雛型になり得ると考えたのである。したがって「弁証法とはそこにおいて悟性的規定の一面性や限定態がそのあるがままの姿で、つまり悟性的規定の否定として示される内在的な乗り越えである」[44]というヘーゲルの規定を生き生きとした現実的力とするためには、この過程を現実の歴史において示さねばならない。

ルカーチの主張するところでは、「プロレタリアートの学問的立場であるマルクス主義がヘーゲルを超え出て大きな一歩を踏み出した」[45]といえるのは、悟性的諸規定を「現実一般の把握の『不変の』一段階としてではなく、ブルジョワ社会の、つまりは存在と思惟を物化する必然的な実存形態と思考形態として把握」[46]することで、その弁証法的な乗り越えを歴史的現実において指示した点にあった。悟性的諸規定が形成する世界とは資本主義社会のカテゴリーが形成する世界であるというテーゼを立てることで、彼は悟性的諸規定の内在的克服を「一定の発展段階における歴史の必然的な現象形態」[47]であると主張するのである[48]。イデオロギー的危機、すなわち悟性的諸規定を不変のものと看做す

「意識」からその諸規定を流動化する「自己意識」への移行は、たんに概念論理学の一段階ではなく、「弁証法的方法が唯一生命を持ちうる本来の領域[49]」である歴史的現実において実現される、ルカーチはそう考えたのである。これが彼のいう弁証法の具体化であった。

三　「物化」論における現実的要素と観念的要素

ヘーゲルによれば、「悟性としての思考は固定した規定性とこの規定性の他の規定性に対する区別とから動くことがない。そのような制限された抽象物が悟性にとってはそれだけで持ちこたえ存在するものと看做されている[50]」という。もしこうしたヘーゲルの規定が資本主義社会の抽象的な表現であることが示され、資本主義社会が悟性の段階として位置づけられるなら、さしあたり弁証法の論理にしたがうかぎり、そこからの移行は必然である。したがってルカーチの革命論の現実性を問うならば、第一に彼が主張するように資本主義社会は根底的原理的に悟性的諸規定によって支配された世界と呼べるのかどうかを検証しなければならない。

ルカーチは、悟性的諸規定としての「事実」によって「人間を疎外し硬直化して不可浸の事物となった資本主義発展の本質[51]」を、第一節において「物化」概念を視座として構造的に解明しようとした。彼は『資本論』の「商品の物神的性格とその秘密」を手掛かりに「物化」を「人」と「人」との関係が「物」と「物」との関係として現れることであると規定するが、この「商品の物神的性格とその秘密」についてマルクスは次のように述べていた。商品は一見したところ自明でありふれたものに見えるが、感覚的に捕らまえることができると同時に価値形態としては超感性的な物でもある。そして「商品形態がなぜ神秘に満ちたものであるかといえば、それは単純に次の事に由来する。商品形態が人間に対して人間自身の労働の社会的性格を労働生産物自身の対象的性格として、これらの物の社会的な自然的性質として、したがってまた総労働に対する生産者たちの社会的関係を人間の外部にある諸対象の社会的関係として反映させるからである[52]」と。つまり他ならぬ人間のある特定の社会関係が、「ここでは人間にとって物同士の関係という幻影的形態を取っている[53]」のである。

この「物化」現象の成立をルカーチは以下のようにして説明する。すなわち、それまで社会関係を構成する媒体は、伝統や慣習あるいは宗教であったが、資本主義の発展とともにその媒体は商品（貨幣／交換価値）へと随時取って代わられていった。そして、最初は社会関係を形成する部分的媒介に過ぎなかった商品交換は、「商品形式が社会の全生活現象を貫き、自分の似姿に従って生活現象全体を変形[54]」させるに及んで、人間と人間を結びつける支配的媒介形式となっていく。いまや、社会は一つの大きな商品交換関係へと変貌した。図式的に言えば、社会関係は《人間：商品―商品：人間》によって表現されるようになる。

しかしながら人間と人間とを結びつける〈商品―商品〉の関係は、それがもっぱら交換価値の原理に依拠するために、背後にいる人間を後に残して独自の運動を始めてしまう。これによって人と人との関係は、商品（物）と商品（物）との関係として現象し、この商品相互の関係で構成される客体世界において「人間独自の活動、人間独自の労働は、なにか客体的なもの、人間から独立しているもの、人間には疎遠な独自の法則性によって人間を支配するもの[55]」として人間に対立するようになる。社会は人々の制御能力を超えた、それ自身として運動するシステムとして自立化を遂げていくのである。

ルカーチの見るところ、独自の運動を開始したこの客体世界において人間はすでに労働力商品という名の客体世界の一要素でしかない。「労働者の人間的個性と独自性」は、合法則的に運動するシステムにとっては「たんなる誤りの源泉[56]」となる。人間は「労働過程の本当の担い手としては現れず」、システムの「機械化された部分」として「機械的体系のなかにはめ込まれていく[57]」。だが、ルカーチによれば、自らを労働力商品として客体世界に投入する以外に社会関係に入っていくことができない大部分の人間は、この社会環境において生きていくためには商品関係にまるごと巻き込まれ意志を喪失してそれに従うほかはない。そして、それが「継続的で克服しえない日常の現実」となれば、やがて「人格は孤立化され、疎遠なシステムにはめ込まれた小部分としての自分の定在に生じたことを、なんの影響を与えることができぬまま傍観する者[58]」となる。ルカーチのいう労働者大衆のイデオロギー的危機が、ブルジョワ社会に対するイデオロギー的な屈服が生じるのはこの時である。

しかしながら、ルカーチはこのイデオロギー的屈服を、人間の制御能力を超えた領域すなわち第二の自然と化した社会を前に主体が抱かざるをえない無力感に由来する諦念よりもさらにもう一段階深いレベルで生じていると考えていた。すなわち、資本主義社会において人間は「外界のさまざまの対象と同様に『所有』し『売却』する『物』として現れる[59]」のであるが、客観世界において生じるこうした対象化は同時にその構造を「人間の意識全体に押し付けてくる[60]」。換言すれば人々は、他者は言うに及ばず自己自身に対しても、その存在が物扱いされることをあたかも自然なことであるかのように受けとめはじめるというのである。彼によれば、主体の意識は自らを含め存在を捉えるカテゴリーのレベルにおいて「物化された世界」に適合するよう変容を遂げたのだった。ルカーチは客体世界と同化してしまったこの意識を「物化された意識[61]」と呼ぶ。「物化」されるのは客体世界ばかりではないのである。

ルカーチは、こうして「物化」が「人間の最も深い肉体的および精神的な存在にまで達する[62]」ようになると、資本主義社会において「人間」の「物件化」という事態が生じていることを認め、それを人間性への冒涜と看做す場合でも、その「根源的現象」へと遡及することができなくなるという[63]。彼によれば、ジンメルのような「物化」のイデオロギー的側面を捉えようとした思想家でさえ、結局は「物化」を「たんに記述[64]」するに留まり「物化の直接性[65]」を超えることはできていないという。ブルジョワ思想家たちはその認識の枠組みが「物化」されているために、「物化の外面的な現象諸形式のまわりを旋回している[66]」だけで、「物化」がなぜ生じているのかを捉える所までは行かない。ルカーチはそう主張する。イデオロギー的危機はこうして完成の域へと達していくのである。

したがってルカーチが描き出すイデオロギー的危機とは、物と物との関係として形成される客体世界とそれを傍観するしかない主体という構図に、資本主義社会に生きる人々の思考が封じ込められていく有様だった。人間は「自分で作り出し『自ら産出した』現実の中で、自らの周りに一種の第二の自然を打ち立てた[67]」のである。

それゆえルカーチの議論にしたがうかぎり、資本主義社会は客体的な面においても主体的な面においても悟性的諸規定の支配する世界であるということができる。「社会現象の客体」は尽く「硬直した物的あり方」を取るのであり[68]、主体はそれを「物化して硬直し、孤立化した事実[69]」として受けとめる。物的に現れる対象世界は、固定した規定性によって相互に他の規定性から区別される自立的な物と物との関係の世界である。この世界に同化を果たした「物化された意識」は、「社会的生活の直接的で単純な諸規定を再生産[70]」する以上のことはなしえない。

なるほどルカーチのこうした議論は、なぜ資本主義社会において社会的現実がいかなる政治的権力や経済的支配力をもってしても意のままにはならない「第二の自然」と化してしまうのか、なぜ人々が主体性を捨てて現実の前に拝跪し「人格の尊重」という市民的思考に背を向けて自己並びに他者に対して物件化的姿勢で臨むのかといった資本主義社会の問題に対して、有力な説明原理を提供するものだと言えるだろう。こうした議論の更なる成果をわれわれはホルクハイマー／アドルノの『批判的社会理論』や『啓蒙の弁証法』等に見ることができる。

しかしながら、ルカーチは「物化」現象を資本主義社会に見られるひとつの「支配的な現象」というレベルに留めておくことができなかった。彼は資本主義的現実を全体として「物化」現象の内に統合しようとするのである。彼にとって「物化」は資本主義社会の根本的な構築原理であり、「物化」現象は資本主義社会全体を包括する普遍的現象であった。ルカーチによれば「商品形態は社会の全生活現象に浸透し、自分の似姿にしたがってこの生活現象全体を変形[71]」させたのである。資本主義社会における「商品形態」は「社会を形作る普遍的形態」に他ならず、それ以前の社会の「人間の社会的物質代謝の（多くの形態のなかの）一形態としての商品」とは質的に異なると主張する。[72]あらゆる人間関係は商品交換を雛型として「物」と「物」との関係として出現し、人間関係を形成する媒体として愛や規範の入り込む余地はない。これに応じて「物」と「物」との関係として自立的に作動する客体世界に要素として組み込まれた人間は、主体性を完全に喪失する。ルカーチはいう。いまや「人間相互の関係のいかなる形態も存在しなくなり、商品の対象性形式に服さないような肉体的および精神的な『特性』を発揮する機会もなくなる[73]」と。彼によれば、資本主義社会における結婚は商取引と本質的に変わるところがなく、資本主義社会における独創性は「ブルジョワ的な荒唐無稽の作り話[74]」に過ぎない。

だが、こうした強引な図式化が現実の経験と一致しないのは明らかであろう。「商品形態」が資本主義社会の「支配的な存在形態」になっているのは事実であり、かつて商品と看做されることのなかった多くの物や関係が商品化されているのも確かである。しかしながら「商品形態」が「社会を形作る普遍的形態」であるとすれば、この社会には売買されえないものは何一つとして存在せず、商品取引ではない人間関係は一切存在しないということになる。「商品形態」を資本主義社会における「支配的形態」ではなく「普遍的形態」とするルカーチの規定は、社会に対する経験的な分析とは言い難い。

なるほど攻勢戦術を退けたルカーチは、すでに見たように、いまや現実に先行し現実とは切り離された理念の領域で革命を構想するのではなく、現実そのものに分け入ることでそこに革命的契機を発見しようとしていた。「物化とプロレタリアートの意識」のルカーチは、一方で間違いなく理念のなかだけで革命を考えるのではなく、現実に迫ろうとする姿勢を見せている。

しかし、ルカーチは「物化」を客観的な社会分析のひとつの道具として使用したのではない。「物化」は資本主義社会の本質的特徴を摑むための重要な説明原理という位置づけを超えて普遍的原理へと高められ、資本主義社会全体は「物化」現象のもとに包摂されている。それはとりもなおさず、「物化」現象の理論的反映とされた主体・客体二元論のもとで資本主義社会を捉えることで、主体＝実体論を梃にそれを一挙に反転させるという戦略的意図があったために他ならない。彼が「物化」現象とブルジョワ哲学（近代哲学）の間に平行性を見出すのは、両者が同じ起源――「近代の批判哲学は、意識の物化された構造から成立した(75)」――を持つからではなく、主体＝実体論による主体・客体二元論の揚棄を革命的転換として成就させるためである。もし彼が現実主義を徹底させたとすれば、「物化」現象のみで資本主義社会を纏め上げることなどできなかったに違いない。しかしルカーチにとって、資本主義社会を主体＝実体論によって克服されるべき一段階として措定するためには、主体・客体二元論をもたらした「物化」現象は資本主義社会の普遍的な現象でなければならなかったのである。

実際、「物化」現象が普遍的な現象であるか部分的な現象であるかは、革命的戦略に決定的な違いをもたらすことになる。かりに「物化」現象が部分的な現象であるとすれば、その問題性は「物化」現象そのものよりも社会においてそれが肥大化することに求められるだろう。果てしなく拡大する「物化」現象をどう抑制していくのかという形で問いが立てられるなら、その目指す方向性は革命的な社会の抜本的転換ではなく、社会民主主義的改良主義である。だがルカーチがいうように、「人間独自の活動や人間独自の労働が、なにか客体的なもの、人間から独立しているもの、人間には疎遠な独自の法則性によって人間を支配するもの[76]」として出現し、人間はその自立的システムに対して意志を喪失して従うほかはないということが資本主義社会における全面的で宿命的な現象であるならば、この状態から脱却するためには、その構成原理である「物化」を根絶しなければならない。事実ルカーチはその方向を目指していた。

とはいえ「物化」を全面的に廃棄するならば、ルカーチが指摘するごとく、産業であれ行政であれ、近代的組織においては人間を人的要素として「物化」することで合理的に運営される組織の基礎的条件を作り出す以上、近代的組織は一切成り立たない。その場合、われわれは巨大化し複雑化した近代社会をどうやって維持していけばいいのか分からなくなる。彼は「物化された定在の構造を実践的に打破しようとする、絶えず繰り返しあらたにされる傾向[77]」を保持していくことこそがその対抗原理であると主張するが、合理的にシステム化された社会機構の存在を否定するならば、社会はきわめて原初的形態に立ち戻る以外にない。

そのためコレッティやグルネンベルクは、ルカーチの資本主義批判を回帰的なロマン主義であると看做している[78]。もとより資本主義が自然的、習俗的社会環境を純粋に社会的環境へと改変することこそが社会主義への移行の礎であるとするルカーチの主張に、原初的なものに回帰してしまうというロマン主義があったわけではない。しかし、人間を人的資源として要素化することは近代的組織にあって不可避であるにしても、それでも人権は守られねばならないという形で「物化」を補正する発想が、「物化」現象の普遍性を主張するルカーチから出てくることはなかった。彼は「物化」現象の全面化からその全面的破棄へと向かったのである。したがって、「物化」現象の分析はたしかに当時のルカーチの現実主義を示すものではあったが、やはりその議論は「革命ありき」の議論だったのである。彼はあらかじめ資本主義社会の揚棄を視野に入れた形で資本主義社会の分析を行っていたと言える。「物化」現象の全面化、悟性的諸規定の全面的支配という彼の強引な図式が生まれたのはそのためであった。

四　近代哲学の基盤としての「物化」現象

資本主義社会が完全に「物化」現象に覆われていると看做すルカーチは、それをもって資本主義社会を悟性的規定性に支配された社会であるという帰結を引き出し、悟性的規定性の支配を揚棄するために主体＝実体論をその手掛かりとして提示する。もし主体＝実体論が悟性的諸規定を基礎とする二元論哲学を揚棄しうる思想であり、二元論哲学が資本主義社会の正確な思想的反映であるとすれば、主体＝実体論は革命のための有力なモデル足りうることになる。「物化とプロレタリアートの意識」の第二節「ブルジョワ的思考の二律背反」で目標とされるのはこのことを示すことであった。

ルカーチにとって近代哲学や近代思想が資本主義社会の思想的反映であることは自明であるように思われた。彼の見るところ、「硬直した自己内完結性を保持する[79]」悟性的諸規定の諸概念は、学問的には「形式的・数学的な合理的認識[80]」、すなわち自然科学的認識にその対応を見出す。自然科学の興隆に触発され形而上学の科学的刷新を目指した近代哲学は、この「形式的・数学的な合理的認識」を「一方で認識一般と、他方で『われわれの』認識と無邪気に独断的に等置[81]」する。その際、彼が問題とするのは、対象世界は「形式的・数学的な合理的認識」によって捉えられるという近代哲学が抱くその確信の社会的根拠に他ならない。ルカーチによれば、この等置を近代哲学に「当然のこと」と思わせたのは、対象世界自体が資本主義社会において形式的・数学的認識に適合するように改変されたからだという。

すでに述べたように、ルカーチの考えでは資本主義社会は「商品形式が社会の全生活現象を貫き、自分の似姿に従って生活現象全体を変形[82]」させることで成立したのであった。そのため普遍的存在形態としての商品と商品によって構成される関係は、たんなる経済領域の表現を超えた社会関係の一般的雛型となっている。ところで、この社会的存在の基本的形式である商品は価格によって測られる量的存在である。各々の商品は質的には異なっているが価格をもった量的存在という意味では抽象的・形式的にはどれもが等しい。すべての商品が普遍的な交換関係に置かれるのはそのためである。

ルカーチは、マルクスにしたがって、交換価値が発生する根拠を人間労働の内に見ていた。したがって価値量として諸対象が等置されるということは、交換価値の根拠である人間労働が等しいことを意味する。椅子一脚に支出された人間労働とリンゴ二〇個に支出された人間労働が等しいから、椅子とリンゴは交換しうる。それゆえ、ここで想定されている人間労働はもはや現実的な実際の労働ではない。具体的な人間労働は常にそれぞれ異なるのであるから共通の尺度にはなりえない。想定されているのは形式的にはそのどれもが等しい抽象的人間労働である。質的に異なる商品同士が普遍的な交換関係に置かれるのは、それらが量的に等しければイコールで結ばれる抽象的人間労働であるからに他ならない。もちろん人間労働は、抽象的には本質的に等しいから交換関係に置かれるのではない。量的に等しければ等置されうるという抽象化の変換過程を経るからこそ、交換関係に置かれるのである。ルカーチはいう。「商品が形式的に等しいという原理は、もっぱら抽象的な、それゆえ形式的に等しい人間労働の産物であるという商品の本質においてのみ基礎づけられうる[83]」。資本主義世界においては、人間もまた時間によって正確に測ることのできる一個の抽象的な量となっているのである。

人間労働のこうした抽象化はけっして単なる概念操作ではない。ルカーチによれば、人間労働の抽象化は現実に生じた一つの歴史的過程であった。「抽象的で等しく、比較することのできる労働、社会的に必要な労働時間を基準により一層正確に測定できる労働」は「資本主義的生産の産物であると同時にその前提として資本主義的生産が発展する中で初めて成立[84]」したと彼はいう。そして、この抽象的なものとなった労働はその抽象性ゆえに正確に時間によって測定され、人間の労働は「量的に測定できる『物』、物化され機械的に客体化されて、人間の全人格から精密に分離された労働者の成果[85]」へと変貌するというのである。手工業から機械制大工業へと向かう労働過程の発展とは、まさに「労働者の質的な人間的・個人的な独自性が絶え間なく合理化されますます強く排除されてきた[86]」過程であった。したがって商品という形態が「社会を形成する普遍的形式[87]」となっているということは、すべての社会的存在がその「根源的で本来の物的性格[88]」を失い「抽象的・量的形式」として捉えられうるようになったことを意味している。ルカーチにとって「物化された世界」とは、具体的労働を無理やり抽象化・形式化することででき上がった商品形態を基礎とする仮象なのである。彼はこの抽象的・形式的性格を「具体的なものの軽蔑／侮り[89]」と呼ぶ。

それゆえルカーチにとって資本主義的生産とはあらゆる対象を量的対象へと変換し、この量的対象を合理的計算によって結合することで新たな対象を生み出していく活動である。社会的存在が量的に測ることのできる対象へと変換されればされるほど、生産活動を合理的に計算することも容易になる。彼によれば、対象の量化と生産活動の合理的計算の精緻化、「物化」と合理化は手に手を携えて進行する過程である。

こうして即物化された対象を要素としてその要素間の関係を合理的な法則性が規定する資本主義社会ができ上ると、それはあらゆる対象を本質としてではなく質料として捉え、客体世界をこの質料としての要素の間の関係を法則によって支配される世界として理解する。それは近代的な自然科学観と変わるところがない。カッシラーによれば、「原子の世界とは、純粋の量規定以外のものには一切固執しないかぎりで、物理的現実を抽象的に表現したもの」である。「物理学的物体という実体は、算術と幾何学、そしてまたその双方に還元される純粋の運動学がそれについて見出し、記録する諸性質の総体において汲み尽くされている[90]」。そして近代哲学が、とりわけカント哲学が「同時代の自然科学によって提供された素材を受容[91]」することを通じてその批判哲学を発展させてきたことを考えれば、ルカーチが「近代の批判哲学は物化された意識構造から成立した」[92]と主張したのも理解できないことではない。

ルカーチによれば、社会観と自然観はほぼ同じ構造を持ち、社会関係が「自然科学的概念構成の抽象的要素という対象性形式、自然法則の抽象的基盤という対象性形式をますますもって強く持つようになる」と、人々は「人為的に抽象化された事象の純粋な観察者、実験者の態度を取るようになる」[93]という。ポストンもルカーチとほぼ同じ了解を示し、資本主義的な「社会的諸形態が持つ諸特徴」と「一七世紀の自然科学によって概念化された自然の諸特徴」の間には多くの類似性が存在しているという。それは「社会的実践の構造化された形態としての商品」の普及が「社会的ならびに自然的世界が捉えられる仕方を条件」[94]づけた結果であると彼は主張している。われわれは社会を観察し、その市場原理を摑むことで、そこから利益を引き出そうとするが、社会そのものは人間にとってそれ自体として存在する対象世界と見做されている。この関係は近代科学の主体と客体（自然）の関係にそっくり当てはまる。ルカーチによれば、「自然とは一つの社会的カテゴリー」[95]であり、「関与者の無意識に基づく自然法則」[96]が客体化された対象世界を貫くという自然観は、「物化」現象の一般化によって準備されたものであった。

しかしながら近代の形式主義的な合理主義あるいはその哲学的表現としての主体・客体二元論は、ルカーチの主張するように「物化された意識構造から成立した」と言ってよいのだろうか。歴史的にみるかぎり、近代の合理主義的、科学的思考の起源は、近代資本主義の大工業生産の発展よりも時間的に先行する。ルカーチの立論では、「物化」現象が発生するのは、商品が「社会の普遍的形式」となるまで資本主義的生産様式が高度に発達した段階においてである。彼によれば、近代の合理主義的、科学的思考はその社会的基盤の上に成立したのであった。ところが彼のイメージする合理主義的な機械論的世界像は、資本制大規模生産が成立する以前の一七世紀にすでに成立しているのである。たとえ成立の時期をマニュファクチャー的生産の発展の時期にずらしたとしても、ボルケナウが言うように「マニュファクチャーの成立は機械論的世界像の成立と一致しない」。ボルケナウによれば、「質的哲学が放棄され機械論的世界像が創造されるのは、一六一五年ごろにはじまり、デカルトの『方法叙説』(一六三七年)、ガリレイの『天文対話』(一六三八年)、ホッブズの『法学要綱』(一六四〇年)で頂点に達するひとつの際立った変革」であったが、「マニュファクチャーは一七世紀の平均的生産様式でもない」し「マニュファクチャー的ブルジョワジーは支配階級でもない」。彼の主張によれば、「マニュファクチャー的技術に含まれているささやかな萌芽」を「大胆な一般的世界像へと普遍化」させたのは「哲学」なのである。(97)

いずれにしても、資本主義的生産体制の高度な発達をまって対象世界を即物的に捉える思惟が生まれ、それを基盤として近代合理主義が生まれてきたのではなかった。近代合理主義あるいは近代哲学が資本主義社会の思想的反映であるとするルカーチの想定は、主体＝実体論による近代哲学の揚棄を資本主義社会の揚棄のための青写真にするためのものであったが、われわれはここにおいてもまた彼の観念的な構成、事実に対する戦略的意図の先行を見出すことになる。

五　近代哲学超克の試みとその限界

ルカーチは近代哲学を資本主義社会の思想的反映と看做し、カントに代表される合理主義的二元論哲学に対するドイツ観念論の主体＝実体論による克服の試みを以って革命の青写真にしようとしていた。彼の了解では、「物化された世界」に適合的な形式的・数学的認識を導きの糸とする近代哲学は、「物化された世界」をおなじく「物化された悟性」が把握するように、「悟性に従って把握することができ、悟性によって作られ、それゆえ悟性によって支配、予想、計算が可能な現象の側面[98]」だけを捉えようとする一種の歪みあるいは独善性を抱えているという。にもかかわらず、「思考はただ自分自身が産出したものだけを把握できる[99]」というカントが定式化した理念を、近代哲学の偉大な業績として賞賛している。

ルカーチによれば、「悟性が産出したものだけを悟性は把握する」というカントがコペルニクス的転回と呼んだ思想は、近代において主体がこれまでにないほどの能動性や積極性を獲得したことを総括的に表すものであった。「世界はいまや認識する主体から独立して成立した(例えば神によって創造された)なにものかとしてそのまま受け入れられるものではなく、むしろ認識主体自身の産物として捉えられるべきである[100]」という近代哲学の指導理念は、それゆえけっしてカント哲学に特有の原理ではないという。それは客体世界の一環として生きてきた人間が客体世界に対する能動的主体へと変貌したことの総括的な思想的表現であった。近代哲学における真理観は、客体世界の側に真理の基準を置く受動的な「存在と概念の一致」観から、「制作としての真理」すなわち、認識対象は、われわれ自身によって産出されたものであるがゆえに、われわれによって認識されるという発想へ転換したのだった。「体系の個々の契機すべてが体系の根本原理から産出[101]」される数学は、近代哲学のこの要請に符合するものであったため、デカルト、カント、スピノザ、ライプニッツ、ホッブズ等の多くの哲学者に見られるように、哲学のための方法論的モデルとなっていったというのである。

しかしながら、とルカーチは続ける、一定の原理から具体的事例が必然的に生み出され、「産出と事実の把握可能性とが完全に一致する[102]」数学に対して、哲学が客体世界の総体を把握しようとする時、経験的事実を悟性の産物と看做すわけにはいかないという問題が発生する。哲学における産出は「事実をただ悟性に合わせて把握する可能性[103]」や経験的所与を受容するための悟性の形式の産出に留まり、悟性概念は「感受性としての感性に対応するもの[104]」にまでは届かない。悟性は自らが現実を把握する際の形式付与の原理を体系化することはできても、事実内容そのものを形式付与の原理から導出できないのであるから、内容は「物自体」として悟性概念の合理的体系の外に存在し続ける。その場合、近代哲学は形式付与の原理から導出できない「事実性」と、全体を合理的に構成しようとする普遍的体系化の要請との間で解決不可能なディレンマに立たされるとルカーチは主張する。近代哲学は、全体を合理的に把握しようとして「与えられたものがここにそのように在るものとして放置されたままであること」を許さず、「悟性概念の合理的体系に残さず取り込んでいかなければならない」[105]と考えるのである。しかし、彼によれば、悟性概念の合理的体系が所与そのものを産出することができないのは明らかであった。

ルカーチは、資本主義の発達、「物化」現象の進展を背景にして近代哲学のディレンマを以下のような形で総括する。世界を「認識主体自身の産物として把握」するという近代哲学の志向が登場したのは、「たんなる『自然発生的』な非合理的・事実的な拘束を破壊し解消し、捨て去っていく」[106]能動的主体を原理とする近代の発展があったからである。「ブルジョワ社会の発展の結果、社会的存在のすべての問題はその人間にとって彼岸性を失い人間的活動の産物[107]」として現れ、客体世界が人間によって創られた人間的世界へと変容したがゆえに、認識とは「『われわれ』によって産出されたもの」の認識であるという原理が客体世界に対する普遍的認識原理となり得たのだった。しかしながらこの新たな客体世界は具体的現実を「物化」し形式化することで作られた世界に他ならない。われわれによって産出されたのは形式的・合理的に作られた「物化された世界」であり、したがってその出自から言ってこの世界は形式的・合理的な認識体系によって把握することが可能である。だが、この形式的・合理的な認識体系は「物化」が抽象化の過程で捨て去り、そのため「物化された世界」の彼岸に取り残されざるをえなかった具体的現実にまで到達できない。

ルカーチは続ける。個別科学は、「手つかずの非合理性（非産出性、所与性）という形で、結局はその基礎にある物質的基体を放置し、そのようにして成立した完結し方法的に純化された世界の中で問題なく適応できる悟性カテゴリーを用いて、妨げられることなく作業することができる」と考えている。だが、そのカテゴリーは「『叡智的』素材には適用できるが、もはや（個別科学自身の）現実の物質的基体には適応されない[108]」。ルカーチの見るところ、「物化」された意識構造から生まれ、「物化された世界」を対象とする近代哲学は、内容（具体的現実）と形式との緊張を最初から孕んでいるのであった。

こうした近代哲学のディレンマは、ルカーチによれば、フィヒテを経てヘーゲルにおいて完成される主体＝実体論においてはじめて揚棄される。彼にとってこの思想的展開は実践的に重要な意味を持っていた。なぜなら、彼には形式的・数学的な悟性的思考がその内在的な矛盾によって瓦解し、弁証法的思考に席を譲るという発展図式は、悟性の段階として位置づけられた資本主義が社会主義へと移行する際の弁証法的な必然性を思想的に表現するものと思われたからである。ルカーチによれば、現実の世界においては「物化」の克服はいまだなされてはいないが、哲学においてはすでに主体＝実体論という形で「形式的・合理主義的な（ブルジョワ的な、物化された）思考の限界を思想的に打破する[109]」運動が開始されている。ヘーゲルは客体世界を主体とは疎遠な法則性のもとに動く彼岸としてではなく、弁証法的な構造をもつ歴史的生成と見做していた。歴史的世界は主体によって作り出されたものであるが、同時に主体もまた歴史的世界から生起してきたのであり、この主体と実体との間で展開される主体の自己意識を契機としたせめぎ合いの過程が歴史となる。こうした能動的な実体観から、「主体（意識または思考）を弁証法的過程の産出者であると同時に産物」と捉え、「真理を実体としてだけではなく主体」としても把握した時[110]、ヘーゲルは失われた全体性の回復に少なくとも哲学的レベルにおいては成功しているとルカーチは見ていた。彼にすれば、それはとりもなおさず思想の上での革命だったのである。

しかしながら、ルカーチの描くカントの批判哲学からヘーゲルの主体＝実体論への移行には、いくつかの重大な問題が孕まれている。第一に、彼はカントの「物自体」が「抽象的で形式的・合理主義的な『人間の』認識能力の限界または境界をあらわしている」[111]と主張するが、カントにとって「物自体」はけっして認識の限界を表すものではなかった。ルカーチが主体・客体二元論図式においては、認識の素材的・物質的基盤が主体にとって認識できない彼岸に残されると言う時、彼はちょうどカントが警告していた勘違いを犯しているように見える。カントによる認識の現象への制限は、認識の限界に関する断念の表現ではない。カントは述べている。「われわれが物質と呼ぶところの現象の基盤である超越論的客観は単なる何ものかであって、それが何であるかを誰かがわれわれに語り得たとしても、それに関してわれわれは理解することさえないだろう。というのも、直観においてわれわれの言葉に対応するものを伴わないかぎり、われわれはなにひとつ理解できないからである。もしわれわれは物の内的なものを洞察できないという嘆きが、われわれはわれわれに現れてくる物がそれ自体としてどのようなものであるかを純粋悟性によって把握することはできないという意味であるとするなら、この嘆きはまったく不当であり不合理である。なぜなら、この嘆きは感官をもたないで認識し、それゆえ直観し得ることを求め、したがってわれわれは程度の上ばかりでなく直観と直観の仕方についても、人間とはまったく異なる認識能力をもつということ、つまりわれわれは人間ではなく、それが可能かどうか、ましてやどんな性質なのかもわからない存在でありたいとする嘆きだからである」[112]。カッシラーによれば、カントの使う「現象」という言葉は「一八世紀全体にわたって確固とした市民権を与えられた自然科学の言葉の使い方」[113]から採用されたものであり、「われわれにただ不完全にしか、つまり真の存在の部分的表現としてしか知られない何かではなく、むしろ逆にわれわれがそれについての確実かつ覆し難い知を持っており、この知の確証のためにいかなる超越的な想定も必要としない何か」[114]なのである。

したがって、カントにとって「物自体」とはけっして認識の限界を意味するものではなかった。「表象の非経験的対象、すなわち超越論的対象＝X[115]」は、表象の背後にある具体的な現実存在ではなく表象を統合する形式であり、「認識の対象そのものではなく、多様な現象によって規定可能な対象一般という概念のもとで現象を表示」するものでしかない。「一言で言えば、こうした先験的なものは、それを通じて理性ができるだけすべての経験に関する体系的統一を拡大する統制的原理のたんなる図式なのである[116]」。カントは言う。このことを理解していない人々だけが「現象の非感覚的原因を好んで究明しようとする[117]」のだと。このような事態をリッケルトは簡潔に次のようにまとめている。「あらゆる『物』は人が意識の状態として把握しえた要素から構成されており、物がなおそれ以外の何かである保障は全然ない[118]」。認識はいわば意識の外側へは出られない。「超越的実在は、われわれが認識するときに肯定するいかなる必然的表象関係も与えないであろう。認識に対してなお別の要求をする人は、われわれ人間に全く果たしえないことを請求する人であり、そんなことを請求する根拠はほんのわずかも存在しない。われわれは意識内容の正当な秩序、つまりそうあるべき、したがって肯定されるべき表象相互の関係以外のなにものも見出すことは出来ない。〔…〕それゆえ、われわれは認識する者として、必然的な表象関係以外のなにかが存在するかどうかについて心を煩わす必要はないのである[119]」。

またルカーチの見解、すなわちカント的二元論哲学において数学・幾何学をモデルとする「アプリオリな総合」は経験的領域において挫折し、「『産出』はただ事実の悟性適合的な把握可能性[120]」を表しているに過ぎず、「産出の原理」は不徹底にしか適応されていなかったのに対して、フィヒテ、ヘーゲルは産出の原理を徹底化することで近代哲学のアポリアを解消する道を切り開いたという批判的見解も的外れである。「アプリオリな総合」が純粋数学において成り立つのは、カントによれば直観形式の全体がすべての特殊な空間及び時間的形象に先行し、この根源的総体性の制限によって特殊的なものが成立するからであった。これに対して自然を物理的諸物の総体として理解するならば、なるほど自然において「アプリオリな総合」は成り立たないが、カントの定義では「普遍的法則にしたがって規定されているかぎりでの諸物の存在の在り様[121]」こそが「自然」なのである。カントは主張する。「自然の最高の立法は、われわれ自身の中に、つまりわれわれの悟性の内に存在しなければならない。だからわれわれは自然の普遍法則を、経験を通じて自然から求めるのではなく、むしろ逆に自然をその普遍的法則性にしたがって、たんにわれわれの感性ならびに悟性のうちにある経験を可能とする条件から求めなければならない[122]」。カントの根本的洞察にしたがえば、われわれにとって「経験そのものがすでに悟性を必要とする認識の仕方[123]」なのであり、それ以前に「なまの経験」、「純粋な所与性」のごときものは存在しないということであった。

だが、ルカーチは「ヴィンデルバント、リッケルト、ラスク」が、ブルジョワ哲学の予断から「論理的意味で素材の非合理性を『究極の』事実にまで仕立て上げている[124]」と批判し、フィヒテとヘーゲルに依拠しつつ「産出の原理」を貫徹することで二元論的な合理主義の限界を弁証法によって乗り越えようとする。ルカーチはいう。「弁証法の助けを借りて合理主義の限界を突破する」試みは、「ヘーゲルの『現象学』と『論理学』において、論理的問題の意識的な新たな把握、つまり内容の質的意味での素材的性質への、論理的・哲学的意味での素材への基礎づけがいまやはじめて着手されたのである[125]」と。

ルカーチがこうした弁証法的乗り越えの論理的筋道を措定する上で手掛かりとしていたのは、彼が新カント学派の中でもっとも洞察力をもっていたと賞賛するラスクの『フィヒテの観念論と歴史』における議論であった。ラスクは主張している。「弁証法的に自ら変化する概念が承認されうる時、そしてその時にのみ［概念内容の］非合理性を克服することが可能となる[126]」と。ラスクによれば、全体あるいは原理から部分的なものや個別的なものを生み出す数学的・幾何学的モデルが経験的世界全体に適応されるのは、論理的に言って自己創造的・自己産出的な概念が認められる場合だけであった。

しかし、ルカーチが肯定的に受けとめようとするラスクの叙述が意味しているのは、かりに（当時それがヘーゲルの主張であると了解されていた）自己創造的な概念の存在を認めるとすれば、認識にとって超越的存在に留まる「物自体」の非合理性が論理的には解消されるだろうということに過ぎない。ラスクによれば、その先鞭をつけたのが初期フィヒテであり、フィヒテにとって「普遍概念としての自我を理性の総体へむけて実体化することが、流出的（創造的）弁証法の基盤[127]」になっているという。だがラスクにしたがえば、これは「超越論的諸概念、認識論的諸形式の形而上学的改変[128]」に他ならない。ラスクは批判する。「超越論的概念理論のより一層の複合性は、それ自身において内容的思惟の現実創造的諸形式が内容的現実にされてはならないという点にある。フィヒテはまさにこの危険な誘惑に屈している。なぜなら、認識概念あるいは現実性の形式的カテゴリーが自我に基礎づけられねばならないということから、彼は自我が数学的意味でのひとつの全体として現実性を包摂しているという結論を引き出しているからである[129]」。経験的で個別的なものをなんらかの総体的概念から演繹的に引き出すということ、これはヴィンデルバントやリッケルトと同様に、ラスクにとっても明らかに不可能であった。ラスクは言う。これを可能とする時、「弁証法的にこっそりと入手された概念（知の総体性）から弁証法的な技をつかって、経験的現実性が魔術的に作り出される[130]」ことは明らかであると。彼によれば、自己創造的概念論を提示したフィヒテの一七九四年版『知識学』こそが、ヘーゲルの弁証法にとってのモデルになったという[131]。

なるほど、ルカーチがフィヒテに依拠しながら主張する「主体と客体の二元性が揚棄され、主体と客体とが一致し、同一となる対象性の水準、対象措定の水準[132]」が、「こっそりと入手された」自己創造的概念ではなく、現実的なものとして提示できるのであれば、二元論哲学は最終的に克服されたものとなるだろう。ラスクの簡潔なまとめにしたがえば、「普遍と個別を分離し、相互に疎遠なものとする代わりに、同一性、無差別性、相互浸透を出発点とし、それゆえ普遍ではなくリアルな全体を、形式的ではなく有機的な統一を、すべてのものを自らの下に同時に自らにおいて包摂したものとしての完結した総体を提示した時[133]」、この要請は満たされ、二元論の問題やそこから発生する非合理性の問題は解消される。しかしながらラスクによれば、フィヒテもまた『知識学』の繰り返し行われた刷新のなかでこの初期の構想を断念していくのである。

六　「物自体」問題の回避と主体＝実体論の現実化

ルカーチはフィヒテの構想を具体化あるいは現実化するために「思考はただ自分自身の産出したものだけを把握できる」という近代哲学の原理を貫徹すべく、「存在を非合理的な隙間なしに、彼岸的な物自体なしに」自分の所産だと考えることのできる主体を、すなわち自らが「内容の総体の産出者だと考えられる主体[134]」を発見しなければならなかった。「主体と客体との二元性が揚棄され、主体と客体とが合致し、同一である対象性の水準、諸対象を定立する水準」を見出し、「同一的主体・客体からすべての所与をこの同一的主体－客体の産物」として把握する時[135]、ルカーチは主体にとって客体世界が疎遠なものとなっている近代資本主義社会を揚棄する革命の本質を摑み取ることが可能になると想定したのである。

したがってここで主張されている主体は客体世界と対峙し客体世界を観察する主体ではない。ルカーチはフィヒテを参照しつつ、この主体を「事行」の主体であるという。フィヒテによれば、哲学が事実から出発するのではなく、

「いかなる客体も前提せず、客体を自分から産出し、したがって『行為』が直接『所業』となる純粋な活動性[136]」、すなわち「事行」から出発する時、はじめて対象世界を主体にとって疎遠なものではない全体として摑むことが可能となるというのである。

しかしながら、「現実の具体的総体をその産物と考えることのできる『事行』の主体[137]」を、現実的に考えることなどできるだろうか。ルカーチがいうように、もしそうした主体を考えることが可能だとすれば、「内容に対する疎遠さや、そこから生じる物自体、または『叡智的偶然性』などすべての問題」が論理的に解決され、「思考された世界」を「われわれによって『産出された』体系」として定立することもできる[138]。だが、存在そのものを現実的に産出する主体を想定するとすれば、その主体は創造主、神しかいない。結局、カントの提起した物自体問題は、同一哲学をもってしても解決しえなかったと言うべきであろう。この点に関してルカーチの叙述は極めて曖昧である。

ルカーチによれば「それにとって内容が与えられるのではなく、『産出』される『直覚的悟性[139]』」は、芸術という「具体的で現実的な実現領域[140]」において発見されるという。「物化とプロレタリアートの意識」における芸術原理に関する叙述はきわめて簡略なものであるが、ハイデルベルク時代に書かれた美学論考から再構成してみると、以下のようになる。すなわち、芸術の生産的活動性は「完成され自己充足し、主体性と客体性を同一のものへともたらす作品を生み出す[141]」。したがって芸術における「作品」は「活動性が必然的に相対的な主体と疎遠な内容を生み出すものであることをやめ」、「生産的エネルギーと生産されたものとがそのなかで完全に同一性となり、主体と客体がそのなかで一致する絶対的な無差別となる永遠の創造[142]」、「ミクロコスモス」を形成する。芸術作品においては間違いなく「客体的なもの」「外的なもの」が「もっとも内的なもっとも主体的な所有[143]」として同化されているとルカーチは主張する。むろん「美的原理が客観的現実の構築原理へと高められる」とすると、「直覚的悟性の発見は神話化されざるをえない[144]」。

だが彼によれば、芸術は少なくとも「この産出が疑いなく与えられている」[145]ことを証明するものであり、産出における重要なモデルへと高められる。芸術が指し示すのは、「このような産出」の存在を哲学の前提として立ててよいことを保障するものであり、したがって哲学は「このような産出」を現実において発見することを課題とするのだという。

しかしながら芸術的産出をモデルとして立てることで、はたして「物自体」問題が解決されたと言えるだろうか。かりにルカーチが主張するように、芸術的創造において主体的な芸術的意志が客体としての作品になり、客体としての作品が主体的な芸術的意志の具現化を意味するとしても、芸術的意志の現実化に際して物質的、素材的存在の所与性は相変わらず残されたままである。しかし、彼は芸術原理を梃にしてこの問題圏をあっさり後方にし、具体的現実が与えられるのではなく、具体的現実を産出するところの主体の問題へと進んでいった。問題は「『産出者』の主体を産出することである」[146]と。

したがって、ルカーチは物質的、素材的存在の所与性の問題を密かに棚上げしたのだと言ってよい。すなわち彼は芸術的創造を応用しながら、およそあらゆる存在がわれわれにとって対象として現れてくる際に持たざるをえない「対象性形式」を客体と読み替えているのである。

とは言え、この読み替えはルカーチにとって主体＝実体論を現実的に構想するための生産的な帰結をもたらしたと言ってよい。彼によれば、われわれが認識している「対象」とは、実際にはこの「対象性形式」であり、対象を対象たらしめている形式に他ならない。「対象性形式」はわれわれが対象を捉える際の認識の枠組みであると同時に、「対象そのものの構造的な構築原理」[147]でもある。それゆえ彼は客体世界を、「対象性形式」を媒介として産出されかつ認識されるものだというのである。

もちろんこの「対象性形式」はアプリオリな存在ではない。「あらゆる認識客体の対象性形式を規定」[148]するのは、文化的・社会的な全体的関係性である。かつて「黒人」が「奴隷」として認識されたのは、ある特定の時代の全体的な社会関係のなかにおいてのことであった。したがって「認識にとって本質的な重大な変化」が生じると、それは「全体への関係の変化、それゆえ対象性形式の変化」として表出することになる。ルカーチはここに現実変革の原理を見出そうとする[149]。

現実の総体を産出する主体という発想を保持しながら、なおかつそれをリアルなものとして考えるために、ルカーチは客体世界の産出を「対象性形式」の産出によって置き換え、われわれにとっての「現実全体[150]」すなわち「実体[151]」とは、この「対象性形式」を変革していく歴史過程の総体であったと主張する。彼はいう。「歴史の本質とは、人間とその環境との対決が、そのつどその媒介によって行われ、人間の内的生活および外的生活の対象性を規定する構造諸形式の変化[152]」の内にある。「歴史とはまさに、人間のあり方を形成している対象性諸形式を絶え間なく変革する歴史[153]」に他ならないと。

こうして「歴史」を「実体」とするならば、たしかにそれは「われわれ」という主体によって「産出」されたものであり、それゆえ「われわれ」によって認識されるものとなる。以上のような思考転換を図ることで、ルカーチにはようやく「産出者」の主体の問題に解決の糸口を拓くことが可能となった。いまや「主体・客体の同一性、事行の主体、生成する『われわれ[154]』」を神秘的な超越的主体として措定する必要はない。歴史過程の主体とは、端的に言えば人類全体である。彼は主張する。歴史とは「人間自身の行為の産物」であり、「人間活動の諸形式、人間の自分自身との関係（そして自然および他の人間との関係）が変革されていく絶え間のないプロセス[155]」であると。

だがルカーチによれば、総体としての視座をもつ「人類」はいまだ歴史において現れてはいない。歴史過程の主体といえるのは「定立する主体自身がひとつの総体」であり、「対象を総体として考えざるをえない」主体であるという。

しかし「近代社会のなかでは、唯一階級というものだけが主体としての総体性という観点を思い浮かべる[156]」ことができるのだという。ブルジョワジーとプロレタリアート、このふたつの階級こそがさしあたり主体の候補になる。だが、ブルジョワジーはその階級利害にしたがう時、最終的に社会を総体として定立することができないとルカーチは主張する。なぜならブルジョワジーにとっては、資本主義的生産秩序こそが彼ら階級利害に合致する不可欠の前提であるにもかかわらず、それを完成へと近づけようとすればするほど、この秩序はますますもって「自らにとって外的で客観的かつ合法則的な彼ら自身の身に生じている出来事[157]」として、彼らの手から遠退いていってしまうからである。外的となった経済秩序は、時に恐慌という形でブルジョワジー自身を脅かし、そのもっとも進歩的な部分は意識的な社会の組織化、具体的には「計画経済」の導入へと駆り立てられる。しかし、「計画経済」は本質的に資本主義的生産秩序と矛盾し、自己の存立基盤を否定することに繋がるため、彼らはその志向を最後まで貫くことができない。それゆえ、ブルジョワジーにはその階級利害にしたがって社会全体を指導する力が理論的に存在しない。ルカーチはそう結論づけるのである[158]。これとは対照的に、階級利害にしたがうがゆえに階級社会の揚棄へと動機づけられ、階級の視座を超えて社会の総体を対象とすることができるプロレタリアートこそが、さしあたり主体の候補として想定されるのであった。

そして、従来は意識されなかった歴史的実体の産出過程がプロレタリアートによって意識化される時、「歴史は実際に人間の歴史となる[159]」とルカーチはいう。なるほど歴史という実体に対してなら、「制作としての真理」は問題なく適応可能である。これによって彼は安んじて「思想的生成と歴史的生成は原理に一致する[160]」と言い得たのであった。「対象性形式」を次々と変革していく全体的歴史過程こそが現実であるという視座を手にすることで、ルカーチは「現実をわれわれの『事行』として把握しうる[161]」実質的可能性を手にすることができた。その上で、彼は「真なるものは実体としてばかりでなく、同じくらいに主体としても把握され、表現されねばならない[162]」という『精神現象学』の有名な主体＝実体論を、「対象性形式」「構築原理」「媒介形式」といった概念によって具体化しようとする。すなわち、われわれにとって対象が対象として認識されるのはこの「対象性形式」を通じてであるが、対象もまた「対象性形式」を通じてでなければ「存在」となりえない。したがって対象を対象として出現させるこの形式は、「対象そのものの構造的な構築原理でありリアルな運動傾向[163]」でもある。この対象の構築原理が何かといえば、社会的諸関係の網の目に組み込まれた多面的な「媒介形式」にほかならない。ルカーチによれば、対象を捉えるということはどのような社会関係のなかで対象が対象として出現したのか、その媒介諸関係を全体的連関のなかで具体的に摑んでいくことであった。そして対象世界が社会的諸媒介のアンサンブルであるとすれば、「理論と実践において人間が直面する世界において」、「対象性はあらゆるそのカテゴリー的諸関係において人間の産物であり社会発展の産物[164]」であることになる。彼にとって現実の真実相とは「それによって人間とその環境との折り合いをつけ、人間の内的生活および外的生活の対象性を規定するところの構造諸形式[165]」を、人間が社会関係のなかで絶え間なく変革していく過程であった。

したがって現実を捉えるためには、「経験のたんなる直接性」、つまりさしあたり表象にとっては直接的と映る対象性をその生成過程に差し戻し、「対象の本来的で客観的な対象性構造そのものを開示[166]」しなければならない。主体と客体が二元論的に硬直化して対峙している資本主義社会において、「われわれ自身の作り出した歴史的環境世界、歴史的過程の産物」は、「物化」を契機として固定化され、「われわれとは疎遠な法則性によってわれわれに影響を及ぼしていく現実と捉えられていた[167]」。だが、主体＝実体論を視座とする時、客体世界は本質的に主体の産物であり、「関与者の無意識に基づく自然法則[168]」が支配する世界などではありえない。こうしてルカーチは、「物自体」問題の根本的解決は出来なかったものの、『戦術と倫理』以来彼が革命の原理としてきた主体＝実体論の現実化・具体化に一定程度成功したと言ってよいだろう。

七　労働力商品の弁証法

ルカーチにとって主体＝実体論を具体的に考えることは「すべての『自然的限界』を揚棄し、人間の相互関係全体を純粋な社会的関係に転化(169)」させた資本主義的近代によってはじめて可能となった。資本主義的近代の到来とともに社会が純粋に人間によって作られたものとして現れてきたからこそ、主体＝実体の洞察も現実的なものとなったのである。だが、「人間社会全体の最初の現実的な社会化」が実現されたにもかかわらず、資本主義社会における社会関係は、「生産過程の客観的法則」によって媒介され、「物に結びつて」、「物」と「物」との関係として現象したがゆえに、「人間相互の関係の出現は固定した物象性に硬直」していたのだった(170)。

彼の主張によれば、こうした「物化」された現実を相対化し「対象の本来的で客観的な対象性構造そのものを開示」しうるという点で、プロレタリアートはブルジョワジーに対して社会意識論的な優位を持つのだという。もちろんブルジョワジーと同様、その生活現象がすべて「物化」されているプロレタリアートは、通常「意識の物化」によってこの「物」と「物」との関係としてあらわれる現実を静観的にそのまま受けとめるべき「直接的」なものと看做し、対象世界が人間の産物であり社会発展の産物であるという主体＝実体の認識へと進んでいくことができない。しかしルカーチはこの「直接性」から離脱し「対象の本来的で、客観的な対象性構造そのもの(171)」へと迫っていく潜在的可能性をプロレタリアートの内に見てとる。プロレタリアートはその社会的存在の在り様からこの直接性を乗り越える内的な必然性を有しているというのである。それはさしあたり、客体世界全体の直接性についてではない。資本主義社会における物的な一対象としての自己自身、「労働力商品」についての「直接性」に関してである。彼はいう。「プロレタリアートにとっては、自分の在り方の弁証法的本質を意識するようになるかどうかは、生きるか死ぬかの問題[172]」なのだと。

ルカーチにとってプロレタリアートとは、一個の商品、「純粋な量に還元された存在」であった。このことは労働者にとって、資本主義社会の中で生きていくために甘受せざるをえない強制であり、労働者大衆の意識にも「労働力商品」という「対象性形式」が思惟カテゴリーとして刻み込まれ、やがてそれはありふれた事実へと変換されていく。「労働者の物化過程、商品化」は、こうして労働者を「意味のない存在にし、彼の魂を消耗して奇形化する[173]」。しかしルカーチはぎりぎりのところで一種の留保を加える。すなわち、この現実的な商品化にもかかわらず、それは「彼の人間的、精神的本質までをも商品に変化させない[174]」と。

ルカーチはこの「人間的、精神的本質」こそが「物化に反抗する唯一の担い手[175]」なのだと主張する。彼のいう「人間的、精神的本質」が何を意味するのかははっきりしないが、その叙述から理解するかぎり、われわれはそれを、意識を持った存在としての人間性と理解してよいだろう。彼によれば、労働者は「自分の労働力を全人格に対立して客体化し、これを自分に属する商品として販売することを強制[176]」されるが、彼らが自己意識を持つかぎり、労働者は自分の身に生じたことが「主体」の「客体」への転化であったことを意識する。[177] これに対して、ブルジョワジーには自己が客体化されているという意識はない。彼らにとって、労働力の商品化はあくまで彼らの外部において進行する過程であり、むしろ自らの支配力の増大を意味している。もちろんブルジョワジーも社会を制御しきれない以上、本当の意味での主体とは呼べないのだが、社会において通用する経済原理を意識的に利用し社会に対して主体的に関わっているという点で完全な客体化を免れ主体性の外面を保持している。そのため、彼らは主観的には客体世界の在り様を安んじて受け入れることができる。

だが、労働者大衆にとって「労働力商品としての自己」は、自己の定在からあらゆる具体性が剥奪された「純粋に抽象的な否定」[178]として現れる。それを「直接的」なものとして受け入れながらも、彼らの意識はそこに一種の抵抗を覚えるに違いない、ルカーチはそう見込んでいたのであった。なぜなら、「労働力の商品化」は他ならぬ自己自身に関わることなのだから、労働者大衆は自分の身に起こったことに無関心ではいられないだろう。そして労働者大衆の意識に「労働力商品」を思考の対象として捉えようとする反省的意識が芽生える時、「労働者は物化された状態の直接性を乗り越える」[179]契機を持つことになるはずだ。彼はそのように想定する。彼にしたがえば、ブルジョワジーには存在しない「商品化」という赤裸々な否定の経験こそが労働者大衆を反省的にするのであった[180]。

だが、まさに労働者大衆が反省的に立ち向かう「労働力商品」こそ「資本主義的な社会化の構造的原型」[181]だとすれば、その省察は正しく最後まで考え抜けば、労働力商品を生み出したプロセス、つまり具体的人間労働の抽象的人間労働への還元、それによってはじめて可能となる労働力の量化、量化された労働に基づく合理的な生産体制の構築といった「様々な媒介」[182]の認識へと促される。ルカーチはいう。それはまさに「商品構造の物神的形式の崩壊」[183]の瞬間に他ならない。労働者大衆は、「労働力商品」に対するこの反省的意識を梃にして、現実の直接性を乗り越え、社会の総体の適切な認識へと至る端緒を切り開くことができる。ブルジョワジーは現実と和解しているため、現実の直接性から抜け出すことが出来ないのに対して、プロレタリアートはその階級意識にしたがって、媒介諸関係あるいは対象性構造の開示へと向かい、社会の客観的認識に到達することが可能なのだと。ルカーチが「社会および歴史に対して特別のポジション」[184]を持つとして、プロレタリアートに特権的な地位を与えているのは、プロレタリアートだけが社会の本質の客観的認識に到達する可能性と必然性を秘めていると考えたからであった。彼にとってプロレタリアートこそが「適切な社会的意識を客観的に持つことができる歴史の進行過程での最初の主体[185]」であった。

八　総体としての社会認識の可能性

プロレタリアートにとって可能となる直接性を乗り越えた「対象性構造の開示」は、ルカーチによれば、対象に対して外側からなんらかの解釈を施したり価値判断を下したりすることではなく、対象世界に分け入りいわば対象自体に語らせることによってなされねばならない。この意味で現実を捉えるという作業は、ルカーチにとって客観的、経験的営為であった。

しかしながら、現実を具体的に捉えていくという作業は、ルカーチにとってたんなる事実の集積ではない。彼の現実に対するアプローチは、この点でベルンシュタインの科学的事実主義とは著しい対照をなしていた。ベルンシュタインは主張する。「社会民主主義によって代表される社会主義と科学との間には密接な連関が存在する。ますますもって高い程度において社会主義はその正当性を科学に見出す。あらゆる社会的、政治的分類のなかで、社会主義は科学にもっとも近い。なぜなら上昇する階級の運動として、社会主義は他のいかなる党派ないし運動よりも、存在する社会的現実に対する批判という点で、自由だからである。結局、科学的知識の前提とは批判なのである[186]」。

新カント主義の学統において哲学を学んでいたルカーチからすれば、ベルンシュタインの「科学的中立性」はあまりにも素朴であった。リッケルトが強調するところによれば「すべての経験科学の形式は最終的に価値を承認する主体に依拠して考えなければならない。われわれは自然科学の目的を考慮して必然的である個々の対象のあらゆる価値関係の抽象すらも、自然科学的概念構成を評価する主体の行為としてのみ理解しうる[187]」。あるいはヴィンデルバントにしたがうならば、「すべての任意の現実が科学にとっての事実なのではなく、簡単に言えば、科学がそれから何ものかを学びえるもののみが科学にとっての事実なのである」[188]。われわれには現実を事実として素朴に模写することなどできはしないし、そうしたことをやってもいない。事実は常に事実として構成されるのである。したがってルカーチによれば、「直接的現実性は、これを体験する人間にも歴史家にも、直接その真の構造諸形式の形では与えられない。この構造諸形式は第一に探求され発見されねばならない」[189]のであった。

この点でルカーチの主張する立場は新カント主義的批判主義に準えられるものだったと言ってよい。われわれにとって「事実」は如何にして「事実」と看做されるようになったのかを解明することこそがルカーチのアプローチであった。その際、彼は事実問題に関してリッケルトをひとつの参照軸としている。ルカーチによれば、素朴な事実主義が「自己の立場が（とりわけ自分の立場の根底にある社会的存在に）制約されていることに無批判な態度をとっている」[190]ことを、リッケルトはまさにその批判主義によって明確に洞察しているという。リッケルトは主張している。歴史が捉えられる時、われわれは事実と看做されているものの背後に常に「文化価値」を前提としている。「文化の概念は歴史的概念構成に対して、本質的なものを選択するための原理を供給する。それはちょうど現実としての自然の概念が、普遍的なものを考慮して自然科学のための選択の原理を供給するのと同じである。叙述可能な歴史的個性の概念は、文化に付着している価値あるいはそうした価値への関連付けによってはじめて構成されるのである」[191]と。

しかしルカーチはリッケルトの了解を是としつつも、リッケルトが事実を構成する「文化価値」について、その妥当性を問わなかったことを問題とする。彼はリッケルトにおいては事実を構成する「文化価値」が、その「判断の妥当性の研究さえ不可能」な「物自体」にされていると批判するのである[192]。だがリッケルトは必ずしも「文化価値」の妥当性の研究が不可能だと主張しているのではない。彼は、歴史的事実が「文化価値」抜きには構成されえないのだから、

「文化価値」はむしろ事実の領域に属しており、歴史的現実を評価するのではなく客観的に捉えるべき歴史家は、「自己の叙述を導いている価値の妥当性を問うべきではない」[193]と訴えている。リッケルトによれば、この「文化価値」を客観的に評価しようとするならば、論理的に言って「純事実的承認ということを原理において超出する」[194]妥当な超歴史的価値が必要となる。彼はいう。もしそうした価値を獲得することができたとすれば、歴史を全体として捉え、評価することも可能となるだろうと。しかし、リッケルトにとってこの超歴史的価値は「カント的な意味での『理念』」であって、「価値の体系は換言すれば常に未完のままであらざるをえず、すべての時代が全体を完成することはないだろうという意識を持って理念の実現にむけて従事」[195]するしかないのであった。

これに対してルカーチは、リッケルトが全体を総覧する超歴史的価値がなければ獲得できないとする「歴史の総体」[196]を先行して想定した上で、これが「歴史的事実の現実性や事実性の現実的な最終的根拠」[197]であると主張する。彼によれば、「『事実』の概念を現実的具体的に、すなわちその成立と存立の社会的基盤にもとづいて研究」することで、「『事実』がそこに属し『事実』がそこではじめて『現実的』となる具体的総体」[198]が獲得され、この獲得された「具体的総体」が個別的事実の真理であるとされるのである。「より高位の契機はつねに体系的により低位に位置する契機の真理である」[199]というヘーゲルの真理観を受け継いだルカーチは、探求の結果として辿りつく総体としての歴史的発展こそが、発見され獲得されていく媒介諸形式、構造諸形式の妥当性を支えるのだという。彼は述べている。「真の構造諸形式の発見に通じる道は、歴史的発展過程を総体性として認識する道である」[200]と。むろんリッケルトからすればこれは論点先取であろう。個別的事実を「歴史の総体」へと纏め上げていくためには、それを導く超歴史的価値がなければ不可能なのであり、具体的研究を無限に積み上げて行っても「歴史の総体」へは至らない。

しかしルカーチは、「歴史の総体」を「現在」と等置することで、「歴史の総体」を既に与えられたものとして措定してしまい、その上で「現在」すなわち「歴史の総体」に至る過程を再構成していこうとしたのであった。だが、こうして獲得された「歴史の総体」を、われわれは何を基準にして「適切な社会認識」だと言うことができるのだろうか。可能的条件を問う批判主義を貫徹するならば、思想的に再構成された現実の成立条件と、意識にとって「現実」と看做されていたものとの一致をもってその妥当性を主張することもできる。アドラーが支持するのはこの方法であり、彼は社会的経験の先験的条件を探ろうとする。[201]

だが、ルカーチは総体としての社会認識に拘泥し、「哲学の認識目標である絶対者を成果として把握するというヘーゲルのプログラム[202]」はマルクス主義にとっても重要な意味を持っているとさえ主張する。「絶対者はそれ自体として否定されるというよりは、むしろその具体的歴史的形態において、プロセスそのものの契機として把握[203]」される。したがって目標とされるべきは、ヘーゲル以降真剣に構築されることのなかった「具体的概念の論理学、すなわち総体性の論理学[204]」の構築である。しかしながら、かりに真理は全体であるとしても、ヘーゲルにおいてそうであるように、終極である全体があらかじめ措定されているのでもないかぎり、われわれは総体に達したと知ることなどできはしない。ルカーチが言うように経験的手続きによって媒介諸関係、構造諸形式が発見されていくのだとすれば、それによって到達できるのはより複合的で充実した、しかしながら可謬的で暫定的な総体の認識であり、総体は一つの永遠的理念であることを超えないはずである。

実際ここにおいてルカーチは、経験的・実証的研究の一線をあからさまに踏み越えてしまう。すなわち、彼は過程的に形成される「歴史の総体」を摑みとることで、歴史過程の内にひとつの「内在的意義[205]」を見出し、「発展過程の客観的必然性[206]」を導き出せると主張するのである。彼によれば、「歴史的総体は、いままで意識されずそれゆえ認識されなかったとはいえ、リアルな歴史的威力である。それは、個々の歴史的事実の現実性（したがってその認識）から切り離すことができず、もし切り離してしまえば歴史的事実の現実性や事実性自身が破棄されてしまう、そのような威力である」[207]。そしてこの「具体的総体」はある一定の方向性を指示しているのだという。

ルカーチはまさにここに革命を基礎づけようとしたのであった。媒介諸関係が発見され「具体的総体」として現実が捕らまれていく中で、「ブルジョワ社会の諸対象に必然的に属している内在的意義」[208]、すなわち資本主義社会の崩壊と社会主義への移行という「発展過程の客観的必然性」[209]が浮かび上がってくると彼は断言する。いまや重要なのはこの発展傾向を「現実のなかに認識することによって現在を生成として把握」[210]し、発展傾向としての生成を意識的に遂行することに他ならない。彼はいう。「プロレタリアートは『実現すべきいかなる観念ももってはいない』」[211]。具体的総体としての過程的現実自身が、プロレタリアートにその進むべき道を指し示すのであると。

こうしたルカーチの革命の基礎づけに関して、ジークフリート・マルクは的確にその恣意性を批判したと言ってよい。マルクによれば、ルカーチが提示する理論は「唯物論的・行動主義的形而上学、階級意識の神話学、世界史的精神の役割をはたすプロレタリアート」[212]の理論に堕しているという。「ルカーチにおけるこの胡散臭い転回が明らかにしているのは、彼が総体性を与えられ、いつでも捉えることができ、把握するための労苦を負わないものと看做し、史的唯物論の中に方法ではなく世界観を見出している」[213]ことに由来する。その際、さらにマルクが問題とするのは、ルカーチの主張する「具体的総体性」に基礎づけられた「適切な社会意識」が、その恣意性にもかかわらず、「正しい階級意識」の理論として共産党の指導を絶対化してしまうという点であった[214]。前章で述べたように、ルカーチは必ずしも共産党指導部あるいは共産党の絶対化を望んではいなかった。しかし、共産党の指導を確かなものとするために「物化とプロレタリアートの意識」において彼が目指した「正しい階級意識」の理論は、それが常に更新され続ける開かれた目標としての理念ではなく、プロレタリアートにその進むべき道を指し示す絶対的な理念に帰着してしまったために、結果としては「正しい階級意識」の帰属先である共産党を不可侵の法廷にしてしまったと言えるだろう。この点に関して、ハーバーマスはルカーチの議論を簡潔かつ正確に以下のようにまとめている。「ルカーチは決定的な、すでにマルクスによって示唆されていた誤り、すなわち『哲学の実践化』を再び理論的なものとして取り戻し、哲学の革命的現実化として表象するという誤りを犯している。それゆえに、彼はかの形而上学が自らに要請したよりももっと多くの働きを理論に期待しなければならない。つまり哲学は世界秩序として実体化される総体性の思想だけでなく、世界史的過程、哲学を通じて理性の自己実現過程に関する自らの能動的な役割について啓蒙された人々の意識的実践による総体性の歴史的展開をも意のままにできなければならないのである」[215]。「物化とプロレタリアートの意識」におけるルカーチは、多くの点で現実的要素を取り込もうとしたにもかかわらず、やはり最後まで革命を観念的に構想するという過ちを払拭することはできなかった。

九　実践的認識論の可能性
――過渡期の思想としての『歴史と階級意識』――

ルカーチにとって「物化された世界」は対象世界の形式化・合理化を進展させればさせるほど具体的現実との矛盾を激化させ、やがて「現象を個別的現象としてさえも、反省的・計算的にすら把握することがますますできなく」[216]なるほど混乱していく。ここに至って、全体性回復への運動が開始されることこそ合理的ではある。だが、ルカーチによると、破綻した部分を補うために更なる「物化」が推し進められ、「少なくとも一時的には、ブルジョワ文化のまったく中身のない、最高度に空っぽになった形式にイデオロギー的に服従する危険も増大する」[217]という。むろん、「物化」をいくら推し進めたところで根本的な矛盾は解決されないという意味で、彼は「物化された世界」の瓦解を究極的には必然と見込んでいた。とはいえ、それはあくまで可能性の増大であって、彼は「プロレタリアートの意識に関して、発展が自動的に始まるなどということはまずない[218]」と主張する。過程的に再生産される「具体的総体性」が指し示す発展傾向は実践に移さなければならず、そのためには「行動へと転化するプロレタリアートの意識がつけ加わらなければならない[219]」。プロレタリアートは「未来を導き出す使命と意欲[220]」を持たなければならないのである。したがって、ルカーチはプロレタリアートを教育することの重要を訴えて「物化とプロレタリアートの意識」を締め括っている[221]。

だが、ルカーチのいう「プロレタリアートの教育」とは一体何を意味するのだろうか。労働者大衆は自然発生的には「物化された意識」を打破することはないということが「組織問題の方法的考察」の出発点であったことを思い出せば、労働者大衆に対してなんらかの働きかけをしなければならないのは当然であろう。彼が示唆するプロレタリアートの教化とは、明らかにかれらを実践へと駆り立てていくことであった。しかも当時、直接行動が差し控えられていたことを考えれば、この強化とは少なくともその姿勢を身につけさせていくことであったと言えるだろう。彼は述べている。「プロレタリアートもまた、彼らが現実に実践的に振る舞うかぎりにおいてのみ、物化の克服が可能になるのだ[222]」と。

「物化とプロレタリアートの意識」が示すのは、ルカーチのいう通り「プロレタリアートの手に社会変革の可能性と必然性だけが与えられている[223]」ことの確認に尽きるのであれば、その可能性を現実性へと転化しないかぎり現実は何も変わらない。実際ルカーチは「どれほど社会的現象の過程的性格を正しく洞察し、その固定化した物性の見せ掛けをどれほど正しく暴露したとしても、資本主義社会のなかでこの見せ掛けが実践的に揚棄されえないのは明らかである」(224)という。なるほど資本主義社会の物象性を暴露するひとつの理論が、その理論の対象に本質的変化を及ぼすはずはない。「あらゆる静観的な、たんなる認識の態度は最終的に自分の対象に対して二元的な関係」(225)を取るのであるから、理論的知見を実行へ移すためには、何らかの媒介が、この場合でいえば共産党が不可欠となる。

しかしながらルカーチが労働者大衆をそこへと導こうとした主体＝実体論は、たんに社会を対象とする客観的な純粋認識ではなかったはずである。彼は、現実全体としての歴史過程が主体と客体の相互作用として展開されるのだという社会的意識へとプロレタリアートを導こうとしたのであった。彼らが社会に対する適切な意識を獲得するということは、現実を「人間の内的生活および外的生活の対象性を規定するところの構造諸形式」(226)を絶えず変革していく過程と理解することと同義である。したがって、「構造諸形式」あるいは「対象性形式」を媒介とする主体と客体の相互作用の過程こそが現実なのだという主体＝実体論的真理へ導かれた意識は、固定化した主体・客体関係を打破しているという点で、すでに実践的だったのではなかったか。ルカーチはまさにこのことを強調していた。彼は述べている。「社会的な強制規則は、個々の場合に、物質的に粗暴で残忍なものになるのが常であるが、あらゆる社会的な力は本質において、認識だけがそこからわれわれを解放することの出来る精神的な力なのである。しかも、それはたんに抽象的で頭のなかにのみとどまっている認識ではない。それはひとつの血肉化された認識であり、マルクスの言葉にしたがえば、実践的・批判的行為なのである」(227)と。

ルカーチが「物化とプロレタリアートの意識」において獲得したこうした理論的視座は、多くの場合、たんなる観念論あるいは主意主義であるとして批判されてきた。ステッドマン・ジョーンズは、ルカーチにとって「真のプロレタリアートの意識の出現は、それ自身ブルジョワジーの打倒と等しくなっている」(228)と批判し、ダンネマンもルカーチの実践的社会意識論はヘーゲルに起源をもつ観念論であるという。(229)アラトー／ブレイネスによれば、ルカーチは「物化とプロレタリアートの意識」において、自らが構想した「人為的で幻想的なダイナミックス」に満足できなかったために、「組織問題の方法的考察」によって「強烈な主意主義でこれを改良」したのであった[230]。こうした批判は、ルカーチ自身が後に行った『歴史と階級意識』批判に誘導されているようにも思える。彼は述べている。「認識内容は、認識する主体に引き戻されるかもしれないが、認識行為によって、認識内容の疎外された性質は失われない[231]」と。「物化とプロレタリアートの意識」の理論は、ルカーチによれば「観念論的構成物[232]」だったというのである。

もちろん、認識そのものが認識された客体の変化を引き起こすという主張は、文字通りに受けとめれば神秘主義にさえ聞こえるだろう。だが「物化とプロレタリアートの意識」においてルカーチは、この主張に現実的な基盤を与え、理論と実践を統一する実践的認識論の構築を目指したのであった。たとえば「労働力商品としての自己」に対して自覚的となり、「労働力商品」が労働力の抽象化、その抽象化に基づく量化、そして量化に依拠する合理的生産体制への編入といった「多面的な媒介」の結果として生み出されたものだということを認識した労働者大衆は、この段階でもはや元の自分ではないのである。自らの出自を自覚した労働者大衆は自己のもとに安らいでいることができなくなっている。自己に関する直接性を脱した労働者大衆は、「労働力商品」としての自己との緊張関係に置かれ、自己を規定していた構造の改変へと動機づけられる。だからこそルカーチはこう述べることができたのだった。「労働者が自らを商品として認識することは、認識としてすでに実践的である。つまり、この認識は認識の客体に対象的、構造的変化をもたらすのであるから[233]」と。主体＝実体論のもつ実践的性格は「意識が意識に対峙している対象についての意識ではなく、対象の自己意識である」がゆえに、「意識化の活動はその客体の対象性形式を変革する」という点にあった[234]。

こうした主体と客体、理論と実践、生成と歴史の相互作用こそが、主体＝実体論の強みであり、ルカーチはこの力によって静観的二元論を超えようとしていた。したがって彼が主体＝実体論に依拠するかぎり、認識の力はけっして無力な純粋認識ではありえない。「黒人」の「奴隷」からの解放が可能となるのは、「奴隷」という「対象性形式」が生まれてくる社会関係を洞察し、われわれがその「対象性形式」を変換することによってである。もちろん認識がただちに現実の変化を引き起こすわけではない。われわれは、それぞれの利害関心に縛られ自己に都合のよい「対象性形式」に固執する。しかしながらルカーチが提示する主体＝実体論は、われわれに自らが「社会的存在」であることを理解させつつ、われわれ自身が作り出した社会構造を客観的に認識させようとするものであった。そうだとすれば、その客観的で具体的な社会認識が、われわれに現存社会に内包される深刻な不合理さや歪みを示唆する時、われわれは現状に安らいでいた元のわれわれではなく、現実との緊張関係に置かれたわれわれへと変貌していることになる。

それゆえ、「物化とプロレタリアートの意識」の中核的思想を素直に受けとめれば、様々な観念的要素を内包しつつもそれが指し示しているのは、人々を社会的存在としての意識へと導き、この意識の力で社会変革を引き起こすことであろう。ところが、「人類が自分自身の生活基盤をはっきりと見抜き、それに対応してこの生活基盤を変革[235]」しようとする時、ルカーチは歴史的総体によって指示されるところの「発展過程の客観的必然性[236]」を持ち出して、その方向性を革命的実践へと固定化してしまう。彼はこの客観的必然性に導かれてプロレタリアートが「常にただ発展のすぐ次の歩みを具体的・実践的に遂行できるだけ[237]」だと述べているが、進むべき道が一義的に決定されているのだとすれば、ジークフリート・マルクが批判したように「行動主義的形而上学[238]」と言うほかはない。

革命的焦燥に取りつかれていた当時のルカーチは、あまりにも性急に革命の必然性を引き出そうとし、合理的議論のもつ漸次的変革の力に対して懐疑的であった。このことは労働者大衆に対してさえあてはまる。もし、合理的議論によって労働者大衆を正しい社会意識へと導くことができるとすれば、「目前の利益」に縛られている彼らをそこから引き剥がすために、「組織問題の方法的考察」で主張されていた「多くの苦しい経験」は必要ない。労働者大衆がその「物化された意識」のために根本的にブルジョワ的思考に囚われ、資本主義的現実を変更不可能と見做していたとしても、認識の努力によってそこから脱していくことは可能である。実際、「物化とプロレタリアートの意識」において、ルカーチはまさにそのための議論を展開したのではなかったか。もしそうでなければ、彼は一体誰にむけて何のために議論を展開しているのか分からなくなってしまう。

おそらく、『歴史と階級意識』においてルカーチはそれと意図せぬまま、社会変革に関するふたつの道筋を示していた。「物化とプロレタリアートの意識」における社会意識論的な啓蒙的道程と、「組織問題の方法的考察」における「多くの苦しい経験」を伴う政治的な実践的道程である。そして彼は、結局、実践的認識たる主体＝実体論的視座を犠牲にしても、革命への熱望のためにレーニンの前衛党論が主張する独裁的な党の指導性を支持したのだった。

革命への熱狂から目を覚まし、「イデオロギー上の発展を民主主義の方向[239]」へと解き放つことの重要性をルカーチが認識するようになるのは『歴史と階級意識』出版からさらに数年後のことである。ランドラーの死去により同派を文字通り導くことになったルカーチは、ハンガリーの現実により密着する中で、「プロレタリア革命とブルジョワ民主主義革命」が「万里の長城で相互に分離されているわけではない[240]」としてドグマティックな革命の公式を捨て、柔軟に民主主義的改革のための闘争を党の役割として打ち出していく。その成果が一九二九年に発表される「ブルム・テーゼ」に他ならない。この段階で彼はもはや歴史過程の客観的必然性に訴えることはなかった。それと同時に彼は、歴史過程の客観的必然性を背景にその独裁的指導性を発揮する前衛党の理念も捨て去った。彼は「『歴史と階級意識』の明白なセクト主義的特徴[241]」の完全な払拭にも成功したのである。ルカーチが『歴史と階級意識』を「より大きな明確性[242]」へ向けての過渡期の思想であったと述べているのは、この意味においてであった。

註

（1）Lukács, Geschichte und Klassenbewußtsein, *a .a. O.*, S. 503

（2）*Ebenda*, S. 387.

（3）*Ebenda*, S. 384.

（4）*Ebenda*, S. 393.

（5）*Ebenda*, S. 384.

（6）*Ebenda*, S. 164.

（7）*Ebenda*, S. 301.

（8）*Ebenda*, S. 387.

（9）Arato and Breines, *The young Lukacs and the Origins of Western Marxism*, p. 124.

（10）Marx, Engels, Die deutsche Ideologie, in: Marx, Engels, *Werke*, Bd. 3, Berlin 1959, S. 5

（11）*Ebenda*.

（12）*Ebenda*, S. 7.

（13）Lukács, Geschichte und Klassenbewußtsein, *a. a. O.*, S. 20.

（14）Vgl. *ebenda*, S. 163.

（15）この意味においても「物化とプロレタリアートの意識」はやはり『歴史と階級意識』における補論的位置づけをもつ論考だったと言ってよい。ルカーチは同論において、党の闘争方針やコミンテルンとの緊張といった現実的諸問題からは距離をとった形で議論を展開している。ルカーチのいう通り『歴史と階級意識』の主眼が「革命における党の役割」を明らかにすることにあったとすると、同論は後世の評価とは裏腹に『歴史と階級意識』の中心論文ではないということになる。

（16）Lukács, Geschichte und Klassenbewußtsein, *a. a. O.*, S. 19.

（17）*Ebenda*, S. 166f.

（18）Jay, *Marxism and Totality*, p. 102.

(19) Lukács, Geschichte und Klassenbewußtsein, *a. a. O.*, S. 387.
(20) *Ebenda*, S. 397.
(21) Lukács, Taktik und Ethik, *a. a. O.*, S. 58.
(22) *Ebenda*, S. 73.
(23) Bernstein, *Die Voraussetzungen des Sozialismus und die Aufgaben der Sozialdemokratie*, S. 36.
(24) Lukács, Geschichte und Klassenbewußtsein, *a. a. O.*, S. 362.
(25) Marx, Das Kapital. Kritik der Politischen Ökonomie, Erster Band, Hamburg 1890, in: Marx, Engels, *Gesamtausgabe*, hrsg. vom Institut für Marxismus und Leninismus beim ZK der KPdSU und vom Institut für Marxismus-Leninismus beim ZK der SED, Zweite Abt., Bd. 10, Berlin 1989, S. 17.
(26) Karl Vorländer, *Kant und Marx, Ein Beitrag zur Philosophie des Sozialismus*, Tübingen 1926, S. 64.
(27) Marx, Das Kapital, *a. a. O.*, S. 17.
(28) Lukács, Geschichte und Klassenbewußtsein, *a. a. O.*, S. 167.
(29) *Ebenda.*
(30) *Ebenda*, S. 329.
(31) Marx an Joseph Dietzgen, 9. Mai 1868, in: Marx, Engels, *Werke*, Bd. 32, Berlin 1965, S. 547.
(32) Max Adler, *Kausalität und Teleologie, im Streit um die Wissenschaft*, Wien 1904, S. 129.
(33) *Ebenda*, S. 130.
(34) Vgl. Vorländer, *Kant und Marx*, S. 64.
(35) Marx, Das Kapital, Erster Band, *a. a. O.*, S. 142.
(36) Siegfried Marck, *Hegelianismus und Marxismus. Philosophische Vorträge*, veröffentlicht von der Kant Gesellschaft, Berlin 1922, S. 16.
(37) *Ebenda*, S. 18.

（38）Marx, Das Kapital. Kritik der politischen Ökonomie, Dritter Band, Hamburg 1894 in: Marx, Engels *Gesamtausgabe*, hrsg. von der Internationalen Marx-Engels-Stiftung Amsterdam, Zweite Abt., Bd. 15, Berlin 2004, S. 381.

（39）*Ebenda*.

（40）*Ebenda*, S. 382.

（41）*Ebenda*, S. 381.

（42）Marck, Das dialektische Denken in der Philosophie der Gegenwart（1924), in: *Geschichte und Klassenbewußtsein heute*（2), Frankfurt a. M. 1977, S. 59.

（43）したがって、ルカーチにはこの平行性を実証する必要があった。彼は述べている。「われわれにとって重要なのは、［…］近代哲学の根本問題とその存在根拠との連関を、たとえ暗示的にでも明らかにすることである」と（Lukács, Geschichte und Klassenbewußtsein, *a. a. O.*, S. 288f.）。しかし彼がこの連関をどこまで実証し得たかどうかについては、後段で検討したい。

（44）Hegel, Enzyklopädie der philosophischen Wissenschaften im Grundrisse, in: ders., *Werke in zwanzig Bänden*, redig. von E. Moldenhauer und K. M. Michel, Bd. 8, Frankfurt a. M. 1970, S. 172.

（45）Lukács, Geschichte und Klassenbewußtsein, *a. a. O.*, S. 362.

（46）*Ebenda*.

（47）*Ebenda*.

（48）マルクスのどこにこのルカーチ的把握が示されるのかははっきりしない。彼はこの点に関してマルクスから引用あるいは参照をしていない。

（49）Lukács, Geschichte und Klassenbewußtsein, *a. a. O.*, S. 329.

（50）Hegel, Enzyklopädie der philosophischen Wissenschaften, *a. a. O.*, S. 169.

（51）Lukács, Geschichte und Klassenbewußtsein, *a. a. O.*, S. 370.

（52）Marx, Das Kapital, Erster Band, *a. a. O.*, S. 71.

(53) *Ebenda*, S. 72.
(54) Lukács, Geschichte und Klassenbewußtsein, *a. a. O.*, S. 259.
(55) *Ebenda*, S. 261.
(56) *Ebenda*, S. 263.
(57) *Ebenda*.
(58) *Ebenda*, S. 264f.
(59) *Ebenda*, S. 275.
(60) *Ebenda*.
(61) *Ebenda*, S. 268.
(62) *Ebenda*, S. 276.
(63) Vgl. *ebenda*, S. 269.
(64) *Ebenda*, S. 270.
(65) *Ebenda*, S. 260.
(66) *Ebenda*, S. 270.
(67) *Ebenda*, S. 307.
(68) *Ebenda*, S. 364.
(69) *Ebenda*, S. 368.
(70) *Ebenda*, S. 180.
(71) *Ebenda*, S. 259.
(72) *Ebenda*.
(73) *Ebenda*, S. 275f.
(74) *Ebenda*, S. 273.

(75) *Ebenda*, S. 287.
(76) *Ebenda*, S. 261.
(77) *Ebenda*, S. 385.
(78) Cf. Lucio Colletti, *Marxism and Hegel*, trans. by L. Garner, London 1973, p. 179.—Vgl. Grunenberg, *Bürger und Revolutionär*, S. 224.
(79) Lukács, Geschichte und Klassenbewußtsein, *a. a. O.*, S. 326.
(80) *Ebenda*, S. 289.
(81) *Ebenda*.
(82) *Ebenda*, S. 259.
(83) *Ebenda*, S. 261.
(84) *Ebenda*, S. 262.
(85) *Ebenda*, S. 264.
(86) *Ebenda*, S. 262.
(87) *Ebenda*, S. 259.
(88) *Ebenda*, S. 267.
(89) *Ebenda*, S. 276.
(90) Ernst Cassirer, *Substanzbegriff und Funktionsbegriff*, Berlin 1923, S. 207.
(91) Cassirer, *Das Erkenntnisproblem in der Philosophie und Wissenschaft der neueren Zeit*, Zweiter Band, New York 1971, S. 586.
(92) Lukács, Geschichte und Klassenbewußtsein, *a. a. O.*, S. 287.
(93) *Ebenda*, S. 310.
(94) Moishe Postone, *Time, Labor and social Domination. A reinterpretation of Marx's critical Theory*, New York 1993, p. 175.
(95) Lukács, Geschichte und Klassenbewußtsein, *a. a. O.*, S. 309.

(96) *Ebenda*, S. 312.
(97) Franz Borkenau, *Der Übergang vom feudalen zum bürgerlichen Weltbild*, Darmstadt 1976, S. 13.
(98) Lukács, Geschichte und Klassenbewußtsein, *a. a. O.*, S. 290.
(99) *Ebenda*, S. 299f.
(100) *Ebenda*, S. 288.
(101) *Ebenda*, S. 294.
(102) *Ebenda*, S. 297.
(103) *Ebenda*.
(104) *Ebenda*, S. 292.
(105) *Ebenda*, S. 295.
(106) *Ebenda*, S. 307.
(107) *Ebenda*, S. 315.
(108) *Ebenda*, S. 298.
(109) *Ebenda*, S. 330.
(110) *Ebenda*, S. 324.
(111) *Ebenda*, S. 291.
(112) Immanuel Kant, Kritik der reinen Vernunft, in: ders., *Werke*, Bd. 3, hrsg. von W. Weischedel, Bd. 3, Frankfurt a. M. 1974, S. 297.
(113) Cassirer, *Das Erkenntnisproblem in der Philosophie und Wissenschaft der neueren Zeit*, S. 734.
(114) *Ebenda*, S. 735.
(115) Kant, Kritik der reinen Vernunft, Bd. 3, *a. a. O.*, S. 169.
(116) Kant, Kritik der reinen Vernunft, Bd. 4, *a. a. O.*, S. 591.

(117) Kant, Kritik der reinen Vernunft, Bd. 3, *a. a. O.*, S. 298.
(118) Rickert, *Der Gegenstand der Erkenntnis*, Tübingen, Leipzig, 1904, S. 19.
(119) *Ebenda*, S. 124.
(120) Lukács, Geschichte und Klassenbewußtsein, *a. a. O.*, S. 297.
(121) Kant, *Prolegomena zur einer jeden künftigen Metaphysik, die als Wissenschaft wird auftreten können*, hrsg. von K. Pollok, Hamburg 2001, S. 57.
(122) *Ebenda*, S. 92.
(123) Kant, Kritik der reinen Vernunft, Bd. 3, *a. a. O.*, S. 26.
(124) Lukács, Geschichte und Klassenbewußtsein, *a. a. O.*, S. 298.
(125) *Ebenda*, S. 323.
(126) Emil Lask, *Fichtes Idealismus und die Geschichte*, Tübingen 1914, S. 67. 括弧内著者。
(127) *Ebenda*, S. 85.
(128) *Ebenda*.
(129) *Ebenda*.
(130) *Ebenda*, S. 86.
(131) Vgl. *ebenda*.
(132) Lukács, Geschichte und Klassenbewußtsein, *a. a. O.*, S. 301.
(133) Lask, *Fichtes Idealismus und die Geschichte*, S. 58.
(134) Lukács, Geschichte und Klassenbewußtsein, *a. a. O.*, S. 301.
(135) *Ebenda*.
(136) *Ebenda*.
(137) *Ebenda*, S. 318.

(138) *Ebenda.*
(139) *Ebenda*, S. 319.
(140) *Ebenda*, S. 317.
(141) Lukács, Heidelberger Ästhetik (1916–1918), in: ders., *Werke*, Bd. 17, Darmstadt 1974, S. 114.
(142) *Ebenda*, S. 116.
(143) *Ebenda*, S. 115.
(144) Lukács, Geschichte und Klassenbewußtsein, *a. a. O.*, S. 321.
(145) *Ebenda*, S. 322.
(146) *Ebenda.*
(147) *Ebenda*, S. 338.
(148) *Ebenda*, S. 185.
(149) Vgl. *ebenda.*
(150) *Ebenda*, S. 327.
(151) *Ebenda*, S. 325.
(152) *Ebenda*, S. 336.
(153) *Ebenda*, S. 372.
(154) *Ebenda*, S. 331.
(155) *Ebenda*, S. 372.
(156) *Ebenda*, S. 200.
(157) *Ebenda*, S. 238.
(158) Vgl. *ebenda*, S. 241f.
(159) *Ebenda*, S. 373.

(160) *Ebenda*, S. 338.
(161) *Ebenda*, S. 327.
(162) Hegel, Phänomenologie des Geistes, in: ders., *Werke in zwanzig Bänden*, redig. von E. Moldenhauer und K. M. Michel, Bd. 3, Frankfurt a. M. 1979, S. 23.
(163) Lukács, Geschichte und Klassenbewußtsein, *a. a. O.*, S. 338.
(164) *Ebenda*, S. 342f.
(165) *Ebenda*, S. 336.
(166) *Ebenda*, S. 346.
(167) *Ebenda*, S. 327.
(168) *Ebenda*, S. 312.
(169) *Ebenda*, S. 361.
(170) *Ebenda*.
(171) *Ebenda*, S. 346.
(172) *Ebenda*, S. 348.
(173) *Ebenda*, S. 356.
(174) *Ebenda*.
(175) *Ebenda*.
(176) *Ebenda*, S. 352.
(177) Vgl. *ebenda*.
(178) *Ebenda*, S. 357.
(179) *Ebenda*, S. 350.
(180) こうしたルカーチの議論に対して、ハーバーマスは、経験的に見れば「大衆の主体的自然」はむしろ「無抵抗に社会的合理化の吸引力に巻き込まれ、この過程を阻止するよりもむしろ促進」してしまったというのが実態であり、彼の議論は「精神の自己運動を一定の意味で論理的な必然として構成するヘーゲルに暗黙裡に依拠」したものに過ぎない批判している。ハーバーマスによれば、この前提を抜きにしては、なぜ「個々の賃金労働者が彼の客体としての役割」を乗り越えることになるのか説明がつかない（Habermas, *Theorie des kommunikativen Handelns*, Bd. I, S. 492.）。

しかし正確に言うならば、ルカーチは、精神の自己運動の論理を必然と看做すヘーゲルに依拠した初期マルクスに依拠したのであった。マルクスはこう述べていた。「所有者階級もプロレタリアート階級も、おなじく人間の自己疎外を示している。しかし、第一の階級はこの自己疎外のうちにみずからの安寧と保証とを感じ、この疎外を自己に適した力として知り、そのうちにある人間的な生存のみせかけをもっている。第二の階級はこの疎外のうちで自らの潰滅を感じ、そのうちに自らの無力と非人間的な生存の現象を見る。この階級は、ヘーゲルの表現を用いれば、永劫の罪のうちにおいての永劫の罰への反逆であり、この反逆たるや、彼らの人間性とこの人間性の公然たる決定的な、広大な否認である彼らの生活状態との間の矛盾によって、必然的に惹起されるものなのだ」。**Engels, Marx, Die heilige Familie oder Kritik der kritischen Kritik, *a. a. O.*, S. 37.**

しかしながら、ルカーチは精神の自己運動の論理に依拠して労働者大衆が彼の客体としての役割を自動的に乗り越えて行くと考えていたわけではない。もし、そうだとすると、革命はまさに自然発生的なものとなる。彼が示したのは「物化」構造を認識し、これを乗り越える可能的道筋であった。彼にとって、われわれが自己意識的存在であるかぎり、この可能的道筋は、ハーバーマスが批判するように、たんなる精神の自己運動の論理に依拠したストーリーとは思われなかったのである。

(181) Lukács, Geschichte und Klassenbewußtsein, *a. a. O.*, S. 357.
(182) *Ebenda*, S. 352.
(183) *Ebenda*.
(184) *Ebenda*, S. 331.
(185) *Ebenda*, S. 387.

(186) Bernstein, Wie ist wissenschaftlicher Sozialismus möglich? in: *Ein Revisionistisches Sozialismusbild*, hrsg. von H. Hirsch, Berlin 1976, S. 77.

(187) Heinrich Rickert, *Die Grenzen der naturwissenschaftlichen Begriffsbildung*, Tübingen und Leipzig 1902, S. 664.

(188) Wilhelm Windelband, *Geschichte und Naturwissenschaft*, Straßburg 1904, S. 20.

(189) Lukács, Geschichte und Klassenbewußtsein, *a. a. O.*, S. 336.

(190) *Ebenda*, S. 333.

(191) Rickert, *Kulturwissenschaft und Naturwissenschaft*, Tübingen 1921, S. 93.

(192) Lukács, Geschichte und Klassenbewußtsein, *a. a. O.*, S. 333f.

(193) Rickert, *Kulturwissenschaft und Naturwissenschaft*, S. 110.

(194) *Ebenda*, S. 158.

(195) Rickert, *Die Problem der Geschichtsphilosophie*, Heidelberg 1924, S. 119.

(196) Lukács, Geschichte und Klassenbewußtsein, *a. a. O.*, S. 334.

(197) *Ebenda*, S. 334.

(198) *Ebenda*, S. 370.

(199) *Ebenda*, S. 375.

(200) *Ebenda*, S. 336.

(201) Vgl. Adler, *Kausalität und Teleologie*, S. 177ff.

(202) Lukács, Geschichte und Klassenbewußtsein, *a. a. O.*, S. 354.

(203) *Ebenda*, S. 374.

(204) *Ebenda*, S. 323.

(205) *Ebenda*, S. 347.

(206) *Ebenda*, S. 385.

(207) *Ebenda*, S. 334.

(208) *Ebenda*, S. 347.

(209) *Ebenda*, S. 385.

(210) *Ebenda*, S. 392.

(211) *Ebenda*, S. 362.

(212) Marck, Neukritizistische und neuhegelsche Auffassung der marxistischen Dialektik (1924), in: *Geschichte und Klassenbewußtsein heute* (*2*), S. 56.

(213) *Ebenda*, S. 56.

(214) Vgl. *ebenda*.

(215) Habermas, *Theorie des kommunikativen Handelns*, Bd. 1, S. 486.

(216) Lukács, Geschichte und Klassenbewußtsein, *a. a. O.*, S. 397.

(217) *Ebenda*.

(218) *Ebenda*.

(219) *Ebenda*, S. 363.

(220) *Ebenda*, S. 392.

(221) Vgl. *ebenda*, S. 397.

(222) *Ebenda*, S. 394.

(223) *Ebenda*, S. 397.

(224) *Ebenda*, S. 394.

(225) *Ebenda*, S. 393.

(226) *Ebenda*, S. 336.

(227) *Ebenda*, S. 438.

(228) Gareth Stedman Jones, The Marxism of the Early Lukacs, in: *New Left Review*, I/70, November–December 1971, London, p. 44.

(229) Vgl. Dannemann, *Das Prinzip Verdinglichung*, S. 165.

(230) Arato and Breines, *The young Lukacs and the Origins of Western Marxism*, p. 140.

(231) Lukács, Geschichte und Klassenbewußtsein, *a. a. O.*, S. 25.

(232) *Ebenda*.

(233) *Ebenda*, S. 353.

(234) *Ebenda*, S. 363.

(235) *Ebenda*, S. 375.

(236) *Ebenda*, S. 385.

(237) *Ebenda*.

(238) Marck, Neukritizistische und neuhegelsche Auffassung der marxistischen Dialektik, in: *Geschichite und Klassenbewußtsein heute* (*2*), S. 56.

(239) Lukács, *Gelebtes Denken*, S. 131.

(240) *Ebenda*.

(241) Lukács, Geschichte und Klassenbewußtsein, *a. a. O.*, S. 34.

(242) *Ebenda*, S. 18.

結　論――『歴史と階級意識』から「ブルム・テーゼ」へ――

経済的近代化を果たすなかで、巨大な政治的後進性に囚われていた世紀末ハンガリーの裕福なユダヤ人家庭に生まれ、ロマン主義的な反資本主義・反近代の思想を抱くようになったルカーチは、自らが夢想する「新たな世界」の到来を社会主義革命に重ね合わせ、共産主義者となっていった。しかし、文学と哲学を基盤とする彼の抽象的で理想主義的な革命論は、いまだ近代化を果たしていないハンガリーの現実を一挙に飛び越えて、理念の上でだけ近代の超克を目標とするものであったがゆえに、現実に跳ね返され瓦解していく。

その後、ウィーンに亡命したルカーチは、皮肉なことに異国の地にあってはじめて現実のハンガリーと向き合う。現実主義的な志向を抱き始めた彼は、これによって自己の理想主義との間に共存し難い二元性を抱え込むこととなった。そして、党の指導方針を巡ってクンと激しく対立するようになったルカーチは、クンを鏡に写った自己の似姿としつつ、「三月行動」論争あるいはコミンテルンとの緊張関係を経て、この二元性からの脱却を目指していった。その成果が『歴史と階級意識』である。

だが、ルカーチが述懐するように、『歴史と階級意識』はなおもひとつの「混合物[1]」であった。そこには鋭く対立する二つの傾向が存在していた。『歴史と階級意識』の中心論文である「物化とプロレタリアートの意識」と「組織問題の方法的考察」には、現実的要素と観念的要素、民主主義的要素と反民主主義的要素、啓蒙主義的要素と前衛党的（セクト主義的）要素が和解し難い形で混在していた。しかし『歴史と階級意識』においてルカーチは、最終的には「物化とプロレタリアートの意識」に含まれる啓蒙的で現実的な可能性を退け、「組織問題の方法的考察」に代表される前衛党による革命主義を支持したのであった。

『歴史と階級意識』執筆の後も、ルカーチの中にはこのふたつの方向性が曖昧に共存していた。『歴史と階級意識』出版の翌年、一九二四年に発表された「レーニン」において、彼は「組織問題の方法的考察」の主張を繰り返している。ルカーチは述べている。「大衆は行動しながらしか学ぶことが出来ず、その利害の闘争においてしか自らを意識化することは出来ない(2)」。したがって、共産党は「一時的な孤立という危険を冒しても、大衆のあらゆる動揺に逆らって正しい進路を保つために、理論的明確さと堅固さをもっていなければならない(3)」。「プロレタリアートの階級意識を純粋な形で」守るために、共産党は「闘争において唯一可能な指導者」として「革命における党の役割」を果たさなければならないと(4)。革命を現実のものとするためには、労働者大衆の自主性にまかせてしまうわけにはいかず、「プロレタリアートのもっとも意識的な分子の厳格に集中化された組織(5)」としての党が、大衆に対して「彼らの真の利害を、つまりその無意識的行為、その不明瞭な思考、その混乱した知覚の基礎に現実にあるもののすべてを、明確に目の前に突きつけ自覚(6)」させなければならない、ルカーチはそう主張するのである。

レーニンの前衛党思想に依拠する同論においては、「組織問題の方法的考察」に内包されていたようなセクト主義と反セクト主義との緊張さえ存在していない。「ブルム・テーゼ」こそ、初期政治思想の到達点であるとルカーチ自身が述べていることからすると(7)、「レーニン」は『歴史と階級意識』からも後退しているように見える。少なくとも「レーニン」の党理論と「ブルム・テーゼ」において主張される民主主義的改革のための闘争を導く共産党とを接続することは不可能である。

しかしながら、一九二五年の「ラサール書簡集の新版」、一九二六年の「モーゼス・ヘスと観念的弁証法の諸問題」では、むしろ「物化とプロレタリアートの意識」の主体＝実体論が繰り返され、この観点からラサール、ヘスが批判されている。とりわけ「ラサール書簡集の新版」においてルカーチが「労働運動、プロレタリア大衆の能動性、およびプロレタリア大衆の自己意識への覚醒と社会主義との結合」が「外在的なもの」になっていることを、ラサールの問題性として強調しているのは注目されてよい。(8) ルカーチによれば、「最高の権力がなければなにも成し遂げることは出来ない」と嘆くラサールは、社会主義運動における「大衆と指導者との関係」が分かっていない。(9) 同論においてルカーチは、社会主義の理念は「大衆の現実的利害」から生まれてくるものであり、社会主義の「理念」と「大衆」とは本質的に合致しているのだと主張する。(10) ルカーチが批判するのは、観念的に作り出された理念を急進的に行動主義へと移行させようとするとき、指導者が大衆を手段と看做してしまう点であった。彼は言う。ラサールはプロレタリアートにおいてではなく、「自分自身の中にしか、自分の行動のための基準を発見することが出来なかった」ために、「この行動にとって、プロレタリアートは、もっとも運のよい場合でも忠実な同盟者」でしかなかったのだと。(11) おそらくこの批判はレーニンにこそ向けられるべきものであろうが、いずれにしても、ルカーチが独裁的なセクト主義に対する批判的意識を持ち続けていたのは間違いない。

ルカーチがラサール批判において確認したのは社会主義という理念を無媒介に急進化することの観念性である。ルカーチによれば、「具体的な歴史過程そのものが本来弁証法的なものとして理解され、それがわれわれの思想において意識に達するだけであるとしても、その時、歴史そのものから社会的な動向の決定的な傾向が見て取られ、学問の対象とされうるのである。そして、そのようにして到達された学問は、学問として実践を導くことが出来るのである」。(12) 彼は強調する。現在にいたる社会的・歴史的媒介のプロセスを認識することの方が、理念の急進化よりもはるかに実践的に意味があるのだと。

このことは、「モーゼス・ヘスと観念的弁証法の諸問題」において、「物化とプロレタリアートの意識」の基本構想を繰り返す形でより明確に述べられていた。ルカーチはいう。「弁証法的に捉えられた現在の認識に哲学を集中することこそ、未来における現実的な認識可能性、現在のなかに具体的でリアルな未来へ向かっていく傾向を認識する唯一可能な認識の道[13]」に他ならない。つまり、過程的なものとして捉えられた現在のなかに、現在を超え出ていく現実的な契機を発見し、「現在の社会的現実をその現実性において容認しかつ認識し、それにもかかわらず、現在に対して批判的に振る舞う[14]」ことが、真の社会変革への道を開くというのである。現在に対してユートピア的構想を押し付けるのではなく、現在が形成されていったその媒介関係に着目し、そこに現在を超え出ていく契機を発見すること、ルカーチによるとそれこそが歴史的リアリズムでありヘーゲルの洞察の優れた点であった。彼は主張する。「現在が具体的かつ直接的なものとして把握され、歴史過程の結果として、それゆえ発生史的に、現在の直接性の基盤にあるあらゆる媒介を示すことで把握」される時、われわれは同時に「この媒介過程自体が現在を、自己を超え出る過程のたんなる契機[15]」であることを知るのだと。

この時、ルカーチはすでに歴史過程の客観的必然性を持ち出すことはなかった。現在を超え出て行こうとする契機を現実的力に転化するためにルカーチが要請するのは、「現在の直接性に対する批判的態度決定[16]」である。ルカーチはここで批判の具体的評価軸を示してはいないが、われわれはそれを反省的自己意識の持つ合理性と了解していいだろう。現在を織りなす媒介構造を認識したわれわれは、そこに看過出来ない、あるいは和解できない不合理さを認める時、批判的にならざるをえない。そして、批判的意識によって能動的となったわれわれは、主体＝実体論を基礎として「自分自身を超え出ようとする現在の諸契機のなかに実践的で批判的な活動、つまり現在を変革する実践の指針とリアルな活動空間[17]」を発見するのであった。

そうだとすれば、社会主義への道程は、現在を弁証法的に捉えていこうとする批判的営為であり、それを現実化する基盤は人々に自らが社会的な共同存在であることを認識させ、この認識を具体化する媒介の創設であろう。「物化とプロレタリアートの意識」の議論とは異なり、弁証法的必然性を持ち出すことでわれわれが進むべき道を一義的、絶対的に規定しようするのではなく、「批判的活動」を挿入することで「実践の指針」を発見しようとするルカーチは、「正しい階級意識」という「不可侵の法廷」をもはや立ててはいない。ルカーチが「ブルム・テーゼ」において、現実を見据えて党の役割を柔軟に「民主主義的改革」に焦点を合わせることができたのは、彼がすでに独裁的セクト主義のリゴリズムを脱却することに成功していたからであった。歴史過程を一挙に飛び越えてプロレタリア独裁に到達しようとする議論は、ルカーチにとって過去のものとなっていた。ハンガリーの現実に徹底的に定位しようとする「ブルム・テーゼ」のルカーチは、そのリアリズムによってブルジョワ民主主義の完全な実現を、現在に対する批判的活動によって裏打ちされた実践的指針にしようとする。

ルカーチが『歴史と階級意識』において、社会主義へ移行する「飛躍」の不可欠性、必然性を訴えていたことを考えれば、「ブルム・テーゼ」の漸次的な「移行」の構想は『歴史と階級意識』との際立った対比を示している。彼は主張する。ブルジョワ民主主義は、「市民社会」の枠を越えるものではないにしても、ブルジョワ民主主義がその理念にしたがって純粋に自己を実現した時、「経済的搾取が保存される中で広範な労働者大衆に権力の少なくとも一部が委ねられる[18]」。それは「ブルジョワジーの政治的・経済的権力の保持を切り崩し、解体させ、労働者大衆を自立的活動へむけて組織化[19]」することを意味していると。

だがルカーチによれば、ハンガリーの現実は一見「民主主義的形態」を纏いながら「民主主義的改革、ブルジョワ民主主義の完全な溶解[20]」状態を示しているという。それゆえルカーチは、自称民主主義的改良政党がブルジョワ民主主義のためにさえ真剣に戦っていない現状において、共産党の責務は民主主義的改革へと明確に定められるべきだというのである。

もちろん、ルカーチは、ソヴィエト共和国の建設をひとつの展望としては是認されるものと考えていた。しかし現状のハンガリーにおいて、そのための実践的契機はどこにも見出せないことを、彼は現実志向に基づいて明確に認識していたという[21]。すなわち、当時のハンガリーにおいて、過程的現在のうちに見出される「自己を越えていく契機」は、ルカーチの見るところブルジョワ民主主義の実現だったのである。ルカーチによれば、当時のハンガリーで「ブルジョワ民主主義のために真剣に戦っている唯一の政党は共産党だけ[22]」であった。ルカーチは主張する。「党のこの戦いは大衆闘争へと拡大されねばならず、そうした闘争はプロレタリアートの範囲を超え出て行かねばならない[23]」と。それゆえ、この運動は「労働者の生活、労働者の日常的諸問題[24]」に連関して行われなければならない。具体的な日常的問題との連関を失うことなしに、そこから一般的な展望を獲得していこうとする現実主義者ルカーチにとって、すでに「目前の利益」と「究極目的」との険しい対立は存在しなかった。したがって、党が独裁的な指導者としての役割を果たす必要性も存在しなかったのである。

ルカーチによれば、「ブルム・テーゼ」は反セクト主義の志向に貫かれており、『歴史と階級意識』において内包されていたセクト主義と反セクト主義、急進主義と現実主義の対立が「最終的に『ブルム・テーゼ』において、ハンガリーの現実主義の勝利で終わった[25]」のだという。しかしながら、「ブルム・テーゼ」はハンガリーの現状分析と党の指導方針を定めた政治的綱領であるため、われわれはこの文書を手掛かりとしてルカーチが『歴史と階級意識』の立場からどのように理論転換を果たしたのかを知ることは出来ない。また、『歴史と階級意識』における「指導者としての党」はその性格をどのように変えたのか、そしてその転換を支える理論的基盤は何であったのか、これらについて明確に語った文書も彼は残していない。

『歴史と階級意識』から「ブルム・テーゼ」までには六年の歳月が流れており、この間ルカーチが置かれた状況も、世界情勢あるいはコミンテルンの方針も大きく変化している。ソヴィエト・ロシアではレーニンが死去し、スターリンが実権を握っていた。『歴史と階級意識』以降のルカーチの歩みを正確に辿るには、あらたな歴史的コンテクスト研究が必要である。だがこれについては、今後の課題としていきたい。

註

(1) Lukács, *Gelebtes Denken*, S. 266.
(2) Lukács, Lenin. Studie über den Zusammenhang seiner Gedanken, in: ders., *Werke*, Bd. 2, S. 543.
(3) *Ebenda*.
(4) *Ebenda*, S. 585.
(5) *Ebenda*, S. 536.
(6) *Ebenda*, S. 542f.
(7) Vgl. Lukács, *Gelebtes Denken*, S. 267.
(8) Lukács, Die neue Ausgabe von Lassalles Briefen, in: ders., *Werke*, Bd. 2, S. 624.
(9) Vgl. *ebenda*, S. 625.
(10) Vgl. *ebenda*.
(11) *Ebenda*, S. 630.

(12) *Ebenda*, S. 619f.

(13) Lukács, Moses Hess und die Probleme der idealistischen Dialektik, in: ders., *Werke*, Bd. 2, S. 653.

(14) *Ebenda*, S. 665.

(15) *Ebenda*, S. 678.

(16) *Ebenda*.

(17) *Ebenda*.

(18) Lukács, Blum-Thesen, *a. a. O.*, S. 712.

(19) *Ebenda*.

(20) *Ebenda*, S. 709.

(21) Vgl. Lukács, *Gelebtes Denken*, S. 267.

(22) Lukács, Blum-Thesen, *a. a. O.*, S. 709f.

(23) *Ebenda*, S. 710.

(24) *Ebenda*, S. 722.

(25) Lukács, *Gelebtes Denken*, S. 267.

文献一覧

アーカイヴ史料

Vorwort zu Geschichte und Klassenbewußtsein（1968）, Magyar Tudományos Akadémia Filozófial Intézet, Lukács Archivum és Könyvtára, III/69, 5015.

ルカーチの著作

Frühschriften 2: Geschichte und Klassenbewußtsein, *Werke*, Bd. 2, Darmstadt, Neuwied 1968.

Probleme des Realismus 1: Essays über Realismus, *Werke*, Bd. 4, Darmstadt, Neuwied 1971.

Probleme des Realismus 2: Der russische Realismus in der Weltliteratur, *Werke*, Bd. 5, Darmstadt, Neuwied 1964.

Probleme des Realismus 3: Der historische Roman, *Werke*, Bd. 6, Darmstadt, Neuwied 1965.

Deutsche Literatur in zwei Jahrhunderten, *Werke*, Bd. 7, Darmstadt, Neuwied 1964.

Der junge Hegel. Über die Beziehungen von Dialektik und Ökonomie, *Werke*, Bd. 8, Darmstadt, Neuwied 1967.

Die Zerstörung der Vernunft, *Werke*, Bd. 9, Darmstadt, Neuwied 1962.

Probleme der Ästhetik, *Werke*, Bd. 10, Darmstadt, Neuwied 1969.

Ästhetik: Teil 1 Die Eigenart des Ästhetischen, *Werke*, Bd. 11, Darmstadt, Neuwied 1963.

Ästhetik: Teil 2 Die Eigenart des Ästhetischen, *Werke*, Bd. 12, Darmstadt, Neuwied 1963.

Zur Ontologie des gesellschaftlichen Seins, *Werke*, Bd. 13, hrsg. von F. Benseler, Darmstadt, Neuwied 1984.

Zur Ontologie des gesellschaftlichen Seins, *Werke*, Bd. 14, hrsg. von F. Benseler, Darmstadt, Neuwied 1986.

Entwicklungsgeschichte des modernen Dramas, *Werke*, Bd. 15, hrsg. von F. Benseler, Darmstadt, Neuwied 1981.

Frühe Schriften zur Ästhetik 1: Heidelberger Philosophie der Kunst (1912–1914), *Werke*, Bd. 16, hrsg. von G. Márkus und F. Benseler, Darmstadt, Neuwied 1974.

Frühe Schriften zur Ästhetik 2: Heidelberger Ästhetik (1916–1918), *Werke*, Bd. 17, hrsg. von G. Márkus und F. Benseler, Darmstadt, Neuwied 1975.

Autobiographische Texte und Gespräche, *Werke*, Bd. 18, hrsg. von F. Benseler und W. Jung, Darmstadt, Neuwied 2009.

Taktik und Ethik. Politische Aufsätze 1, 1918–1929, hrsg. von J. Kammler und F. Benseler [Übersetzungen aus dem Ungarischen, J. Györkös], Darmstadt, Neuwied 1975.

Revolution und Gegenrevolution. Politische Aufsätze 2, *1920–1921*, hrsg. von J. Kammler und F. Benseler, Darmstadt, Neuwied 1976.

Organisation und Illusion. Politische Aufsätze 3, *1921–1924*, hrsg. von J. Kammler und F. Benseler, Darmstadt, Neuwied 1977.

Marxismus und Stalinismus. Politische Aufsätze 4, hrsg. von U. Schwerin, E. Hora, R. M. Gschwend, Hamburg 1970.

Demokratische Diktatur. Politische Aufsätze 5, *1925–1929*, hrsg. von F. Benseler [Übersetzungen aus dem Ungarischen, A. Vertes-Meller und D. Zalán], Darmstadt, Neuwied 1979.

Schriften zur Literatursoziologie. Georg Lukács Werkauswahl, Bd. 1, ausgewählt und eingeleitet von P. Ludz, Neuwied, Darmstadt, Berlin 1972.

Schriften zur Ideologie und Politik. Georg Lukács Werkauswahl Bd. 2, ausgewählt und eingeleitet von P. Ludz, Neuwied, Berlin 1967.

Die Seele und die Formen. Essays, Berlin 1911.

Die Theorie des Romans, Berlin 1920.

Weltreaktion und Weltrevolution. Flugschriften der Jugend-Internationale, Nr. 11, Berlin 1920.

Alte Kultur und neue Kultur, in: *Kommunismus*, I. Jg., Heft 43, 7. November, Wien 1920.

Magyar irodalom, magyar kultura, Budapest 1970.

Die deutsche Intelligenz und der Krieg, in: *Text + Kritik. Zeitschrift für Literatur*, hrsg. von Arnold Heinz Ludwig, Heft 39/40, Oktober, München 1973.

Curriculum vitae, in: *Text + Kritik. Zeitschrift für Literatur*, Heft 39/40, Oktober, München 1973.

Gelebtes Denken. eine Autobiographie im Dialog, red. I. Eörsi, Frankfurt a. M. 1981.

Naplo—Tagebuch (1910–1911). Das Gericht (1913), Budapest 1981.

Dostojewski. Notizen und Entwürfe, hrsg. von J. C. Nyíri, Budapest 1985.

Selected Correspondence 1902–1920, trans. and ed. by J. Marcus, and Z. Tar, New York 1986.

Blick zurück auf Lenin. Georg Lukács, die Oktoberrevolution und Perestroika, hrsg. von D. Claussen, Frankfurt a. M. 1990.

Tagebuch 1910–11 von Georg Lukács, Berlin 1991.

Chvostismus und Dialektik, Budapest 1996.

A Defence of History and Class Consciousness. Tailism and the Dialectic, trans. by E. Leslie, London New York 2002.

Forradalomban. Cikkek, tanulmányok 1918–1919, Budapest 1987.

Holz, Hans Heinz, Leo Kofler, Wolfgang Abendroth, *Gespräche mit Georg Lukács*, hrsg. von T. Pinkus, Hamburg 1967.

Ernst, Paul und Georg Lukács, *Dokumente einer Freundschaft*, Emsdetten 1974.

Mittenzwei, Werner [Hrsg.], *Kontroverse mit Georg Lukács. Der Methodenstreit deutscher sozialistischer Schriftsteller*, Leipzig 1975.

Text + Kritik. Gerog Lukács, Heft 39/40, October, München 1973.

Lukács, Heller, Fehér u. a., *Individuum und Praxis. Positionen der Budapester Schule*, Frankfurt a. M. 1975.

Interview: Lukács on his life and work, in: *New Left Review*, Nr. 68, July–August, London 1971.

同時代文献

Adler, Max, *Kausalität und Teleologie. Im Streit um die Wissenschaft*, Wien 1904.

Adler, M., *Marxistische Probleme. Beiträge zur Theorie der materialistischen Geschichtsauffasung und Dialektik*, Stuttgart 1913.

Adler, M., *Die Staatsauffassung des Marxismus*, Köln 1974.

Bak, János M., Dokumentation. Aus dem Telegrammwechsel zwischen Moskau und Budapest März-August 1919, in: *Vierteljahrshefte für Zeitgeschichte*, 19. Jg., Stuttgart 1971.

Baláz, Béla, Notes from a Diary (1911–1921), in: *The New Hungarian Quarterly*, Nr. 47, Budapest 1972.

Bernstein, Eduard, Wie ist wissenschaftlicher Sozialismus möglich? in: *Ein revisionistisches Sozialismusbild*, hrsg. von H. Hirsch, Berlin 1976.

Bernstein, E., *Die Voraussetzungen des Sozialismus und die Aufgaben der Sozialdemokratie*, Bonn 1991.

Bettelheim, Ernst, *Zur Krise der Kommunistischen Partei Ungarns*, Wien 1922.

Böhm, Wilhelm, *Im Kreuzfeuer zweier Revolutionen*, München 1924.

Cassirer, Ernst, *Substanzbegriff und Funktionsbegriff*, Berlin 1923.

Cassirer, E., *Das Erkenntnisproblem in der Philosophie und Wissenschaft der neueren Zeit*, Zweiter Band, New York 1971.

Duczynska, Ilona, Zum Zerfall der K. P. U., in: *Unser Weg*, Jg. 4, Heft 5. 1. März, Berlin 1922.

Engels, Marx, Die heilige Familie oder Kritik der kritischen Kritik. Gegen Bruno Bauer und Konsorten, in: Marx, Engels, *Werke*, Bd. 2, Berlin 1957.

Fichte, Johann Gottlieb, Zur theoretischen Philosophie I, in: ders., *Werke*, Bd. I, Berlin 1971.

Hegel, Phänomenologie des Geistes, in: ders., *Werke in zwanzig Bänden*, redig. von E. Moldenhauer und K. M. Michel, Bd. 3, Frankfurt a. M. 1979.

Hegel, Grundlinien der Philosophie des Rechts, in: ders., *Werke in zwanzig Bänden*, redig. von E. Moldenhauer und K. M. Michel, Bd. 7, Frankfurt a. M. 1970.

Hegel, Enzyklopädie der philosophischen Wissenschaften, in: ders., *Werke in zwanzig Bänden*, redig. von E. Moldenhauer und K. M. Michel, Bd. 8, Frankfurt a. M. 1970.

Hunt, Alice Riggs, *Facts about Communist Hungary, May, 1919*, London 1919.

Jászi, Oscar, Erwin Szabó und sein Werk, in: *Archiv für die Geschichte des Sozialismus und der Arbeiterbewegung*, Vol. 10, Leipzig 1922.

Jászi, O., *Revolution and Counter-revolution in Hungary*, New York 1968.

Kant, Immanuel, Kritik der reinen Vernunft, in: ders., *Werke*, Bd. 3, hrsg. von W. Weischedel, Bd. 3, Frankfurt a. M. 1974.

Kant, *Prolegomena zur einer jeden künftigen Metaphysik, die als Wissenschaft wird auftreten können*, hrsg. von K. Pollok, Hamburg 2001.

Kautsky, Karl., *Demokratie oder Diktatur*, Berlin 1918.

Kautsky, K., *Die Diktatur des Proletariats*, Berlin 1990.

Kun, Béla, *Was wollen die Kommunisten?* Moskau 1918.

Kun, B., Die Ereignisse in Deutschland, in: *Kommunismus*, I. Jg., Heft 15, 24. April, 1929, Wien.

Lask, Emil, *Fichtes Idealismus und die Geschichte,* Tübingen *1914*.

Lengyel, József, *Visegrader Strasse*, Berlin 1959.

Lenin, W. I., Der "Radikalismus". Die Kinderkrankheit des Kommunismus, in: ders., *Werke*, Bd. 25, Berlin, 1930.

Lenin, „Kommunismus". Zeitschrift der Kommunistischen Internationale für die Länder Südosteuropas, in: ders., *Werke*, Bd. 25, Wien, Berlin 1930.

Lenin, Ein Schritt vorwärts, zwei Schritte zurück, in: ders., *Werke*, Bd. 7, Berlin 1956.

Lenin, Was tun? in: ders., *Werke*, Bd. 5, Berlin 1958.

Lenin, Die proletarische Revolution und der Renegat Kautsky, in: ders., *Werke*, Bd. 28, Berlin 1959.

Lenin, Gruß an die ungarischen Arbeiter, in: ders., *Werke*, Bd. 29, Berlin 1961.

The Unknown Lenin. From the Secret Archive, ed. by R. Pipes, New Haven and London, 1996.

Levi, Paul, Münchener Erfahrung, in: *Die Internationale, Zeitschrift für Praxis und Theorie des Marxismus*, Jg. 1, Heft 9/10, 4 August 1919, Berlin 1919.

Levi, P., *Unser Weg wider den Putschismus*, Berlin 1921.

Luxemburg, Rosa, Organisationsfragen der russischen Sozialdemokratie, in: dies., *Werke*, Bd. 1, 1/2, Berlin 1970.

Luxemburg, R., Zur russischen Revolution, in: dies., *Werke*, Bd. 4, Berlin 1974.

Mann, Thomas, Brief an Dr. Seipel, in: ders., *Werke*, Bd. 11, Frankfurt a. M. 1960.

Marck, Siegfried, *Hegelianismus und Marxismus. Philosophische Vorträge*, veröffentlicht von der Kant Gesellschaft, Berlin 1922.

Marck, S., Das dialektische Denken in der Philosophie der Gegenwart, in: *Geschichte und Klassenbewußtsein heute* (2), Frankfurt a. M. 1977.

Marck, S., Neukritizistische und neuhegelsche Auffassung der marxistischen Dialektik, in: *Geschichte und Klassenbewußtsein heute* (2), a. a. O.

Marx, Ökonomisch-philosophische Manuskripte (Erste Wiedergabe), in: Marx/Engels, *Gesamtausgabe*, hrsg. vom Institut für Marxismus und Leninismus beim ZK der KPdSU und vom Institut für Marxismus-Leninismus beim ZK der SED, I. Abt., Bd. 2, Berlin 1975.

Marx, Engels, Die deutsche Ideologie, in: Marx, Engels, *Werke*, Bd. 3, Berlin 1953.

Marx an Joseph Dietzgen, 9. Mai 1868, in: Marx, Engels, *Werke*, Bd. 32, Berlin 1965.

Marx, Einleitung zu "Grundrissen der Kritik der politischen Ökonomie" in: Marx, Engels, *Gesamtausgabe*, hrsg. vom Institut für Marxismus und Leninismus beim ZK der KPdSU und vom Institut für Marxismus-Leninismus beim ZK der SED, Zweite Abt., Bd. 1, Berlin 1976.

Marx, Das Kapital. Kritik der politischen Ökonomie, in: Marx, Engels, *Gesamtausgabe*, hrsg. vom Institut für Marxismus und

Leninismus beim ZK der KPdSU und vom Institut für Marxismus-Leninismus beim ZK der SED, Zweite Abt., Bd. 10, Berlin 1989.

Marx, Ökonomische Manuskripte 1863-1867, in: Marx, Engels *Gesamtaugabe*, hrsg. von der Internationale Marx-Engels-Stiftung, Berlin 1992.

Radek, Karl, Die Lehren der ungarischen Revolution, in: Béla Szántó, *Klassenkämpfe und Diktatur des Proletariats in Ungarn*, Berlin 1920.

Rickert, Heinrich, *Die Grenzen der naturwissenschaftlichen Begriffsbildung*, Tübingen, Leipzig 1902.

Rickert, H., *Der Gegenstand der Erkenntnis*, Tübingen, Leipzig, 1904.

Rickert, H., *Kulturwissenschaft und Naturwissenschaft*, Tübingen 1921.

Rickert, H., *Die Problem der Geschichtsphilosophie*, Heidelberg 1924.

Ritoók, Emma, Besprechungen. Georg von Lukács, Die Seele und die Formen. Essays., in: *Zeitschrift für Ästhetik und allgemeine Kunstwissenschaft*, Köln 1912.

Rudas, Ladislaus, *Abenteurer- und Liquidatorentum. Die Politik Béla Kuns und die Krise der K. P. U.*, hrsg. von L. Rudas, Wien 1922.

Simmel, Georg, *Philosophie des Geldes*, Leipzig 1920.

Szabó, Ervin, *Socialism and Social Science. Selected Writings of Ervin Szabó* (*1877-1918*), ed. by G. Litván and J. M. Bak, London 1982.

Szántó, Béla, *Klassenkämpfe und Diktatur des Proletariats in Ungarn*, Berlin 1920.

Szatmari, Eugen, *Das rote Ungarn. Der Bolschewismus in Budapest*, Leipzig, 1920.

Tormay, Cécile, *An Outlaw's Diary. The Commune*, New York 1924.

Trotsky, Leon, *Die Neue Etappe. Die Weltlage und unsere Aufgaben*, Hamburg 1921.

Varga, Eugen, *Die wirtschaftspolitischen Probleme der proletarischen Diktatur*, Hamburg 1921.

Vorländer, Karl, *Kant und Marx, Ein Beitrag zur Philosophie des Sozialismus*, Tübingen 1926.
Weber, Max, Typen der Herrschaft, in: *Grundriss der Sozialökonomik*, III. Abteilung, Wirtschaft und Gesellschaft, Tübingen 1947.
Weber, M., *Wissenschaft als Beruf*, Berlin 1984.
Weber, M., Die protestantische Ethik und der Geist des Kapitalismus, in: *Gesammelte Aufsätze zur Religionssoziologie*, Bd. I, Tübingen 1988.
Windelband, Wilhelm, *Geschichte und Naturwissenschaft*, Straßburg 1904.
Berichte zum Zweiten Kongreß der Kommunist [ischen] Internationale, Hamburg 1921.
Bericht über die Verhandlungen des Vereinigungsparteitages des U. S. P. D. (*Linke*) *und der KPD* (*Spartakusbund*) *vom 4. bis 7. Dezember 1920 in Berlin*, Berlin 1921.
Leitsätze und Statuten der Kommunistischen Internationale, beschlossen von II. Weltkongreß der Kommunistischen Internationale Moskau, vom 17. Juli bis 7. August 1920, Hamburg 1920.
Protokoll des III. Weltkongresses der Kommunistischen Internationale, Hamburg 1921.
Taktik und Organisation der revolutionären Offensive. Die Lehren der März-Aktion, Leipzig 1921.

二次文献

Ahrweiler, Georg [Hrsg.], *Studien zur Dialektik*, Köln 1978.
Angress, T. Werner, *Stillborn Revolution. The Communist Bid for Power in Germany, 1921–1923*, Princeton, New Jersey 1963.
Arato, Andrew, The New-Idealist Defense of Subjectivity, in: *Telos*, Nr. 21, Fall, St. Louis 1974.
Arato, A. and Paul Breines, *The young Lukács and the Origins of Western Marxism*, New York 1979.
Baldacchino, John, *Post-Marxist Marxism. Questioning the Answer, Difference and Realism after Lukács and Adorno*, Sidney 1996.

Ban, Sung-Wan, *Das Verhältnis der Ästhetik Georg Lukács' zur deutschen Klassik und zu Thomas Mann*, Frankfurt a. M. 1977.

Baukhage, Manon, *Georg Lukács. Verdinglichung und Klassenbewußtsein*, Berlin 1975.

Beiersdörfer, Kurt, *Max Weber und Georg Lukács. Über die Beziehung von verstehender Soziologie und westlichem Marxismus*, Frankfurt a. M. 1986.

Benseler, Frank [Hrsg.], *Festschrift zum achtzigsten Geburtstag von Georg Lukács*, Neuwied, Berlin, 1965.

Bermbach, Udo, Günter Trautmann [Hrsg.], *Georg Lukács. Kultur – Politik – Ontologie,* Darmstadt 1987.

Bernstein, Richard J., *Praxis and Action. Contemporary Philosophies of Human Activity*, Philadelphia 1971.

Bertram, Georg W., *Verschriebene Rahmung. Das Werk der Kunst an Lukács' Heidelberger Schriften und eine lebensphilosophische Spur*, Wien 1993.

Bewes, Timothy, *Reification, or the Anxiety of Late Capitalism*, London, New York 2002.

Boella, Laura, Lukács and his Time, in: *Telos*, Nr. 63, Spring, New York 1985.

Bolz, Norbert, *Auszug aus der entzauberten Welt. Philosophischer Extremismus zwischen den Weltkriegen*, München 1989.

Borkenau, Franz, *Der Übergang vom feudalen zum bürgerlichen Weltbild*, Darmstadt 1976.

Borsányi, György, *The life of a Communist Revolutionary, Béla Kun*, trans. by M. D. Fenyo, New York 1993.

Bourdet, Yvon, Lukács im Wiener Exil（1919–1930）, in: *Geschichte und Gesellschaft. Festschrift für Karl R. Standler zum 60. Geburtstag*, Wien 1974.

Breines, Paul, Notes on Georg Lukacs' "the old Culture and the new Culture", in: *Telos*, Nr. 5, Spring, New York 1970.

Breines, P., Praxis and its Theorists. The impact of Lukács and Korsch in the 1920's, in: *Telos*, Nr. 11 Spring, St. Louis 1972.

Brovkin, Vladimir N., *The Mensheviks after October. Socialist Opposition and the Rise of the Bolshevik Dictatorship*, Ithaca, London 1987.

Budgen, Sebastian, Stathis Kouvelakis, Slavoj Žižek, *Lenin Reloaded*, Durham, London 2007.

Buhr, M., J. Lukács [Hrsg.], Geschichtlichkeit und Aktualität. Beiträge zum Werk und Wirken von Georg Lukács, Berlin 1987.

Colletti, Lucio, *Marxism and Hegel*, trans. by L. Garner, London 1973.

Congdon, Lee, *The Young Lukács*, London 1983.

Correndor, Eva L., *Lukács after Communism. Interviews with Contemporary Intellectuals*, Durham, London 1997.

Crow, Dennis, Form and the Unification of Aesthetics and Ethics in Lukács' Soul and Forms, in: *New German Critique*, No. 15, Fall, New York 1978.

Dannemann, Rüdiger [Hrsg.], *Georg Lukács – Jenseits der Polemiken. Beiträge zur Rekonstruktion seiner Philosophie*, Frankfurt a. M. 1986.

Dannemann, R., *Das Prinzip Verdinglichung. Studie zur Philosophie Georg Lukács'*, Frankfurt a. M. 1990.

Dannemann, R., *Georg Lukács. Eine Einführung*, Wiesbaden 1997.

Dutschke, Rudi, *Versuch, Lenin auf die Füße zu stellen. Über den halbasiatischen und den westeuropäischen Weg zum Sozialismus. Lenin, Lukács und die Dritte Internationale*, Berlin 1974.

Fehér, F., A. Heller, G. Márkus, S. Radnóti, *Die Seele und Das Leben*, Baden-Baden 1977.

Figes, Orlando, *A People's Tragedy. The Russian Revolution: 1891–1924*, New York 1998.

Fischer, Holger, *Politik und Geschichtswissenschaft in Ungarn. Die ungarische Geschichte von 1918 bis zur Gegenwart in der Historiographie seit 1956*, München 1982.

Fischer, Rolf, *Entwicklungsstufen des Antisemitismus in Ungarn 1867–1939. Die Zerstörung der magyarisch-jüdischen Symbiose*, München 1988.

Flego, Gvozden, Wolfdietrich Schmied-Kowarzik [Hrsg.], *Georg Lukács – Ersehnte Totalität. Band I des Bloch-Lukács-Symposiums 1985 in Dubrovnik*, Bochum 1986.

Gluck, Mary, *Georg Lukács and His Generation 1900–1918*, Cambridge 1985.

Goldmann, Lucien, *The Hidden God. A Study of Tragic Vision in the Pensée of Pascal and the Tragedies of Racine*, trans. by P. Thody, London, Henley 1964.

Grunenberg, Antonia, *Bürger und Revolutionär. Georg Lukács 1918–1928*, Köln 1976.

Habermas, Jürgen, *Theorie und Praxis. Sozialphilosophische Studien*, Frankfurt a. M. 1978.

Habermas, J., *Theorie des kommunikativen Handelns*, Bd. I, Frankfurt a. M. 1981.

Haimson, Leopold H. [ed.], *The Mensheviks. From the Revolution of 1917 to the Second World War*, trans. by V. Gertrude, Chicago, London 1974.

Hajdu, Tibor, *The Hungarian Soviet Republic*, trans. by E. Láczay and R. Fischer, Budapest 1979.

Hanák, Péter, Pathfinders of a Revolution, in: *The New Hungarian Quarterly*, Nr. 6, Budapest 1962.

Hanák, P., Skizzen über die ungarische Gesellschaft am Anfang des 20. Jahrhunderts, in: *Acta Historica*, Nr. 1–2, Budapest 1963.

Hatvany, Ludwig, *Das verwundete Land*, Leipzig, 1921.

Hauszmann, Janos, *Bürgerlicher Radikalismus und demokratisches Denken im Ungarn des 20. Jahrhunderts. Der Jászi-Kreis um "Huszadik Század"* (*1900–1949*), Frankfurt a. M. 1988.

Hoeschen, Andreas, *Das Dostojewsky Projekt. Lukács' neukantianisches Frühwerk in seinem ideengeschichtlichen Kontext*, Tübingen 1999.

Honneth, Axel, *Reification. A New Look at an old Idea*, Oxford 2008.

Honigsheim, Paul, *On Max Weber*, New York 1968.

Horváth, Zoltán, *Die Jahrhundertwende in Ungarn. Geschichte der zweiten Reformgeneration* (*1896–1914*), Budapest 1966.

Illés, Lástló., et al. [ed.], *Hungarian Studies on György Lukács* I, II, Budapest 1993.

Jameson, Fredric, History and Class Consciousness as an "Unfinished Project", in: *Rethinking Marxism*, Vol. 1, Nr. 1, Spring, Massachusetts 1988.

Janos, Andrew C., and William B. Slottman [ed.], *Revolution in Perspective. Essays on the Hungarian Soviet Republic of 1919*, Berkeley, Los Angeles, London 1971.

Jay, Martin, *Marxism and Totality: the Adventures of a Concept from Lukács to Habermas*, Cambridge 1984.

Jung, Werner, *Georg Lukács*, Stuttgart 1989.
Kadarkay, Arpad, *Georg Lukács: Life, Thought, and Politics*, Cambridge 1991.
Kadarkay, A. [ed.], *The Lukács Reader*, Oxford Cambridge 1995.
Karolyi, Michael, *Memoirs of Michael Karolyi: Faith without Illusion*, trans.by C. Karolyi, London 1956.
Kammler, Jörg, *Politische Theorie von Georg Lukács. Struktur und historischer Praxisbezug bis 1929*, Darmstadt 1974.
Kammler, J., Einleitung in: *Taktik und Ethik. Politische Aufsätze* I, *1918–1920*, Darmstadt 1975.
Kanda, Junji, *Die Gleichzeitigkeit des Ungleichzeitigen und die Philosophie. Studien zum radikalen Hegelianismus im Vormärz*, Frankfurt a. M., Berlin 2003.
Karádi, Èva und Erzsébet Vezér, [Hrsg.], *Georg Lukács, Karl Mannheim und der Sonntagskreis*, Übersetzung von A. Friedrich, Frankfurt a. M. 1985.
Kettler, David, *Marxismus und Kultur. Mannheim und Lukács in den ungarischen Revolutionen 1918/19*, Berlin 1967.
Kettler, D., Culture and Revolution. Lukács in the Hungarian Revolution of 1918, in: *Telos*, Nr. 10, Winter, New York 1971.
Keller, Ernst, *Der junge Lukács. Antibürger und wesentliches Leben. Literatur- und Kulturkritik 1902–1915*, Frankfurt a. M. 1984.
Kilminster, Richard, *Praxis and Method. A Sociological Dialogue with Lukács, Gramsci and the Early Frankfurt School*, London 1979.
Koch-Baumgarten, Sigrid, *Aufstand der Avantgarde. Die Märzaktion der KPD 1921*, Frankfurt a. M. 1986.
Köhnke, Klaus C., *The Rise of Neo-Kantianism. German Academic Philosophy between Idealism and Positivism*, trans. by R. J. Hollingdale, Cambridge, New York, Port Chester, Melbourne, Sydney 1991.
Kolakowski, Leszek, *Main Currents of Marxism*. 3 Vol., Oxford 1978.
Kolozsváry, Blasius, *Von Revolution zu Revolution*, Wien 1920.
Kovrig, Bennett, *Communism in Hungary. From Kun to Kádár*, Stanford, California 1979.
László, Sziklai, *After the Proletarian Revolution. Georg Lukács's Marxist Development 1930–1945*, trans. by I. Sellei, Budapest

1992.

Lazitch, Branco and Milorad M. Drachkovitch, *Lenin and the Comintern*, Calif. 1972.

Le Blanc, Paul, *Marx, Lenin and the Revolutionary Experience. Studies of Communism and Radicalism in the Age of Globalization*, New York 2006.

Lee, Stephen J., *Lenin and Revolutionary Russia*, London 2003.

Lichtheim, George, *Georg Lukács*, New York 1970.

Lih, Lars T., *Lenin Rediscovered. What it to be done? in Context*, Boston 2006.

Lih, Lars T., *Lenin*, London 2011.

Linden, Harry V. D., *Kantian Ethics and Socialism*, Indianapolis, Cambridge 1988.

Löwy, Michael, The Twin Crises. Interview with Georg Lukács, in: *New Left Review*, No. 60, March–April, London 1970.

Löwy, M., [ed.], Interview with Ernst Bloch, *New German Critique*, No. 9, New York 1976.

Löwy, M., *Georg Lukács. From Romanticism to Bolshevism*, London 1979.

Löwy, M., Arno Münster, Nicolas Tertulian [Hrsg.], *Verdinglichung und Utopie. Ernst Bloch und Georg Lukács*, Frankfurt a. M. 1987.

Lukacs, John, *Budapest 1900. A Historical Portrait of a City and its Culture*, New York 1990.

Luckhardt, Ute, *"Aus dem Tempel der Sehnsucht". Georg Simmel und Georg Lukacs. Wege in und aus der Moderne*, Blutzbach 1994.

Márkus, G., A. Heller, S. Radnóti, F. Fehér, M. Vajda, G. Tamás, *Lukács revalued*, Oxford 1983.

Marković, Miailo, The Critical Thought of György Lukács, in: *Praxis International*, Vol. 6, No.1, Oxford 1986.

Marcus-Tar, Judith, *Thomas Mann und Georg Lukács. Beziehung, Einfluss und "Repräsentative Gegensätzlichkeit"*, Köln 1982.

Marcus, J. and Tarr, Zoltán [Ed.,] *Georg Lukács. Theory, Culture and Politics*, New Brunswick, Oxford 1989.

Matzner, Jutta [Hrsg.], *Lehrstück Lukács*, Frankfurt a. M. 1974.

Mészáros, István, *Lukács' Concept of Dialectic*, London 1972.

Molnár, Miklós, *From Béla Kun to János Kádár, Seventy Years of Hungarian Communism*, trans. by A. J. Pomerans, New York, Oxford, Munich 1990.

Pamlényi, Ervin [ed.], *A History of Hungary*, trans. by L. Boros, London 1975.

Parkinson, G.H.R. [ed.], *Georg Lukács. The Man, his Work and his Ideas*, New York 1970.

Pastor, Peter, *Hungary between Wilson and Lenin: the Hungarian Revolution of 1918–1919 and the Big Three*, New York 1976.

Pastor, P. [ed.], *Revolutions and Interventions in Hungary and its Neighbor States 1918–1919*, New York 1988.

Perkins, Stephen, *Marxism and the Proletariat. A Lukácsian Perspective*, London 1993.

Péteri, György, *Effects of World War I. War Communism in Hungary*, New York 1984.

Postone, Moishe, *Time, Labor and Social Domination. A reinterpretation of Marx's Critical Theory*, New York 1993.

Redner, Harry, *Malign Masters. Gentile Heidegger Lukács Wittgenstein*, New York, London, 1997.

Rockmore, Tom [ed.], *Lukács Today. Essays in Marxist Philosophy*, Dordrecht, Boston, Lancaster, Tokyo 1988.

Rockmore, T., *Irrationalism. Lukács and the Marxist View of Reason*, Philadelphia 1992.

Rosshoff, Hartmut, *Emil Lask als Lehrer von Georg Lukács. Zur Form ihres Gegenstandsbegriffs*, Bonn 1975.

Schlesinger, Rudolf, Historical setting of Lukács's History and Class Consciousness, in: *Aspects of History and Class Consciousness*, ed. by I. Mészaros, London 1971.

Schmidt, Alfred, *Die Zeitschrift für Sozialforschung. Geschichte und Gegenwärtige Bedeutung*, München 1970.

Schmidt, James, The Concrete Totality and Lukács' Concept of proletarian Bildung, in: *Telos*, Nr. 24, Summer St. Louis 1975.

Schuchardt, Andre, *Entfremdung und Verdinglichung bei Marx und Lukács, Horkheimer/Adorno und Habermas sowie Honneth, Nussbaum und Böhme*, München 2009.

Shafai, Fariborz, *The Ontology of Georg Lukács. Studies in Materialist Dialectics*, Aldershot 1996.

Siklós, András, *Revolution in Hungary and the Dissolution of the Multinational State, 1918*, trans. by Z. Béres, Budapest 1988.

Sim, Stuart, *Georg Lukács*, New York, London 1994.

Stedman Jones, Gareth, The Marxism of the Early Lukács: an Evaluation, in: *New Left Review*, Nr. 70, November–December, London 1971.

Steger, Manfred B., *The Quest for Evolutionary Socialism. Eduard Bernstein and Social Democracy*, Cambridge 1997.

Sugar, Peter F. [ed.], *A History of Hungary*, Bloomington, Indianapolis 1990.

Sziklai, László [Hrsg.], *Lukács-Aktuell*, Budapest 1989.

Sziklai, L. *Georg Lukács und seine Zeit 1930–1945*, Wien, Köln, Graz 1986.

Thomason, Burke C., *Making Sense of Reification. Alfred Schutz and Constructionist Theory*, London 1985.

Tőkés, Rudolf L., *Béla Kun and the Hungarian Soviet Republic: the Origins and Role of the Communist Party of Hungary in the Revolutions of 1918–1919*, New York 1967.

Tokody, Gyula, *Deutschland und die Ungarische Räterepublik*. Übersetzung von H. Krüger, Budapest 1982.

Vega, Rafael de la, *Ideologie als Utopie. Der Hegelianische Radikalismus der Marxistischen „Linken“*, Marburg 1977.

Völgyes, Iván, Soviet Russia and Soviet Hungary, in: *Hungary in Revolution 1918–1919*, Lincoln 1971.

Volkogonov, Dmitri, *Lenin. A New Biography*, trans. and ed. by H. Shukman, New York 1994.

Watnick, Morris, Georg Lukacs. An intellectual Biography, in: *Soviet Survey*, January–March 1958, April–June 1958, July–September 1958, January–March 1959.

Weisser, Elisabeth, *Georg Lukács' Heidelberger Kunstphilosophie*, Bonn, Berlin 1992.

Zitta, Victor, *Georg Lukács' Marxism, Alienation, Dialectics, Revolution. A Study in Utopia and Ideology*, The Hague 1964.

Georg Lukács. Zum siebzigsten Geburtstag, Berlin 1955.

日本語文献

ルカーチの著作（日本語訳）

相沢久訳『組織論』、未來社、一九五八年。

生松、元浜訳『ルカーチ著作集第一〇―一一巻、若きヘーゲル』、白水社、一九八七年。

池田浩士訳『ルカーチとの対話　ホルツ、コフラー、アーベントロートとの対話』、合同出版、一九六八年。

池田浩士編訳『表現主義論争』、盛田書店、一九六八年。

池田浩士訳『ソルジェニーツィン』、紀伊國屋書店、一九七一年。

池田浩士編訳『ルカーチ初期著作集第一巻～第四巻』、三一書房、一九七六年。

池田浩士編訳『論争・歴史と階級意識』、河出書房新社、一九七七年。

池田浩士訳『生きられた思想』、白水社、一九八三年。

伊藤成彦訳『ルカーチ著作集第三巻、歴史小説論』、白水社、一九八六年。

大久保健治他訳『ルカーチ著作集第二巻、小説の理論』、白水社、一九八六年。

男沢、針生訳『バルザックとフランス・リアリズム』、岩波書店、一九五五年。

男沢淳他訳『ルカーチ著作集第七巻、マルクス主義美学のために』、白水社、一九八七年。

片岡啓治訳『病める芸術か、健康な芸術か』、現代思潮社、一九六〇年。

片岡啓治訳『トーマス・マン論』、現代思潮社、一九六三年。

川村、円子、三城訳『ルカーチ著作集第一巻、魂と形式』、白水社、一九八六年。

菊盛英夫訳『ゲーテ研究』、青木書店、一九五四年。

国松孝二他訳『ルカーチ著作集第四巻、ゲーテとその時代』、白水社、一九八六年。

国松孝二他訳『ルカーチ著作集第五巻、ハイネからトーマス・マン』、白水社、一九八七年。

佐々木基一他訳『ルカーチ著作集第六巻、世界文学におけるロシアのリアリズム』、白水社、一九八七年。

佐々木基一他訳『ルカーチ著作集第八巻、リアリズム論』、白水社、一九八七年。

佐々木基一訳編『トルストイとドストイェフスキイ』、ダヴィッド社、一九五四年。

清水幾太郎訳「思想的自伝」、『歴史・人間・思想』、岩波書店、一九五七年所収。

城塚登、生松敬三訳『實存主義かマルクス主義か』、岩波書店、一九五三年。

城塚登、高幣秀知訳『芸術の哲学――ハイデルベルク美学論稿一九一二―一九一四』、紀伊國屋書店、一九七九年。

城塚登、古田光訳『歴史と階級意識』、白水社、一九九一年。

暉峻、飯島、生松訳『ルカーチ著作集第一二―一三巻。理性の破壊』、白水社、一九八七年。

道家、小場三訳『ドイツ文學小史』、岩波書店、一九五一年。

西牟田、直野訳『世界文学におけるロシア・リアリズム』、洋々社、一九五七年。

羽場、松岡、家田、南塚、丸山訳『ルカーチとハンガリー』、未來社、一九八九年。

原田、佐々木訳『小説の理論』、筑摩書房、一九九四年。

針生一郎訳編『リアリズム芸術の基礎』、未來社、一九六一年。

平井俊彦訳『若きマルクス』、ミネルヴァ書房、一九六〇年。

平井俊彦訳『ローザとマルクス主義――歴史と階級意識』、ミネルヴァ書房、一九六五年。

真下信一他訳『現実と逃避――運命の転回』、平凡社、一九五七年。

真下信一他訳『運命の転回――病める芸術』、平凡社、一九五八年。

良知、池田、小箕訳『美と弁証法――美学カテゴリーとしての特殊性について』、法政大学出版局、一九七〇年。

良知、森宏訳『モーゼス・ヘスと観念弁証法の諸問題』、未來社、一九七二年。

渡邉寛訳『レーニン論』、こぶし書房、二〇〇七年。

日本語二次文献

芦村毅編『ルカーチとマルクス　物化と疎外』、こぶし書房、一九八八年。

池田浩士『初期ルカーチ研究』、合同出版、一九七二年。

池田浩士『ルカーチとこの時代』、平凡社、一九七五年。

石塚省二『ポスト現代思想の解読　近代の〈原ロゴス〉批判に向けて』、白順社、二〇〇四年。

石塚省二『ルカーチの存在論　欲望・他者・自然のトリオロジー』、東京農業大学出版会、二〇〇四年。

石塚省二『社会哲学の原像　ルカーチと〈知〉の世紀末』、世界書院、二〇〇六年。

石塚省二『ルカーチ入門　マルクス・ルネッサンス』、いなほ書房、二〇一〇年。

浦野春樹他『ルカーチ研究』、啓隆閣、一九七二年。

上島、村岡編著『レーニン　革命ロシアの光と影』、社会評論社、二〇〇五年。

梶川伸一『幻想の革命　十月革命からネップへ』、京都大学学術出版会、二〇〇四年。

神田順司編『社会哲学のアクチュアリティ』、未知谷、二〇〇九年。

篠塚敏生『ヴァイマル共和国初期のドイツ共産党　中部ドイツでの一九二一年「三月行動」の研究』、多賀出版、二〇〇八年。

仙波輝之『レーニン一九〇二―一二』、論創社、一九八二年。

高幣秀知『ルカーチ　弁証法の探求』、未來社、一九九八年。

出口勇蔵編『経済学と弁証法――ルカーチのヘーゲル研究』、ミネルヴァ書房、一九五六年。

徳永恂『社会哲学の復権』、せりか書房、一九六八年。

西角純志『移動する理論　ルカーチの思想』、御茶の水書房、二〇一一年。

西川正雄『社会主義インターナショナルの群像一九一四―一九二三』、岩波書店、二〇〇七年。

西永亮『初期ルカーチ政治思想の形成　文化・形式・政治』、小樽商科大学出版会、二〇一四年。

初見基『ルカーチ　物象化』、講談社、一九九八年。

羽場久浘子『ハンガリー革命史研究』、勁草書房、一九八九年。

早川弘道『東欧革命の肖像　現代ハンガリーの憲法と政治』、法律文化社、一九九三年。

廣松渉『物象化論の構図』、岩波書店、一九八三年。

船戸満之『表現主義論争とユートピア』、情況出版、二〇〇二年。

山本左門『ドイツ社会民主党とカウツキー』、北海道大学図書刊行会、一九八一年。

良知力『ヘーゲル左派と初期マルクス』、岩波書店、一九八七年。

良知、廣松編『ヘーゲル左派論叢第二巻 行為の哲学』、御茶の水書房、二〇〇六年。

あとがき

本書は二〇一五年九月に急逝した秀明大学教授　安岡　直の博士論文である。彼は本博士論文を二〇一四年一二月に母校の慶應義塾大学大学院文学研究科に提出、口頭試問を経て二〇一五年の二月に博士学位を取得した。学位取得ののち、彼は直ちに本書の出版に向けて準備に取り掛かったものの、すでに前年夏より罹患していた病が急速に悪化し、望んでいた一部の叙述の改善も叶わぬまま他界した。享年五三歳であった。病との闘いの中で書き上げた本書が結局は彼の遺作となってしまったことは、痛恨の極みである。

本書において著者安岡は、これまで主に哲学や社会理論の分野において考察の対象とされてきた『歴史と階級意識』とそこに至る初期ルカーチの思想の発展過程を、同時代の具体的歴史状況の中に突き戻して捉えようとする。それは、初期ルカーチ思想をハンガリー革命からウィーン亡命期までの革命戦術や党組織をめぐる論争の文脈の中に位置づけ、彼の思想形成とその問題性を明らかにすると同時に、そのような歴史的文脈に即して『歴史と階級意識』の新たな解釈の枠組みを提示する思想史研究の試みである。

『歴史と階級意識』と初期ルカーチの思想発展史に関する従来の研究は、その多くがルカーチのテクストの解釈に偏重し、それを歴史的文脈の中で捉える試みとしては、グルネンベルクやレーヴィの卓越した研究など、ごく限られたものがあるにすぎない。そのような徹底した歴史的研究はわが国では皆無といってよい。筆者が強調しているように、ルカーチのような歴史と深く関わった思想家の思想発展をその歴史的緊張関係から切り離し、テクストだけで解釈しようとすること自体に無理があると言える。

このような視点から、筆者はハンガリー革命期におけるルカーチの革命論の持つ観念性が、たんにそれ以前の彼のロマン主義的メシアニズムの延長線上にあるだけでなく、むしろ彼が、カーロイ政権瓦解後突如として成立したクン政権の現実に、すなわちハンガリーの地にロシア革命の再演を強いるという現実離れした政策に、閣僚のひとりとして密着したことによって醸成されたと見る。こうしたルカーチの革命論を筆者はハンガリー革命の経緯に照らして「革命の観念性」がもたらした「観念的革命論」として描いている。

この「観念的革命論」とルカーチが批判的に向き合い、現実主義を志向するようになるのがウィーン亡命期である。筆者はウィーン亡命期のとりわけ「攻勢戦術」をめぐる党内闘争や「三月行動」そしてコミンテルンとの関係を軸にルカーチの思想的変化を丹念に追っている。ルカーチ自身の急進主義とも重なる「攻勢戦術」を採るクン派との闘争は、筆者によれば、鏡に映った彼自身との闘いでもあった。結局コミンテルンの裁定によって党内闘争に敗れたルカーチは、ハンガリー革命の中で定式化された観念的革命論と、亡命期のクン派との闘争の中で醸成された現実主義との狭間で、これまでの革命戦術や党組織論をめぐって徹底的な再考を迫られる。その思想的格闘が『歴史と階級意識』である。

このように筆者は『歴史と階級意識』をハンガリー革命以降の党内闘争の中で急進的革命論と現実主義との狭間に立たされることになったルカーチの「内的な危機的過渡期」の思想表現として位置づけることによって、このテクストの解釈に歴史的限定性を与えることに成功している。筆者は、当時のルカーチの問題意識に照らせば、彼の喫緊の課題が「物化とプロレタリアートの意識」を論ずることではなく、むしろ「組織問題の方法的考察」にあるのであって、前者は「組織問題の方法的考察」の議論を通して浮上した「正しい階級意識」をいかに形成するかという新たな問題に答えるために書かれたという。筆者のこの見解は、歴史的経緯を踏まえた説得力あるものと言うことができる。この見解によって、これまで不明であった「物化とプロレタリアートの意識」の章の執筆時期を、筆者は十分な根拠をもって「組織問題の方法的考察」が書かれた後の一九二二年九月から一二月の間と推定している。

さらに、こうした歴史的文脈を踏まえた分析は『歴史と階級意識』についてのより包括的な解釈を可能にする。筆者の言うように、従来の多くの研究は、ルカーチのテクストのみに依存してきたために、もっぱら「スターリニズムの萌芽」さえ示す章と看做してきた。しかし、本書で展開された歴史的考察によって、これまで相互に異質なものとして扱われてきたこの二つの章が、急進主義と現実主義とを併存させていたルカーチのこの相反する二つの志向を表現していることが明らかにされた。もちろんこの研究によって「物化とプロレタリアートの意識」についての哲学的解釈が全面的に変わるわけではない。しかし西欧マルクス主義やフランクフルト学派が高く評価する「物化とプロレタリアートの意識」のルカーチの中には、ニュアンスの違いはあれ、前衛党の絶対的指導性を主張する「組織問題の方法的考察」におけるルカーチが同居していることに十分注意が払われなければならない。そしてこの二面性はルカーチ自身がハンガリー革命以降の政治的思想的営みの中で宿した二面性なのである。そのような二面性を前提としながら、筆者は「物化とプロレタリアートの意識」を新カント派やカント主義的マルクス主義などの同時代の思想潮流に照らして分析することによって、「現実主義」を目指すルカーチがそれでも囚われ続けた「行動主義的形而上学」を炙り出している。

本書は、テクスト解釈に偏重してきた従来のルカーチ研究の一面性を越えようとする思想史的立場からのチャレンジングな研究である。それは、これまで西欧マルクス主義の古典的著作として高く評価されてきたルカーチの『歴史と階級意識』を、同時代的コンテクスト研究に基づいて、急進主義と現実主義とが混在する「過渡期の思想」の表現として特徴づける斬新な視点を提示している。それだけに、たとえば『歴史と階級意識』と「ブルム・テーゼ」とのむしろ連続的側面に関して、あるいはルカーチの思想とカント哲学や新カント主義哲学との理論的関係について、さらなる考察の余地を残している。慧眼な読者ならばその点に気づくであろう。筆者安岡もそれらを十分に自覚し、その改善のためにいわば最後の努力を傾注した。しかし重篤な病はそれを許さなかった。そうした考察の余地を残すにせよ、本書は、テクストのみに依存した従来の純理論的なルカーチ研究に対して、あるいは現在からの一方的な読み込みに対して、ルカーチの思想が持つ特定の歴史的現実との密接な関連性を突き付けた歴史内在的な思想史研究として、またそれに基づいた新たな解釈の枠組みを提示した研究として十分な価値を持っている。本書を世に問う所以である。

本書の出版に当たり、明らかな誤りや誤字脱字などを修正した以外は原文に手を加えず、博士論文をほぼそのまま印刷に付した。また御茶の水書房編集部と相談の上、学位論文に付されていたタイトルを簡潔なものに変更し、さらに巻末に索引を付け加えた。

本書が学術書として世に出るまでには多くの方々にお世話になった。博士学位審査に際して副査を務めて下さり、該博な知見に基づく詳細な講評と助言を頂いた立命館大学名誉教授 服部健二先生ならびに岡山大学大学院社会文化科学研究科教授 太田仁樹先生に対し心より感謝申し上げる。お二人の助言はその後故人が病と闘いながら研究を続ける指針にもなった。また出版費用の負担を快諾して下さった安岡恭子夫人と、索引の作成にご尽力頂いた故人の慶應藤沢時代の教え子 鎌形淳史氏にこの場を借りて御礼申し上げる。そして最後に、思想書の刊行がますます困難になりつつある今日、本書の出版を快く引き受けて下さった御茶の水書房社長 橋本盛作氏と、様々な要望に対し終始寛容かつ誠実な姿勢で臨んで下さった同じく御茶の水書房の小堺章夫氏に深謝申し上げる。これらの方々のご厚意とご尽力がなければ、本書が日の目を見ることはなかったであろう。今はただ本書の出版によって故人の生前の夢が少しでも叶えられればと祈るばかりである。

二〇一六年二月二五日

慶應義塾大学名誉教授
神田順司

ラ 行

ライプニッツ（Gottfried Wilhelm Leibniz, 1646-1716） 176
ラーコシ（Mátyás Rákosi, 1892-1971） 69
ラサール（Ferdinand Lassalle, 1825-1864） 219
ラスク（Emil Lask, 1875-1915） 10, 154, 181-183
ラデック（Karl Radek, 本名：Karol Sobelsohn, 1885-1939） 54, 84
ランドラー（Jenő Landler, 1875-1928） 72-76, 202
リッケルト（Heinrich Rickert, 1863-1936） 154-156, 180-181, 192-194
リープクネヒト（Karl Liebknecht, 1871-1919） 72
ルカーチ、ジョン（John Lukacs, 1924-） 18
ルカーチ、ヨージェフ（József Lukács, 1855-1928） 13
ルクセンブルク（Rosa Luxemburg, 1871-1919） 70-72, 79-80, 89, 126-128, 147, 155-156
レスナイ（Anna Lesznai, 1885-1966） 27
レーヴィ、パウル（Paul Levi, 1883-1930） 54-55, 82, 84-85, 88
レーヴィ、ミシェル（Michael Löwy, 1938-） 26, 41, 67, 114
レーニン（V. I. Lenin, 本名：Vladimir Il'ič Ul'janov,1870-1924） 4, 26, 28, 30, 40-41, 45-47, 49, 51, 54, 58, 67, 70-72, 75, 78, 80, 85, 110, 114, 120-121, 126-128, 140, 142-143, 147, 152, 155, 202, 218-219, 223
レンジェル（József Lengyel, 1896-1975） 102

19, 122, 158, 166
スターリン（J. Stalin, 本名：Iosif Vissarionovič Džugašvili, 1878-1953） 8, 142, 223
ステッドマン＝ジョーンズ（Gareth Stedman Jones, 1942-） 199
スピノザ（Baruch Spinoza, 1632-1677） 176

タ 行

ダンネマン（Rüdiger Dannemann, 1949-） 199
ディルタイ（Wilhelm Dilthey, 1833-1911） 18, 155
デカルト（René Descartes, 1596-1650） 175-176
ドゥチンスカ（Ilona Duczyńska, 1897-1978） 77, 97, 103
ドストエフスキー（Fëdor Mihajlovič Dostoevskij, 1821-1881） 24-26, 33
トルストイ（Lev Nikolaevič Tolstoj, 1828-1910） 24-25, 33
トロツキー（L. Trotsky, 本名：Lev Davidovič Bronštejn, 1879-1940） 49, 89, 140

ナ 行

ノスケ（Gustav Noske, 1868-1946） 72

ハ 行

ハウザー（Arnold Hauser, 1892-1978） 26
ハナーク（Péter Hanák, 1921-1997） 15
羽場久美子（1952-） 69
ハーバーマス（Jürgen Habermas, 1929-） 112-113, 197, 211-212
バルトーク（Béla Bartók, 1881-1945） 52
フィヒテ（Johann Gottlieb Fichte, 1762-1814） 24, 153, 178, 180-183
フォイエルバッハ（Ludwig Feuerbach, 1804-1872） 153
フォルレンダー（Karl Vorländer, 1860-1928） 154-155
フッサール（Edmund Husserl, 1859-1938） 155
ブハーリン（Nikolaj Ivanovič Bucharin 1888-1938） 156
ブランドラー（Heinrich Brandler, 1881-1967） 82-83
ブレイネス（Paul Breines, 1941-） 112, 114-115, 123, 153, 199
プレハーノフ（Georgij Valentinovič Plechanov, 1856-1918） 155-156
ブロッホ（Ernst Bloch, 1885-1977） 21, 24, 33
ペイエル（Károly Peyer, 1881-1956） 72
ペイドル（Gyula Peidl, 1873-1943） 63
ヘーイヤシ（Iván Héjjas, 1890-1950） 72
ヘーゲル（Georg Wilhlem Friedrich Hegel, 1770-1831） 41, 48, 75, 85-86, 129, 153, 155-156, 159-164, 178-182, 194-195, 199, 212, 220
ヘス（Moses Hess, 1812-1875） 219
ベーム（Wilmos Böhm, 1880-1949） 44, 72
ベルンシュタイン（Eduard Bernstein, 1850-1932） 71, 87, 106, 156, 158, 192
ポストン（Moishe Postone, 1942-） 174
ホッブズ（Thomas Hobbes, 1588-1679） 175-176
ホーニクスハイム（Paul Honigsheim, 1855-1963） 21, 24
ポラニー（Károly Polányi, 1886-1964） 16
ホルクハイマー（Max Horkheimer, 1895-1973） 167
ボルケナウ（Franz Borkenau, 1900-1957） 174-175
ホルティ（Miklós Horthy, 1868-1957） 72

マ 行

マルク（Siegfried Marck, 1889-1957） 162-163, 196, 201
マルクス（Karl Marx, 1818-1883） 16, 41, 48, 85-87, 105, 110, 140, 153, 158, 160-164, 172, 197, 199, 205, 212
マルトフ（Yuliy Martov, 本名：Yuli Osipovič Zederbaum, 1873-1923） 71
マン（Thomas Mann, 1875-1955） 10, 19, 53
ミアキツ（Ference Miákits, 1875-1924） 72

ヤ 行

ヤーシ（Oszkár Jászi, 1875-1957） 16, 27, 59

人名索引

人名は本文ならびに章末註の邦語注記の中から採用した。章末註の出典表記中の人名については、著者名、タイトル中の人名ともにこれを採用しなかった。見出し項目は五十音順とし、それぞれの人名につき欧文表記と生没年を付け加えた。なお、ロシア語表記については、ラテン字訳を用いた。

ア 行

アクセルロード（P. V. Akselrod, 本名：Pinchas Borutsch, 1850-1928） 71
アディ（Endre Ady, 1877-1919） 16, 18
アドラー（Max Adler, 1873-1937） 140, 154-156, 161-162, 195
アドルノ（Theodor W. Adorno, 1903-1969） 167
アラトー（Andrew Arato, 1944-） 112, 114-115, 123, 153, 199
ヴァルガ（Jenő Varga, 1879-1964） 52
ウィルソン（Woodrow Wilson, 1856-1924） 44-45
ヴィンデルバント（Wilhelm Windelband, 1848-1915） 154-155, 181-182, 192
ウェーバー（Max Weber, 1864-1920） 10, 19-24, 33, 42, 94, 132-133
エーベルト（Friedrich Ebert, 1871-1925） 82
エンゲルス（Friedrich Engels, 1820-1895） 41, 155

カ 行

カウツキー（Karl Kautsky, 1854-1938） 71, 140, 155-156
カッシラー（Ernst Cassirer, 1874-1945） 173, 179
カムラー（Jörg Kammler, 1940-） 41, 49
ガリレイ（Galileo Galilei, 1564-1642） 175
カーロイ（Mihály Károlyi, 1875-1955） 26-27, 37, 43-46
カント（Immanuel Kant, 1724-1804） 155, 161, 163, 175-176, 179-181, 184, 194
グルネンベルク（Antonia Grunenberg, 1944-） 39, 41, 67, 116, 170
クン（Béla Kun, 1886-1938） 7, 27-28, 45-47, 49-50, 53-55, 59, 63, 65, 72-77, 79-80, 82-84, 90, 95-96, 98, 103, 109, 114, 117, 120, 126, 147, 217
クンフィ（Zsigmond Kunfi, 1879-1929） 72
ケトラー（David Kettler, 1930-） 17
コダーイ（Zoltán Kodály, 1882-1967） 52
コッホ＝バウムガルテン（Sigrid Koch-Baumgarten, 1955-） 83
コルヴィン（Ottó Korvin, 1894-1919） 72
コルニーロフ（Lavr Georgijevitš Kornilov, 1870-1918） 71
コレッティ（Lucio Colletti, 1924-2001） 170
コングドン（Lee Walter Congdon, 1939-） 24

サ 行

ザイドラー（Ernő Seidler, 1886-1939/40） 28, 34
サボー（Ervin Szavo, 1877-1918） 16
ジェイ（Martin Jay, 1944-） 155
ジッタ（Victor Zitta, 1926-2000?） 143
ジノヴィエフ（Grigory Zinoviev, 本名：Owsej-Gerschen Aronowitsch Radomyslski-Apfelbaum, 1883-1936） 95, 132, 147
シュテッカー（Walter Stoecker, 1891-1939） 82
シュトルム（Theodor Storm, 1817-1888） 19
シュミット（Alfred Schmidt, 1931-2012） 112, 129
城塚登（1927-2003） 5, 66
ジンメル（Georg Simmel, 1858-1918） 10,

著者紹介
安岡　直（やすおか　すなお）

1963年生、慶應義塾大学文学研究科博士課程修了、秀明大学総合経営学部専任講師、同助教授を経て、秀明大学学校教師学部教授。文学博士（史学）。2015年逝去。

主要著作
「観念的革命論と革命の観念性――ルカーチとハンガリー革命――」神田順司編『社会哲学のアクチュアリティ』未知谷　2009年所収、「『歴史と階級意識』における『危機的な内的過渡期』の実相――コミンテルン第三回大会とルカーチ――」秀明大学紀要編集委員会編『秀明大学紀要』第9号（2012年5月）所収、「ルカーチにおける内的危機と過渡期の思想――『歴史と階級意識』の成立過程――」慶應義塾経済学会編『三田学会雑誌』107巻3号（2014年10月）所収、など。

ルカーチと革命《かくめい》の時代《じだい》
――『歴史《れきし》と階級《かいきゅう》意識《いしき》』への道《みち》――

2016年4月20日　第1版第1刷発行

著　者　安《やす》　岡《おか》　直《すなお》

発行者　橋　本　盛　作

発行所　株式会社　御茶の水書房
113-0033　東京都文京区本郷5-30-20
電話　03-5684-0751／FAX　03-5684-0753
印刷・製本　シナノ印刷㈱

ISBN978-4-275-02042-0　C3022　Printed in Japan

- **移動する理論──ルカーチの思想**　西角純志 著　A5変二二〇頁　価格三〇〇〇円
- **行為の哲学**──ヘーゲル左派論叢［2］　良知力・廣松渉 編　A5判四〇〇頁　価格七六〇〇円
- **思想史と社会史の弁証法**──良知力追悼論集　川越修・植村邦彦・野村真理 編　菊判 四七六頁　価格七六〇〇円
- **ヘーゲル左派と独仏思想界**　石塚正英 編　A5判三〇〇頁　価格三〇〇〇円
- **民族問題と社会民主主義**　オットー・バウアー 著　丸山・倉田・相田・上条・太田 訳　菊判 五五〇頁　価格九〇〇〇円
- **諸民族の自決権**──特にオーストリアへの適用　カール・レンナー 著　太田仁樹 訳　A5判三八四頁　価格六五〇〇円
- **クララ・ツェトキーン**──ジェンダー平等と反戦の生涯　伊藤セツ 著　菊判一〇六〇頁　価格一五〇〇〇円
- **シュタインの社会と国家**──ローレンツ・フォン・シュタインの思想形成過程　柴田隆行 著　菊判 五四〇頁　価格九〇〇〇円
- **シュタインの自治理論**──後期ローレンツ・フォン・シュタインの社会と国家　柴田隆行 著　菊判 三二〇頁　価格八八〇〇円
- **言語としての民族**──カウツキーと民族問題　相田愼一 著　菊判 六二〇頁　価格九五〇〇円
- **パリの中のマルクス**──一八四〇年代のマルクスとパリ　的場昭弘 著　四六判三五〇頁　価格三五〇〇円
- **ドイツ社会民主党の社会化論**　小林勝 著　菊判 六二〇頁　価格九〇〇〇円

御茶の水書房

（価格は消費税抜き）